会计专业岗位实操
系列规划教材
校企合作开发教材

合作企业：山东帕拉蒙德会计师事务所

TAX LAW

税法技能与拓展训练手册

梁文涛 苏杉 主编

东北财经大学出版社
Dongbei University of Finance & Economics Press
大连

图书在版编目（CIP）数据

税法技能与拓展训练手册 / 梁文涛，苏杉主编. —大连：东北财经大学出版社，2017.1（2018.2重印）
（会计专业岗位实操系列规划教材）
ISBN 978-7-5654-2496-0

Ⅰ. 税… Ⅱ. ①梁… ②苏… Ⅲ. 税法-中国-高等职业教育-教材 Ⅳ. D922.22

中国版本图书馆CIP数据核字（2016）第222209号

东北财经大学出版社出版
(大连市黑石礁尖山街217号 邮政编码 116025)
网 址：http：//www.dufep.cn
读者信箱：dufep@dufe.edu.cn
大连图腾彩色印刷有限公司印刷 东北财经大学出版社发行
幅面尺寸：185mm×260mm 字数：304千字 印张：11 插页：1
2017年1月第1版 2018年2月第3次印刷
责任编辑：包利华 责任校对：亿 心
封面设计：冀贵收 版式设计：钟福建
定价：24.00元

教学支持 售后服务 联系电话：（0411）84710309

如有印装质量问题，请联系营销部：（0411）84710711

前　言

“税法”课程是高校会计、税收等专业的一门专业核心课。“税法”课程服务于会计、税收等专业人才培养目标，培养具有一定的企业会计与税收能力的技术技能型人才。本教材坚持“理实一体、学做合一”，以会计人员税务能力的培养为主线，直接为培养学生从事会计、税收工作应具备的基本知识、基本技能和实战操作能力服务。

《税法技能与拓展训练手册》是《税法》的配套教材。通过本套教材的学习与技能训练，可以让学生熟练地掌握各税种征收的基本规定，正确地计算各税种的应纳税额。“税法”课程的后续课程为“税务会计”和“纳税筹划”，读者可以继续选用本书作者在东北财经大学出版社出版的《税务会计实务》和《纳税筹划实务》教材。

与同类教材相比，本套教材具有以下特色：

一、本套教材作者专业性强，编写教材态度严谨

目前市场上税法相关教材普遍存在以下缺陷：一是部分涉税实例过时，未能根据最新税收法律法规及时更新；二是编写内容缺乏专业水准，很多涉税实例不合乎实际且错误较多。而本套教材是专业作者基于打造税法精品书籍的心理，本着对师生负责的态度，用心编写而成的。

二、本套教材力求工学结合、理实一体、学做合一

为培养应用型、技术技能型财税专业人才，本套教材采用“项目导向、任务驱动”模式，贯彻“理实一体、学做合一”理念，主教材《税法》每个项目开头设置【职业能力目标】，这让学生首先能够明确本项目的学习目标；同时设置【税收格言】，让读者对税收知识有一个大体的认知；在每一项目具体学习之前，设置【项目引例】，在部分任务具体学习之前，设置【任务引例】，以此激发读者的学习兴趣；在项目内容的讲授过程中，设置【任务实例】【知识答疑】【实务答疑】等工作情境，让读者体验学习的乐趣，从而再次激发读者的学习热情。配套辅助教材《税法技能与拓展训练手册》是对主教材《税法》所学知识进行技能训练与拓展训练。其每一项目下设置职业技能训练、职业拓展训练、职业知识延伸，同时提供了两套《税法》模拟试题，并配套参考答案及解析。

三、按照新税法编写，体现最新的全面营改增政策

自2016年5月1日起我国全面推开营业税改征增值税试点，本套教材是在根据截稿之日的最新税法编写，而且在本套教材以后重印、修订或再版时，将根据最新税法及时修正和完善，并在PPT教学课件中同步体现，任课教师可登录东北财经大学出版社网站（www.dufep.cn）或向作者发送电子邮件索取PPT教学课件及其他相应修改或更新的内容。本次重印的同时根据截稿之日（2018年1月18日）的最新税法修改。读者也可扫描

右方二维码关注与本书相关的政策变化最新信息。

最新政策发布及变化

四、创建教材QQ群和邮箱，提供互动、交流的空间

提供教材交流QQ群和邮箱，广大教师可借此与作者交流。本教材的交流QQ群号为570328484（仅限任课教师加入。申请加入时，请说明单位、姓名），教材邮箱是caishuijiaocai@126.com。

本教材提供“中税答疑”产品之《中国税法查询软件》（税法送万家）专版下载地址：http://www.shui12366.com/page_download.html。广大师生可以通过该软件查询相关税法条文是否作废。对于本教材中超出主教材知识点的部分，广大师生也可以通过该软件查询相关税法来解答。

中税答疑

本教材由梁文涛（山东经贸职业学院）、苏杉（山东帕拉蒙德会计师事务所）担任主编，郭荣（山东轻工职业学院）、葛晶（辽宁经济职业技术学院）、吴朋波（山东帕拉蒙德会计师事务所）、孙丕顺（青岛方信德财务代理记账有限公司）担任副主编。在撰写过程中，作者参考、借鉴了大量本学科相关著作、教材与论文，在此向其作者表示由衷的感谢。由于本人水平所限，本书定会存在不当之处，竭诚欢迎广大读者批评指正。

作　者

2018年1月

目　录

项目一
税法基础认知

第一部分　职业技能训练

■ 职业能力选择

一、单项选择题

1. 税法的本质是（　　）。

A. 正确处理国家与纳税人之间因税收而产生的税收法律关系和社会关系

B. 保证征税机关的权利

C. 一种分配关系

D. 为纳税人和征税单位履行义务给出规范

2. 下列选项中，属于税法的适用原则的是（　　）。

A. 税收公平原则　　B. 实质课税原则　　C. 税收效率原则　　D. 法律优位原则

3. 从税收法律关系的构成来看，（　　）是税收法律关系中最实质的东西，也是税法的灵魂。

A. 税收法律关系的主体　　B. 税收法律关系的客体

C. 税收法律关系的内容　　D. 税收法律关系中的纳税人

4. 在税法的构成要素中，区别一种税与另一种税的重要标志是（　　）。

A. 征税对象　　B. 税目　　C. 税率　　D. 纳税环节

5. 下列属于地方税务局系统负责征收和管理的税种是（　　）。

A. 消费税　　B. 增值税　　C. 车辆购置税　　D. 房产税

6. 以下选项中，不属于税法的适用原则的是（　　）。

A. 程序优于实体原则　　B. 法律优位原则

C. 税收效率原则　　D. 新法优于旧法原则

7. 全国性地方税种的开征、停征权在于（　　）。

A. 全国人大及其常委会　　B. 国家税务总局

C. 财政部　　D. 海关总署

8.《增值税暂行条例实施细则》的法律级次属于（　　）。

A. 财政部制定的税收部门规章　　B. 全国人大授权国务院立法

C. 国务院制定的税收行政法规　　D. 全国人大制定的税收法律

9. 如果纳税人通过转让定价或其他方法减少计税依据，税务机关有权重新核定计税依据，以防止纳税人避税与偷税，这样处理体现了税法基本原则中的（ ）。

A.税收法律主义原则　　B.税收公平主义原则

C.税收效率原则　　D.实质课税原则

10.某县政府2017年发文规定，凡是不种植果树的本县农民必须每年向政府缴纳土地管理费3 000元，不再征收农民的其他税，这种做法违背了（ ）。

A.税收法定原则　　B.税收公平原则

C.实质课税原则　　D.法律优位原则

11.下列税法适用原则中，打破税法效力等级限制的是（ ）。

A.程序优于实体原则　　B.法律不溯及既往原则

C.特别法优于普通法原则　　D.新法优于旧法原则

12.税收法律关系的主体是指（ ）。

A.各级人民政府　　B.纳税方　　C.征税方　　D.征纳双方

13.下列说法不正确的是（ ）。

A.征税对象是区分不同税种的重要标志　　B.税目是征税对象的具体化

C.税率是衡量税负轻重的唯一标志　　D.纳税义务人即纳税主体

14.下列税种中，不属于国税局系统征收管理的是（ ）。

A.增值税　　B.消费税　　C.土地增值税　　D.中央企业所得税

15.以下属于中央和地方共享收入的是（ ）。

A.消费税　　B.个人所得税　　C.关税　　D.土地增值税

16.下列关于税收法律关系的表述中，正确的是（ ）。

A.税法是引起法律关系的前提条件，税法可以产生具体的税收法律关系

B.税收法律关系中权利主体双方法律地位并不平等，双方的权利义务也不对等

C.代表国家行使征税职责的各级国家税务机关是税收法律关系中的权利主体之一

D.税收法律关系总体上与其他法律关系一样，都是由权利主体、权利客体两方面构成的

17.下列各项税法原则中，属于税法基本原则核心的是（ ）。

A.税收公平原则　　B.税收效率原则

C.实质课税原则　　D.税收法定原则

18.下列关于税收法律关系的表述中，正确的是（ ）。

A.征纳双方法律地位的平等主要体现为双方权利与义务的对等

B.履行纳税义务的法人、自然人是义务主体或称为权利客体

C.代表国家行使征税职权的税务机关是权利主体

D.税法是引起法律关系的前提条件，税法可以产生具体的税收法律关系

19.下列关于我国现行税收征收管理范围划分的表述中，正确的是（ ）。

A.车辆购置税由地方税务局系统负责征收和管理

B.各银行总行缴纳的印花税由国家税务局系统负责征收和管理

C.地方银行缴纳的企业所得税由国家税务局系统负责征收和管理

D.地方所属企业与中央企业组成的股份制企业缴纳的企业所得税，由地方税务局系统负责征收和管理

二、多项选择题

1.经全国人大及其常委会授权，国务院拥有（　　）。

A.税法的解释权　　B.增减税目的权力

C.调整税率的权力　　D.制定税法实施细则的权力

2.下列税收收入中，属于中央政府和地方政府共享收入的有（　　）。

A.印花税　　B.车辆购置税　　C.资源税　　D.城市维护建设税

3.下列税种中，属于资源税类的有（　　）。

A.城镇土地使用税　　B.土地增值税　　C.车船税　　D.资源税

4.下列属于中央政府固定收入的税种有（　　）。

A.消费税　　B.资源税

C.海关代征的进口环节增值税　　D.土地增值税

5.下面关于我国税收立法的公平原则的说法中，错误的有（　　）。

A.负担能力大的应多纳税，负担能力小的应少纳税或不纳税

B.客观环境优越而取得超额收入或级差收益者应多纳税，反之少纳税

C.不同地区、不同行业间及多种经济成分之间的实际税负必须公平

D.这个公平是一个相对公平的概念

6.资产持有过程中缴纳的税有（　　）。

A.车船税　　B.车辆购置税　　C.城镇土地使用税　　D.房产税

7.下列税种中，全部属于中央政府固定收入的有（　　）。

A.进口环节增值税　　B.进口环节消费税

C.车辆购置税　　D.房产税

8.下列各项中，符合我国税收立法规定的有（　　）。

A.税收法律由国务院审议通过后以国务院总理名义发布实施

B.国务院及所属税务主管部门有权根据宪法和法律制定税收行政法规和规章

C.税收行政法规由国务院负责审议通过后以提案形式提交全国人大或人大常委会审议通过

D.《个人所得税法》和《企业所得税法》是由全国人民代表大会及其常委会制定的税收法律

9.下列属于税收部门规章的有（　　）。

A.《税收征收管理法实施细则》　　B.《增值税暂行条例实施细则》

C.《税务代理试行办法》　　D.《个人所得税法实施条例》

10.全面营改增后，某房地产开发企业需要缴纳的下列税种中，应向该市地方税务局主管税务机关申请缴纳的有（　　）。

A.房产税　　B.车辆购置税　　C.土地增值税　　D.印花税

11.《税收征收管理法》属于我国税法体系中的（　　）。

A.税收基本法　　B.税收实体法　　C.税收程序法　　D.国内税法

12.下列税种中，属于中央政府固定收入的有（　　）。

A.耕地占用税　　B.房产税

C.证券交易印花税　　D.进口环节增值税

13.某汽车制造企业缴纳的下列税种中，应向国家税务局系统申报缴纳的有（ ）。

A.国内消费税　　B.车辆购置税

C.城镇土地使用税　　D.城市维护建设税

14.下列关于我国税收法律级次的表述中，正确的有（ ）。

A.《城市维护建设税暂行条例》属于税收规章

B.《企业所得税法实施条例》属于税收行政法规

C.《企业所得税法》属于全国人大制定的税收法律

D.《增值税暂行条例》属于全国人大常委会制定的税收法律

15.关于税法适用原则的说法中，正确的有（ ）。

A.禁止在没有正当理由的情况下对特定纳税人给予特别优惠体现了税收法定原则

B.提请税务行政复议必须缴清税款或提供纳税担保，体现了程序优于实体原则

C.法律优位原则的作用主要体现在处理不同等级税法的关系上

D.程序性税法一律不得具备溯及力，体现了程序从新原则

■ 职业能力判断

1.新法旧法对同一事项有不同规定时，新法效力优于旧法。（ ）

2.程序法不具备溯及力，而实体法在特定条件下具备一定溯及力。（ ）

3.征税对象是区分不同税种的最基本界限。（ ）

4.纳税人和负税人是同一概念。（ ）

5.税目是各个税种所规定的具体征税项目，反映征税的具体范围，是对课税对象量的界定。税目体现征税的广度。（ ）

6.我国工资、薪金所得的个人所得税采用超额累进税率。（ ）

7.个人所得税中工资薪金所得的“起征点”为3 500元/月。（ ）

8.我国啤酒的消费税采用定额税率。（ ）

9.强制执行措施之前必须先通过税收保全措施。（ ）

10.征税主体和纳税主体双方法律地位是平等的，权利和义务也是对等的。（ ）

■ 职业能力实训

假设某国计算纳税人所得税时采用超额累进税率。该国对超额累进税率的规定如下：所得额在1 000元（含）及以下时，税率10%；超过1 000元到3 500元（含）时，税率20%；超过3 500元至10 000元（含）时，税率30%；超过10 000时，税率40%。假设纳税人所得额分别是500元、1 000元、2 000元、5 000元、10 000元、15 000元。

要求：分别计算其应纳税额。

第二部分 职业拓展训练

■ 涉税咨询训练[①]

1.税与费有什么区别？
2.税款最后都用到哪儿去了，怎么体现“用之于民”？
3.购物索取增值税发票时被拒该怎么办？
4.国税和地税有什么区别？
5.纳税服务热线是什么？
6纳税服务网上咨询的网址是什么？

■ 纳税筹划训练[②]

A国对个人征收个人所得税采取起征点征税的方式，具体来说，若个人月收入达到或超过10 000元，则按全额征收10%的个人所得税；而若个人月收入低于10 000元，则免征个人所得税。汤姆作为该国公民，月收入为10 010元。请对其进行纳税筹划。

第三部分 职业知识延伸

■ 推荐网站

1.http：//www.mof.gov.cn/ （财政部）
2.http：//www.chinatax.gov.cn/ （国家税务总局）

■ 推荐书籍

书名：《企业财税会计》
作者：葛长银　　出版社：高等教育出版社
出版时间：2016年6月　　ISBN：9787040452372

内容简介：本书全面、系统地介绍了企业经营过程中的会计处理和税务处理，将财税处理融为一体，为我国公开发行的首部财税一体化教材。全书共分为七章，主要内容包括：企业创建阶段的财税处理、企业资产的财税处理、成本费用的财税处理、企业销售业务的财税处理、经营成果的财税处理、财税报表、企业终止的财税处理。

① 此训练内容在主教材中不一定涉及，需要学生通过图书馆或网络查阅相关书籍、文章等资料来独立完成。下同。
② 此训练内容在主教材中没有涉及，需要学生结合“纳税筹划”等课程知识，以及通过图书馆或网络查阅相关书籍、文章等资料来独立完成。下同。

■ 推荐阅读

税务师简介

项目二
增值税法

第一部分　职业技能训练

■ 职业能力选择

一、单项选择题

1. 下列各项中，免征增值税的是（　　）。

A. 农业生产者销售外购农产品　　B. 销售避孕药品

C. 企业销售使用过的机器设备　　D. 外国企业无偿援助的进口物资

2. 一般纳税人销售下列货物，适用11%税率的是（　　）。

A. 电脑　　B. 化肥　　C. 小汽车　　D. 淀粉

3. 以下关于增值税征收率适用的表述中，错误的是（　　）。

A. 从2014年7月1日起，一般纳税人销售旧货，按照简易办法依照3%征收率减按2%征收增值税

B. 小规模纳税人（除其他个人外）销售自己使用过的除固定资产以外的物品，应按3%的征收率征收增值税

C. 一般纳税人销售自己使用过的除固定资产以外的物品，应当按照适用税率征收增值税

D. 一般纳税人销售自己使用过的不得抵扣且未抵扣进项税额的固定资产，售价不超过原值的，免税

4. 营业税改征增值税试点期间，纳税人购进用于生产销售或委托受托加工17%税率货物的农产品维持原扣除力度不变。原扣除力度指的是（　　）的扣除率。

A.7%　　B.11%　　C.13%　　D.15%

5. 对于委托其他人代销货物，未开具发票且未收到代销清单及货款的，增值税纳税义务发生时间为发出代销货物满（　　）天的当天。

A.15　　B.45　　C.180　　D.60

6. 增值税的纳税期限不包括（　　）。

A.1日　　B.1个月　　C.7日　　D.1个季度

7. 某商业企业为增值税一般纳税人，某月销售货物给甲企业，同时向甲企业提供售后技术服务并取得相应的收入。对于该行为，以下说法正确的是（　　）。

A. 属于兼营行为，应分别核算并按照各自税率缴纳增值税

B.属于混合销售行为，并按照销售货物的税率缴纳增值税

C.属于混合销售行为，并按照提供服务的税率缴纳增值税

D.属于兼营行为，应从高税率缴纳增值税

8.某卷烟厂为增值税一般纳税人，其增值税以1个月为一期缴纳，其申报纳税的期限为自期满之日起（　　）日内。

A.10　　B.15　　C.5　　D.30

9.一般纳税人专门用于结算销售货物和提供加工、修理修配劳务使用的发票是（　　）。

A.专业发票　　B.增值税专用发票　　C.普通发票　　D.电子发票

10.下列专用发票，可以作为抵扣凭证的是（　　）。

A.仅取得发票联或抵扣联　　B.按规定开具的发票

C.虚开的发票　　D.认证不符，密文有误

11.下列各项中不属于增值税视同销售行为的是（　　）。

A.将自产的货物用于个人消费　　B.将外购的货物用于投资

C.将外购的货物用于分配　　D.将外购的货物用于集体福利

12.某从事商品零售的小规模纳税人，2017年3月份销售商品取得含税收入20 394元，当月该企业应纳的增值税是（　　）元。

A.500　　B.556.2　　C.600　　D.594

13.某具有出口经营权的电器生产企业（增值税一般纳税人）自营出口自产货物，12月末未退税前计算出的期末留抵税款为20万元，当期免抵退税额为18万元，则当期免抵税额为（　　）万元。

A.18　　B.20　　C.2　　D.0

14.以下关于增值税纳税地点的表述中，错误的是（　　）。

A.固定业户在其机构所在地申报纳税

B.非固定业户在其居住地或机构所在地申报纳税

C.进口货物向报关地海关申报纳税

D.总机构和分支机构不在同一县（市）的，分别向各自所在地主管税务机关申报纳税

15.某超市（增值税一般纳税人）2017年2月零售大米和蔬菜共取得收入18 000元，开具普通发票，当月无法准确划分大米和蔬菜销售额，则该超市上述业务的增值税销项税额为（　　）元。

A.0　　B.2 340　　C.1 783.78　　D.2 070.80

16.某企业为增值税一般纳税人，2017年3月初，因管理不善造成一部分货物发生霉烂变质，经核实该部分货物的实际成本为80万元，购买时取得增值税专用发票，并且抵扣了进项税，适用税率为17%。该企业3月份进项税额应转出（　　）万元。

A.7.6　　B.9.8　　C.13.6　　D.10

17.下列各项中，进项税额可以从销项税额中抵扣的是（　　）。

A.集体福利或者个人消费的购进货物或者劳务

B.非正常损失的购进货物及相关的劳务

C.向农业生产者购买的免税农业产品

D.非正常损失的在产品、产成品所耗用的购进货物或者劳务

18.下列货物销售中，应按17%税率计征增值税的是（ ）。

A.粮食　　B.提供加工、修理修配劳务

C.自来水　　D.图书

19.增值税一般纳税人兼营不同增值税税率的货物，未分别核算不同税率货物销售额的，确定其增值税税率的方法是（ ）。

A.适用3%的征收率　B.适用从低税率　C.适用从高税率　D.适用平均税率

20.上海钢铁厂为增值税一般纳税人，其销售钢材一批，不含增值税的价格为40 000元，适用的增值税税率为17%。则其增值税销项税额为（ ）元。

A.40 000　B.6 800　C.4 000　D.6 000

21.某增值税一般纳税人于2017年8月购进免税农产品一批，支付给农业生产者的收购价格为30 000元，开具了农产品收购发票，当月全部领用用于生产销售增值税税率为17%的货物，该项业务准予抵扣的进项税额为（ ）元。

A.3 000　B.3 900　C.5 100　D.0

22.单位或个体经营者的（ ）行为，视同销售货物。

A.有形动产经营性租赁　　B.企业提供的代理记账服务

C.广播影视节目的制作服务　　D.销售代销货物

23.企业发生的下列行为中，不属于视同销售货物的是（ ）。

A.将购进的水果发放给职工作为节日礼物

B.将本企业生产的货物分配给投资者

C.将委托加工收回的货物用于集体福利

D.将购进的货物作为投资提供给其他单位

24.纳税人销售货物的同时收取的下列费用中，属于价外费用的是（ ）。

A.受托加工应征消费税的消费品所代收代缴的消费税

B.代购买方缴纳的车辆购置税、车辆牌照费

C.延期付款利息

D.销售货物的同时代办保险向购买方收取的保险费

25.纳税人销售货物或应税劳务适用免税规定的，可以放弃免税权，依照《增值税暂行条例》的规定缴纳增值税。放弃免税权后，（ ）内不得再申请免税。

A.6个月　B.12个月　C.24个月　D.36个月

26.下列出口的货物，除另有规定外，适用免税不退税政策的是（ ）。

A.生产企业自营出口自产货物　　B.非出口企业委托出口货物

C.有出口经营权的外贸企业收购后直接出口货物

D.有出口经营权的外贸企业委托其他外贸企业代理出口货物

27.某服装厂为增值税一般纳税人。2017年2月，销售服装开具增值税专用发票，取得含税销售额200万元；开具增值税普通发票，取得含税销售额100万元。将外购的布料用于集体福利，该布料购进价20万元，同类布料不含税销售价为30万元。该服装厂当月增值税销项税额为（ ）万元。

A.43.59　　B.51　　C.51.59　　D.54.59

28.下列关于增值税纳税义务发生时间的表述中，不正确的是（　　）。

A.委托其他纳税人代销货物，为代销货物移送给受托方的当天

B.销售应税劳务，为提供劳务同时收讫销售款或者取得索取销售款凭据的当天

C.采取托收承付和委托银行收款方式销售货物，为发出货物并办妥托收手续的当天

D.采取直接收款方式销售货物，为收到销售款或者取得索取销售款凭据的当天

29.增值税一般纳税人的下列行为中涉及的进项税额，不得从销项税额中抵扣的是（　　）。

A.食品厂将自产的月饼发给职工作为中秋节的福利

B.商场将购进的服装发给职工用于运动会入场式

C.电脑生产企业将自产的电脑分配给投资者

D.纺织厂将自产的窗帘用于职工活动中心

30.下列关于增值税纳税人放弃免税权的表述中，正确的是（　　）。

A.纳税人可以根据不同的销售对象选择部分货物放弃免税权

B.纳税人应以书面形式提出放弃免税权申请，报主管税务机关审批

C.纳税人自税务机关受理其放弃免税权声明的当月起12个月内不得再申请免税

D.纳税人自提交备案资料的次月起，其生产销售的全部增值税应税货物或劳务均应按照适用税率征税

31.增值税一般纳税人的下列行为中，不应视同销售的是（　　）。

A.将购进的货物用于本单位职工集体福利

B.将自产的货物捐赠给贫困地区的儿童

C.将委托加工收回的货物用于个人消费

D.将自产的货物分配给投资者

32.2017年5月8日，甲公司与乙公司签订了买卖电脑的合同，双方约定总价款为70万元。6月3日，甲公司就70万元货款全额开具了增值税专用发票；6月10日，甲公司收到乙公司第一笔货款45万元；6月25日，甲公司收到乙公司第二笔货款25万元。甲公司增值税纳税义务发生时间为（　　）。

A.5月8日　　B.6月3日　　C.6月10日　　D.6月25日

33.下列关于小规模纳税人销售自己使用过的固定资产计征增值税适用征收率的表述中，正确的是（　　）。

A.减按2%的征收率征收　　B.按3%的征收率征收

C.按4%的征收率减半征收　　D.按6%的征收率减半征收

34.某音像店是增值税一般纳税人，2017年1月销售音像制品取得含税销售额10.17万元。该音像店此项业务的增值税销项税额为（　　）万元。

A.1.17　　B.1.32　　C.1.2　　D.1.01

35.增值税一般纳税人的下列行为涉及的进项税额准予抵扣的是（　　）。

A.将购进货物用于生产免税产品　　B.将购进货物用于职工福利

C.将购进货物用于生产应税产品　　D.将购进货物用于奖励职工

36.下列各项中，属于交通运输服务的是（　　）。

A.管道运输服务　　　　　　　　　B.建筑物平移作业服务
C.装卸搬运服务　　　　　　　　　D.货物运输代理服务

37.增值税一般纳税人支付的下列运费中，不允许凭票抵扣进项税额的是（　　）。
A.销售应税商品支付的运输费用　　　B.销售旧货支付的运输费用
C.外购生产用设备支付的运输费用　　D.外购生产用免税农产品支付的运输费用

38.纳税人提供的下列应税服务，适用增值税零税率的是（　　）。
A.国际运输服务　　　　　　　　　B.国际货物运输代理服务
C.存储地点在境外的仓储服务　　　D.标的物在境外使用的有形动产租赁服务

39.某增值税一般纳税人2017年9月从某农业生产者手中购进玉米一批用于生产销售税率为17%的货物，收购凭证上注明价款为10 000元，并支付运费3 000元（不含税），取得货运企业开具的增值税专用发票；本月验收入库后，因管理不善损失1/4。本月将该批玉米全部领用用于生产税率为17%的产品，则该项业务准予抵扣的进项税额为（　　）元。
A.（10 000×13%+3 000×11%）=1 630
B.（10 000×13%+3 000×11%）×（1−1/4）=1 222.5
C.（10 000×13%+3 000×11%）×1/4=407.5
D.10 000×13%×（1−1/4）=975

40.北京市某公司专门从事商业咨询服务，为增值税小规模纳税人。2017年1月15日，向某一般纳税人企业提供咨询服务，取得含增值税销售额6万元；1月25日，向小规模纳税人提供咨询服务，取得含增值税收入2万元。已知增值税征收率为3%，则该公司当月应纳增值税税额为（　　）万元。
A.0.45　　　B.0.30　　　C.0.23　　　D.0.15

41.下列选项中，试点纳税人适用17%税率计税的是（　　）。
A.提供有形动产融资租赁服务　　　B.提供交通运输服务
C.提供不动产融资租赁服务　　　　D.提供仓储服务

42.试点一般纳税人既提供有形动产租赁服务，又提供不动产租赁服务，未分别核算的，应按（　　）征税。
A.6%　　　B.17%　　　C.11%　　　D.3%

43.营改增试点一般纳税人既提供有形动产租赁服务，又提供建筑业服务，未分别核算的，应按（　　）征税。
A.6%　　　B.3%　　　C.11%　　　D.17%

44.营业税改征增值税后，装卸搬运服务属于（　　）的子税目。
A.交通运输服务　　B.物流辅助服务　　C.文化创意服务　　D.信息技术服务

45.具备下列条件的纳税人，应税行为年销售额无论是否超过500万元，均应登记为一般纳税人的是（　　）。
A.新开业的纳税人　　　　　　　　B.有固定的生产经营场所
C.有健全的会计核算制度
D.试点实施前已取得增值税一般纳税人资格并兼有应税行为（服务、无形资产或不动产）的试点纳税人

46.下列选项中，试点一般纳税人可以抵扣进项税额的是（　　）。

A. 因管理不善造成的原材料被盗　　B. 将外购饮料作为福利发放给职工

C. 企业购买运输货物用汽车　　D. 将外购材料用于简易征税项目

47. 关于试点纳税人增值税纳税义务确定时点说法不正确的有（　　）。

A. 纳税人提供租赁服务采取预收款方式的，为应税服务完成的当天

B. 纳税人发生应税劳务，为提供劳务同时收讫销售款项或者取得索取销售款项凭据的当天；先开具发票的，为开具发票的当天

C. 纳税人从事金融商品转让的，为金融商品所有权转移的当天

D. 纳税人发生视同销售服务、无形资产或者不动产行为的，为服务、无形资产转让完成的当天或者不动产权属变更的当天

48. 一般纳税人提供财政部和国家税务总局规定的特定应税行为，可以选择适用简易计税方法计税，但一经选择（　　）内不得变更。

A.12个月　　B.24个月　　C.36个月　　D.360日

49. 营业税改征的增值税，由（　　）负责征收。

A. 地方税务局　　B. 国家税务局

C. 国家税务总局　　D. 地方税务局或国家税务总局

50. 根据营改增的有关规定，下列关于一般纳税人的资格登记，说法不正确的是（　　）。

A. 已取得一般纳税人资格并兼有营改增应税行为的纳税人，不需重新办理登记

B. 营改增应税行为年销售额，不包括免税、减税销售额

C. 纳税人兼有销售货物、提供加工修理修配劳务以及营改增应税行为的，应税货物及劳务销售额与营改增应税行为销售额分别计算，分别适用增值税一般纳税人资格登记标准

D. 营改增应税行为的年应征增值税销售额超过500万元的纳税人为一般纳税人

51. 根据营改增的有关规定，下列各项中，增值税税率为6%的是（　　）。

A. 不动产租赁服务　　B. 人力资源服务

C. 有形动产租赁服务　　D. 转让土地使用权

52. 根据营改增的有关规定，下列各项中，不适用增值税零税率的是（　　）。

A. 航天运输服务　　B. 国际运输服务

C. 对境内不动产提供的设计服务　　D. 向境外单位提供的研发服务

53. 根据营改增的有关规定，下列关于现代服务的说法中，正确的是（　　）。

A. 代理报关属于物流辅助服务　　B. 代理记账属于咨询服务

C. 市场调查属于咨询服务　　D. 设计服务属于研发和技术服务

54. 根据营改增的有关规定，下列各项中，属于增值税的征税范围的是（　　）。

A. 单位员工为本单位提供交通运输服务

B. 个体工商户为员工提供交通运输服务

C. 向其他单位无偿提供产品设计服务

D. 向社会公众提供咨询服务

55. 试点纳税人营改增应税行为年销售额未超过500万元，若要申请一般纳税人，应当符合的条件有（　　）。

A.纳税人已有5年以上的经营期限　　　　B.有固定的生产经营场所

C.有健全的会计核算制度　　　　　　　D.纳税人可以为个体工商户以外的其他个人

二、多项选择题

1.下列关于增值税纳税义务发生时间的说法中正确的有（　　）。

A.纳税人采取直接收款方式销售货物，其增值税纳税义务发生时间为发出货物的当天

B.纳税人采取托收承付方式销售货物，其增值税纳税义务发生时间为发出货物并办妥托收手续的当天

C.纳税人采取分期收款方式销售货物，其增值税纳税义务发生时间为书面合同约定的收款日期的当天

D.纳税人进口货物，其增值税纳税义务发生时间为报关进口的当天

2.下列表述正确的有（　　）。

A.增值税一般纳税人资格实行登记制

B.个体工商户以外的其他个人年应税销售额超过小规模纳税人标准的，不需要向主管税务机关提交书面说明

C.除国家税务总局另有规定外，纳税人一经登记为一般纳税人后，不得转为小规模纳税人

D.纳税人（除个人外）年应税销售额超过规定标准，且符合有关政策规定，选择按小规模纳税人纳税的，无需向主管税务机关提交书面说明

3.增值税一般纳税人销售下列货物，按低税率11%计征增值税的有（　　）。

A.橄榄油　　　　B.肉桂油　　　　C.姜黄　　　　D.麦芽

4.增值税一般纳税人在进行下列生产经营活动时，在取得合法扣税凭证的前提下，能够抵扣进项税额的有（　　）。

A.购进原材料所支付的运费

B.从农民手中购进免税农产品而支付的买价

C.委托修理厂修理生产设备而支付的修理费

D.为进行企业宣传，特地委托加工一批用于免费赠送的货物而支付的加工费

5.增值税的纳税期限包括（　　）日。

A.1　　　　B.3　　　　C.4　　　　D.5

6.增值税一般纳税人取得的下列发票或凭证中，可据以抵扣进项税额的有（　　）。

A.外购免税农产品的收购发票

B.进口大型设备取得的海关专用缴款书

C.外购原材料支付运费取得的增值税专用发票

D.委托加工货物取得的增值税专用发票

7.依据增值税的有关规定，不能登记为增值税一般纳税人的有（　　）。

A.个体经营者以外的其他个人

B.选择按小规模纳税人纳税的非企业性单位

C.从事货物生产业务的小规模企业

D.选择按照小规模纳税人纳税的不经常发生应税行为的企业

8.下列货物涉及的进项税额不得从销项税额中抵扣的有（　　）。

A.用于生产免征增值税项目的购进货物的进项税额

B.因管理不善丢失的购进货物的进项税额

C.用于生产按简易办法依照征收率计算增值税项目的购进货物的进项税额

D.用于集体福利的购进货物的进项税额

9.我国现行的增值税退税率有可能（　　）征税率。

A.大于　　B.等于　　C.小于　　D.以上都有可能

10.下列各项中可以作为增值税进项税额抵扣凭证的有（　　）。

A.增值税专用发票

B.增值税普通发票

C.接受境外单位提供的应税行为从税务机关取得的完税凭证

D.农产品收购发票

11.下列出口货物中，不免税也不退税的有（　　）。

A.国家计划外出口的原油　　B.援外出口货物

C.国家禁止出口的货物　　D.出口收汇并已核销的货物

12.一般纳税人是指年应税销售额超过财政部、国家税务总局规定的小规模纳税人标准的企业和企业性单位，下列纳税人不属于一般纳税人的有（　　）。

A.年应税销售额超过规定标准的其他个人

B.按照政策规定，选择按照小规模纳税人纳税的

C.年应税销售额为600万元的建筑企业

D.年应税销售额为60万元的工业企业

13.一般纳税人凭发票领购簿、IC卡和经办人身份证领购专用发票。但一般纳税人有下列（　　）行为的，经税务机关责令限期改正而仍未改正的，不得领购使用专用发票。

A.虚开增值税专用发票　　B.私自印制专用发票

C.向税务机关以外的单位和个人买取专用发票

D.借用他人专用发票

14.下列关于纳税业务发生时间的描述中，正确的有（　　）。

A.采取直接收款方式销售货物的，不论货物是否发出，均为收到销售款或取得索取销售款凭据的当天

B.采取托收承付和委托银行收款方式销售货物的，为发出货物并办妥托收手续的当天

C.销售应税劳务，为提供劳务同时收讫销售款或者取得索取销售款凭据的当天

D.纳税人发生视同销售货物行为（不包括代销行为）的，为货物移送的当天

15.下列货物中，适用11%的低税率征收增值税的有（　　）。

A.卷帘机　　B.淀粉　　C.玉米胚芽　　D.音像制品

16.下列说法正确的有（　　）。

A.属于增值税一般纳税人的单采血浆站销售非临床用人体血液，可以按照简易办法依照3%征收率计算应纳税额，但不得对外开具增值税专用发票，也可以按照销项税额抵扣进项税额的办法依照增值税适用税率计算应纳税额

B.对拍卖行受托拍卖增值税应税货物，向买方收取的全部价款和价外费用，应当按照3%的征收率征收增值税，拍卖货物属免税货物范围的，经拍卖行所在地县级主管税务机关批准，可以免征增值税

C.固定业户到外县（市）销售货物或者劳务，应当向其机构所在地的主管税务机关报告外出经营事项，并向其机构所在地的主管税务机关申报纳税；未报告的，应当向销售地或者劳务发生地的主管税务机关申报纳税；未向销售地或者劳务发生地的主管税务机关申报纳税的，由其机构所在地的主管税务机关补征税款

D.对属于一般纳税人的自来水公司销售自来水按简易办法依照3%的征收率征收增值税，准予抵扣其购进自来水取得增值税扣税凭证上注明的增值税税款

17.下列各项中，可以作为增值税进项税额抵扣凭证的有（　　）。

A.增值税专用发票　　B.农产品收购发票

C.海关进口增值税专用缴款书　　D.机动车销售统一发票

18.下列有关增值税起征点的说法中，正确的有（　　）。

A.个人的销售额未达到规定的起征点的，免征增值税

B.个人的销售额超过起征点的，应就其超过起征点的销售额减半缴纳增值税

C.个人的销售额超过起征点的，应就其销售额全额缴纳增值税

D.个人的销售额超过起征点的，应就其超过起征点的销售额部分缴纳增值税

19.下列关于增值税纳税义务发生时间的表述中，正确的有（　　）。

A.委托其他纳税人代销货物，为代销货物移送给受托方的当天

B.销售应税劳务，为提供劳务同时收讫销售款或者取得索取销售款凭据的当天

C.采取托收承付和委托银行收款方式销售货物，为发出货物并办妥托收手续的当天

D.采取直接收款方式销售货物，为收到销售款或者取得索取销售款凭据的当天

20.下列各项中，出口货物劳务既不免税也不退税的有（　　）。

A.出口企业或其他单位销售给特殊区域内的生活消费用品和交通运输工具

B.出口企业或其他单位提供虚假备案单证的货物

C.非列名生产企业出口的非视同自产货物

D.特殊区域内的企业出口的特殊区域内的货物

21.下列关于增值税即征即退或者先征后退（返）的规定，表述正确的有（　　）。

A.纳税人销售自产的以工业废气为原料生产的高纯度二氧化碳产品，实行增值税即征即退政策

B.纳税人销售自产的以垃圾为燃料生产的电力或者热力，实行增值税即征即退政策

C.对销售自产的综合利用生物柴油实行增值税先征后退政策

D.纳税人销售自产的以退役军用发射药为原料生产的涂料硝化棉粉，实行增值税即征即退50%的政策

22.下列出口货物中，适用免税并退税的有（　　）。

A.出口企业对外援助的出口货物　　B.软件产品

C.以旅游购物贸易方式报关出口的货物　　D.免税品经营企业销售的货物

23.下列各项中，不得自行开具增值税专用发票的有（　　）。

A.一般纳税人向消费者个人销售货物　　B.一般纳税人销售货物适用免税规定

C.一般纳税人销售劳保用品　　D.小规模纳税人销售货物

24.甲企业系从事货物销售的增值税一般纳税人，下列可以作为其增值税纳税期限的有（　　）。

A.1日 B.10日 C.1个月 D.1个季度

25.企业下列项目的进项税额不得从销项税额中抵扣的有（ ）。

A.用于集体福利的外购物资 B.生产应税产品购入的原材料

C.因管理不善变质的库存购进商品

D.因管理不善被盗的产成品所耗用的购进原材料

26.下列关于增值税纳税义务发生时间的表述中，正确的有（ ）。

A.将委托加工的货物无偿赠送他人的，为货物移送的当天

B.采取直接收款方式销售货物的，为货物发出的当天

C.委托他人销售货物的，为受托方售出货物的当天

D.进口货物的，为报关进口的当天

27.企业发生的下列行为中，属于视同销售货物的有（ ）。

A.将自产的货物分配给投资者 B.将购进的货物作为投资提供给其他单位

C.将购进的货物用于扩建职工食堂 D.将委托加工的货物用于职工食堂

28.下列各项中，属于增值税征税范围的有（ ）。

A.销售电力 B.销售热力 C.销售天然气 D.销售房地产

29.企业发生的下列行为中，属于视同销售货物的有（ ）。

A.将购进的货物用于个人消费 B.将本企业生产的货物分配给投资者

C.将委托加工的货物用于集体福利 D.将购进的货物作为投资提供给其他单位

30.下列各项中，可以作为增值税进项税额抵扣凭证的有（ ）。

A.从销售方取得的注明增值税税额的增值税专用发票

B.从海关取得的注明进口增值税税额的海关进口增值税专用缴款书

C.购进农产品取得的注明买价的农产品收购发票

D.销售货物过程中支付运输费用而取得的增值税专用发票

31.下列关于出口退（免）税政策的表述中，正确的有（ ）。

A.生产企业出口自产货物适用免抵退税办法

B.适用增值税免税政策的出口货物，其进项税额不得抵扣和退税

C.出口企业应将不同退税率的货物分开核算和申报，凡划分不清的，不予退免税

D.在征、退税率不一致的情况下，需要计算免抵退税不得免征和抵扣税额，并将其从当期进项税额中转出

32.下列出口货物中，免税但不退税的有（ ）。

A.国家计划内出口的石油 B.避孕药品

C.来料加工复出口的货物 D.古旧图书

33.下列凭证中，当前作为增值税扣税凭证的有（ ）。

A.海关进口增值税专用缴款书 B.农产品收购发票

C.农产品销售发票 D.铁路运输费用结算单据

34.甲设计服务公司2017年2月发生了下列业务（均取得了合法的扣税凭证），其中，相应的进项税额不得从销项税额中抵扣的有（ ）。

A.购进设计用绘图纸一批 B.购进职工工间饮用的冲调饮品一批

C.组织职工春游，接受A公司提供的客运服务

D.本月刚动工兴建的展览厅，因管理不善发生火灾，全部工程及购进的建筑用物资毁损

35.试点一般纳税人不得从销项税额中抵扣进项税额的有（　　）。

A.非正常损失的购进货物，以及相关的加工修理修配劳务和交通运输服务

B.非正常损失的在产品、产成品所耗用的购进货物（不包括固定资产）、加工修理修配劳务和交通运输服务

C.非正常损失的不动产，以及该不动产所耗用的购进货物、设计服务和建筑服务

D.非正常损失的不动产在建工程所耗用的购进货物、设计服务和建筑服务

36.下列各项中，属于“营改增”范围的应税行为有（　　）。

A.生活服务　B.交通运输服务　C.不动产租赁　D.金融服务

37.以1个季度为纳税期限的规定适用于（　　）。

A.一般纳税人　B.小规模纳税人

C.财务公司　D.信托投资公司

38.下列税率中，属于试点一般纳税人适用税率的有（　　）。

A.6%　B.11%　C.17%　D.3%

39.在境内销售服务、无形资产或者不动产，是指（　　）。

A.服务（租赁不动产除外）或者无形资产（自然资源使用权除外）的销售方或者购买方在境内

B.所销售或者租赁的不动产在境内

C.所销售自然资源使用权的自然资源在境内

D.财政部和国家税务总局规定的其他情形

40.登记为一般纳税人的试点单位提供的下列服务，适用零税率的有（　　）。

A.境内载运旅客出境　B.境外载运货物入境

C.在境外载运旅客或货物

D.向境外单位的位于境内的办公楼提供设计服务

41.试点纳税人提供下列服务，进项税额不得抵扣的有（　　）。

A.运输企业无偿为某实验小学运输教材　B.企业将外购货物用于集体福利

C.因管理不善造成外购的原材料发生霉变

D.因违反法律法规，被执法部门依法没收的已入库的产成品

42.出口服务适用零税率的增值税项目有（　　）。

A.国际运输服务　B.航天运输服务

C.向境外单位提供研发服务　D.向境外单位提供设计服务

43.应税行为年销售额包括（　　）。

A.纳税申报销售额　B.稽查查补销售额

C.纳税评估调整销售额　D.免税销售额

44.下列属于营业税改征增值税纳税期限的有（　　）。

A.1日　B.1个月　C.1个季度　D.1年

45.国际运输服务，是指（　　）。

A.在境内载运旅客或者货物出境　B.在境外载运旅客或者货物入境

C.在境外载运旅客或者货物　D.在境内载运旅客或者货物

46.关于试点纳税人纳税地点说法正确的有（　　）。

A.固定业户应当向其机构所在地或居住地主管税务机关申报纳税

B.非固定业户应当向应税行为发生地主管税务机关申报纳税；未申报纳税的，由其机构所在地或者居住地主管税务机关补征税款

C.扣缴义务人应当向被代扣代缴人机构所在地主管税务机关申报纳税

D.其他个人提供建筑服务，销售或者租赁不动产，转让自然资源使用权，应向建筑服务发生地、不动产所在地、自然资源所在地主管税务机关申报纳税

47.根据营改增的有关规定，下列各项中，属于文化创意服务的有（　　）。

A.技术咨询服务　　B.著作权转让服务

C.知识产权服务　　D.广告服务

48.纳税人提供的下列服务，应当计算缴纳增值税的有（　　）。

A.某医院提供的医疗服务　　B.某婚姻介绍所提供的婚姻介绍服务

C.某汽车租赁公司提供的汽车租赁服务　　D.某会计师事务所提供的鉴证服务

49.下列各项中，免征增值税的有（　　）。

A.将土地使用权转让给农业生产者用于农业生产

B.金融同业往来利息收入

C.人民银行对金融机构的贷款

D.国家助学贷款

50.下列各项中，属于增值税征收范围的有（　　）。

A.进口货物　　B.修理汽车　　C.出售自建房屋　　D.服装加工

51.根据营改增的有关规定，下列各项中，属于增值电信服务的有（　　）。

A.出售带宽　　B.提供语音通话服务

C.提供短信服务　　D.卫星电视信号落地转接服务

52.以下情形属于在我国境内提供增值税应税服务的有（　　）。

A.境外单位向境内单位提供完全在境外消费的应税服务

B.美国某公司为中国境内某企业设计时装

C.英国某公司出租设备给中国境内某企业在境内使用

D.境外个人向境内单位出租完全在境外使用的机器

53.根据营改增的有关规定，以下利息收入，免征增值税的有（　　）。

A.国家助学贷款　　B.地方政府债

C.人民银行对金融机构的贷款　　D.国债

54.根据营改增的有关规定，下列各项中，免征增值税的有（　　）。

A.工程、矿产资源在境外的工程勘察勘探服务

B.存储地点在境内的仓储服务

C.标的物在境外使用的有形动产租赁服务

D.会议展览地点在境外的会议展览服务

55.一般纳税人提供的下列应税服务中，可以选择适用简易计税方法计税的有（　　）。

A.公共交通运输服务　　B.电影放映服务

C.装卸搬运服务　　D.打捞救助服务

56.根据营改增的有关规定，下列各项中，免征增值税的有（ ）。

A.个人转让著作权　　B.个人转让商标权

C.婚姻介绍服务　　D.个人销售自建自用住房

57.增值税一般纳税人支付的下列运费中（均取得“增值税专用发票”），不允许抵扣进项税额的有（ ）。

A.销售免税货物所支付的运输费用

B.外购生产应税产品的机器设备所支付的运输费用

C.外购水泥用于集体福利所支付的运输费用

D.外购草莓用于生产草莓酱所支付的运输费用

58.按照营改增的最新政策，纳税人发生的下列转让行为中，按照销售无形资产征收增值税的有（ ）。

A.转让专利技术使用权　　B.转让商标专用权

C.转让土地使用权　　D.转让有价证券

■ 职业能力判断

1.自2013年8月1日起，纳税人自用的应征消费税的摩托车、汽车、游艇，其进项税额准予从销项税额中抵扣。（ ）

2.纳税人兼营免税、减税项目的，应当分别核算免税、减税项目的销售额；未分别核算销售额的，由税务机关确定减税、免税销售额。（ ）

3.增值税一般纳税人资格实行认定制，认定事项由增值税纳税人向其主管税务机关办理。（ ）

4.年应税销售额超过小规模纳税人标准的其他个人（指自然人）按小规模纳税人纳税。（ ）

5.增值税一般纳税人购进农产品，可以按照农产品收购发票或者销售发票上注明的农产品买价和10%的扣除率计算进项税额。（ ）

6.企业销售适用不同税率的货物未分别核算销售额的，应从高适用税率计征增值税。（ ）

7.外贸企业委托生产企业加工收回后报关出口的货物，按购进国内原辅材料的增值税专用发票上注明的进项税额，依原辅材料的退税率计算原辅材料的退税额。（ ）

8.在增值税的缴纳过程中，如企业当期购进货物较多，出现当期销项税额小于当期进项税额而不足抵扣的情况，不足抵扣的部分可以结转下期继续抵扣。（ ）

9.对自来水公司销售自来水按简易办法依照3%的征收率（从2014年7月1日起）征收增值税时，不得抵扣其购进自来水取得增值税扣税凭证上注明的增值税税款。（ ）

10.纳税人销售货物或者应税劳务适用免税规定，可以放弃免税，依照条例的规定缴纳增值税。放弃免税后，36个月内不得再申请免税。（ ）

11.按照增值税法律制度的有关规定，商业折扣如果和销售额开在同一张发票上的，可以从销售额中扣除。（ ）

12.混合销售是指销售多种产品或提供多种服务的行为。（ ）

13. 外贸企业“先征后退”办法的基本计算公式：应退税额=外贸收购不含增值税购进金额×退税率；不予退税金额（作进项税转出处理）=外贸收购不含增值税购进金额×(出口货物征税率-退税率)。（ ）

14. 采取托收承付和委托银行收款方式销售货物的，纳税义务发生时间为收到货款的当天。（ ）

15. 一般纳税人丢失已开具专用发票的发票联，可将专用发票抵扣联作为记账凭证，专用发票抵扣联复印件留存备查。（ ）

16. 甲企业未按规定向乙企业支付货款，乙企业按合同规定向甲企业收取违约金，由于违约金是在销售实现后收取的，故不应征收增值税。（ ）

17. 不同退税率的货物应分开核算，凡未分开核算而划分不清适用税率的，一律从高适用税率计算退税。（ ）

18. 实行“免、抵、退”办法办理出口退税的生产企业，直接出口或委托外贸企业代理出口的货物，在出口销售环节免征增值税。（ ）

19. 委托其他纳税人代销货物的，纳税义务发生时间为收到代销单位的代销清单或者收到全部或者部分货款的当天。未收到代销清单及货款的，纳税义务发生时间为发出代销货物满180天的当天。（ ）

20. 销售货物或者应税劳务，纳税业务发生时间为收讫销售款或者取得索取销售款项凭据的当天；先开具发票的，为开具发票的当天。（ ）

21. 除国家税务总局另有规定外，纳税人一经登记为小规模纳税人后，不得转为一般纳税人。（ ）

22. 一般纳税人与小规模纳税人的计税依据相同，都是不含税的销售额。（ ）

23. 目前对生产企业出口货物计算办理退（免）税的，以出口货物离岸价格作为计税依据；对外贸企业出口货物计算办理退税的，以出口数量和货物购进金额作为计税依据。（ ）

24. 除国家税务总局另有规定外，纳税人一经登记为一般纳税人后，不得转为小规模纳税人。（ ）

25. 养鸡设备系列产品属于农机，适用11%增值税税率。（ ）

26. 油气田企业跨省、自治区、直辖市提供生产性劳务，应当在劳务发生地按3%预征率计算缴纳增值税。在劳务发生地预缴的税款可从其应纳增值税中抵减。（ ）

27. 纳税人进口货物报关后，境外供货商向国内进口方退还或返还的资金，或进口货物向境外实际支付的货款低于进口报关价格的差额，应作进项税额转出处理。（ ）

28. 一般纳税人因销售货物退回或者折让而退还给购买方的增值税额，应从发生销售货物退回或者折让当期的销项税额中扣减。（ ）

29. 生产和销售免征增值税货物或劳务的纳税人要求放弃免税权，可以以书面形式或者口头形式提交放弃免税权声明，报主管税务机关备案。（ ）

30. 某增值税一般纳税人销售从农业生产者处购进的自产谷物，其缴纳增值税时适用零税率。（ ）

31. 自2012年10月1日起，从事农产品批发、零售的纳税人销售的部分鲜活肉蛋产品免征增值税。（ ）

32.固定业户的总分支机构不在同一县（市），但在同一省（区、市）范围内的，一律由总机构和分支机构分别向所在地的主管税务机关申报缴纳增值税。（ ）

33.增值税一般纳税人销售粉煤灰，按照简易办法征收增值税。（ ）

34.一般纳税人取得由税务局为小规模纳税人代开的增值税专用发票，可以将专用发票上填写的税额作为进项税额予以抵扣。（ ）

35.燃煤发电厂及各类工业企业产生的烟气、高硫天然气进行脱硫生产的副产品，实行增值税即征即退100%的政策。（ ）

36.进口货物，在海关计算缴纳进口环节增值税税额时，不得抵扣发生在中国境外的各种税金。（ ）

37.外国企业无偿援助的进口物资和设备，免征增值税。（ ）

38.进口货物的，增值税纳税义务发生时间为报关进口的当天。（ ）

39.为安置自主择业的军队转业干部就业而新开办的企业，凡安置自主择业的军队转业干部占企业总人数60%（含）以上的，经主管税务机关批准，自领取税务登记证之日起，其提供的应税服务3年内免征增值税。（ ）

40.纳税人一经放弃免税权，其生产销售的全部增值税应税货物或者劳务均应按照适用税率征税，不得选择某一免税项目放弃免税权，也不得根据不同的销售对象选择部分货物或者劳务放弃免税权。（ ）

41.中国移动通信集团公司、中国联合网络通信集团有限公司、中国电信集团公司及其成员单位通过手机短信公益特服号为规定的公益性机构接受捐款服务，以其取得的全部价款和价外费用，扣除支付给公益性机构捐款后的余额为销售额。（ ）

42.纳入营业税改征增值税试点范围内的所有现代服务均适用6%的税率。（ ）

43.餐饮住宿服务，包括餐饮服务和住宿服务。（ ）

44.一般纳税人提供的特定应税行为（公共交通运输服务等）可以选择适用简易计税方法计税，但一经选择，36个月内不得变更。（ ）

45.境内的单位和个人销售适用增值税零税率的服务或无形资产的，可以放弃适用增值税零税率，选择免税或按规定缴纳增值税。放弃适用增值税零税率后，12个月内不得再申请适用增值税零税率。（ ）

46.试点纳税人应税行为年销售额未超过500万元，不得登记为一般纳税人。（ ）

47.试点纳税人取得一般纳税人资格后，发生偷税、骗税行为的，可以再转变为小规模纳税人。（ ）

48.2013年8月1日起，增值税一般纳税人购入应征消费税的汽车、摩托车、游艇，无论是生产经营用，还是个人消费，均可抵扣进项税额。（ ）

49.服务和无形资产的退税率为其按照销售服务和无形资产规定适用的增值税税率。（ ）

50.实行增值税退（免）税办法的增值税零税率服务和无形资产可以开具增值税专用发票。（ ）

51.增值税扣缴义务发生时间为纳税人增值税纳税义务发生的次日。（ ）

52.增值税起征点不适用于一般纳税人的个体工商户。（ ）

53.原增值税一般纳税人兼有营改增应税行为的，且应税行为年销售额超过500万元

的，不需要重新办理一般纳税人登记手续。 ( )

54. 符合一般纳税人条件的纳税人应当向主管税务机关办理一般纳税人资格登记，应当办理一般纳税人资格登记而未办理的，应按税率计算应纳税额，不得抵扣进项税额。 ( )

55. 采用简易计税方法的纳税人，提供的出口服务一律免征增值税，不适用增值税零税率。 ( )

56. 取得索取销售款项凭据的当天，是指书面合同确定的付款日期；未签订书面合同或者书面合同未确定付款日期的，为服务、无形资产转让完成的当天或者不动产权属变更的当天。 ( )

57. 纳税人销售取得的不动产和其他个人出租不动产的增值税，由国家税务局负责征收。 ( )

58. 在境外提供的广播影视节目（作品）的播映服务征收增值税。 ( )

59. 以1个季度为纳税期限的规定适用于小规模纳税人、银行、财务公司、信托投资公司、信用社，以及财政部和国家税务总局规定的其他纳税人。 ( )

60. 境内单位向境内个人无偿转让不动产的，免征增值税。 ( )

61. 固定电话、有线电视、宽带、水、电、燃气、暖气等经营者向用户收取的安装费、初装费、开户费、扩容费以及类似收费，按照安装服务缴纳增值税。 ( )

62. 纳税人提供电信业服务时，附带赠送用户识别卡、电信终端等货物或者电信业服务的，应将其取得的全部价款和价外费用进行分别核算，按各自适用的税率计算缴纳增值税。 ( )

63. 营业税改征增值税后，提供有形动产融资租赁服务不需要缴纳增值税。 ( )

■ 职业能力实训

一、计算题

1. 甲电视机厂为增值税一般纳税人，2017年1月生产出最新型号的彩色电视机，每台不含税销售单价7 800元。当月发生如下经济业务：

（1）5日，向各大商场销售电视机2 000台，对这些大商场在当月20天内付清2 000台电视机购货款均给予了5%的销售折扣。

（2）15日，购进生产电视机用原材料一批，取得增值税专用发票上注明的价款为3 500 000元，税额为595 000元，专用发票已认证。

（3）18日，采取以旧换新方式，从消费者个人手中收购旧型号电视机，销售新型号电视机200台，每台旧型号电视机折价为500元。

（4）30日，发货给外省分支机构400台，用于销售。在销售过程中，接受某运输公司的运输服务，支付运费价税合计1 110元，取得增值税专用发票，注明运费金额1 000元，税额110元。货款及运费均以银行存款支付。

要求：

（1）计算甲电视机厂当期销项税额；

（2）计算甲电视机厂当期准予抵扣的进项税额。

2.甲企业为增值税一般纳税人，2017年1月外购一批材料用于应税货物的生产，取得增值税专用发票，价款20 000元，增值税3 400元；外购一批材料用于应税货物和免税货物的生产，取得增值税专用发票，价款30 000元，增值税5 100元，但无法划分不得抵扣的进项税额，当月应税货物销售额60 000元，免税货物销售额65 000元。

要求：计算甲企业当期不可抵扣的进项税额。

3.甲服装厂为增值税一般纳税人，2017年2月，销售服装开具增值税专用发票，取得含税销售额350万元；开具增值税普通发票，取得含税销售额120万元。将外购的布料用于集体福利，该布料购进价20万元，同类布料不含税销售价为32万元。

要求：计算甲服装厂当月增值税销项税额。

4.甲工业企业是增值税小规模纳税人，3月取得销售收入10.3万元（含增值税）；购进原材料一批，支付货款3.09万元（含增值税）。

要求：计算甲企业当月的应纳增值税。

5.某企业（增值税一般纳税人）2017年2月销售其使用过的包装物一批，取得含税收入2 340元；销售自己使用过的小汽车一辆，取得含税收入30 900元，已知该小汽车于2013年6月购进。

要求：计算该企业当期应纳增值税。

6.甲公司为增值税一般纳税人，5月从国外进口一批音响，海关核定的关税完税价格为100万元，缴纳关税10万元，已知增值税税率为17%。

要求：计算甲公司该笔进口业务的增值税。

7.甲企业是增值税一般纳税人。3月从国外进口一批原材料，海关审定的完税价格为120万元，该批原材料分别按10%和17%的税率向海关缴纳了关税和进口环节增值税，并取得了相关完税凭证。该批原材料当月加工成产品后全部在国内销售，取得销售收入300万元（不含增值税），同时支付运输费6万元（取得增值税专用发票）。已知该企业适用的增值税税率为17%。

要求：计算甲企业当月的应纳增值税。

8.甲企业为增值税一般纳税人。2017年1月进口一批高档化妆品，关税完税价格50万元。已知高档化妆品关税税率为20%、消费税税率为15%。

要求：计算甲企业进口高档化妆品的增值税。

9.北京甲广告公司已登记为增值税一般纳税人。2017年1月，该公司取得广告制作费763.2万元（含税），支付给山西某媒体的广告发布费为280万元（不含税），取得增值税专用发票。此外，当期该广告公司可抵扣的进项税额为15万元。

要求：计算当月甲广告公司的应纳增值税。

10.甲公司为营改增小规模纳税人，2017年1月，向一般纳税人乙企业提供资讯信息服务，取得含增值税销售额3.09万元；向小规模纳税人丙企业提供注册信息服务，取得含增值税销售额2.06万元；购进办公用品，支付价款2.06万元，并取得增值税普通发票。已知增值税征收率为3%。

要求：计算甲公司当月应纳增值税税额。

二、综合题

1.甲企业为增值税一般纳税人，2017年2月份发生以下业务：

(1) 购进纪念品，将其全部用于集体福利，取得的增值税专用发票上注明的增值税为4 000元。

(2) 从某增值税小规模纳税人处购进原材料，取得普通发票，支付运输企业（增值税一般纳税人）不含税运输费16 000元，取得增值税专用发票。

(3) 销售汽车装饰物品，取得不含税收入20 000元；提供汽车修理劳务取得不含税收入12 000元；出租汽车取得不含税租金收入6 200元。

(4) 当月将本企业使用过的2008年购入的一台机器设备销售，该机器设备购入时不得抵扣且未抵扣进项税额，取得含税销售收入20 600元，甲企业未放弃减税。

(5) 因管理不善丢失一批以前月份购入的原材料（已抵扣进项税额），账面成本为5 600元。

（其他相关资料：上述增值税专用发票的抵扣联均已经过认证）

要求：

(1) 计算该企业当月准予抵扣的进项税额；

(2) 计算该企业当月的增值税销项税额；

(3) 计算该企业当月应缴纳的增值税。

2. 甲空调生产企业为增值税一般纳税人，2017年1月份发生的生产经营业务如下：

(1) 采用分期收款方式销售空调，合同规定的不含税销售额共计400万元，本月应收回60%货款，其余货款于下月10日全部收回，由于购买方本月资金紧张，实际支付不含税货款150万元。

(2) 将成本为10万元的自产空调用于本企业职工宿舍。

(3) 当月销售空调，收取价税合计金额540万元，另收取包装费160万元，开具普通发票。

(4) 购进生产用原材料及水、电等取得的增值税专用发票上注明增值税共计8万元。

(5) 购进一批小电器，作为奖励发给了职工，取得的增值税专用发票上注明的增值税为0.15万元。

(6) 购进生产检查设备，取得增值税专用发票，注明价款30万元、增值税5.1万元。

(7) 购进一辆小汽车自用，取得增值税专用发票，注明价款20万元、增值税3.4万元。

已知：成本利润率10%，本月取得的合法票据均在本月认证并在本月抵扣。

要求：

(1) 计算该企业本月的销项税额。

(2) 计算该企业本月准予抵扣的进项税额。

(3) 计算该企业本月应纳的增值税。

3. 甲公司为试点一般纳税人，主营货物批发零售，兼营国际货运代理和运输服务。2016年12月应交未交增值税10万元。2017年1月份发生业务如下：

(1) 10日，上缴上月应交未交的增值税10万元。

(2) 12日，国内采购货物一批，取得防伪税控增值税专用发票1张，本月通过认证，增值税专用发票上注明的价款为20万元、增值税为3.4万元，通过银行支付了上述款项。

(3) 13日，进口货物1批，取得海关出具的“海关进口增值税专用缴款书”3张，注明的价款为10万元、增值税为1.7万元。

(4) 15日，销售货物一批，已开具增值税专用发票1张，销售额130万元、销项税额22.1万元，款项已经收妥（假设不考虑成本结转）。

(5) 20日，购进货物改变用途，将货物30万元（购买价）用于发放职工福利。该批货物进项税额为5.1万元，已于上月抵扣。

（6）21日，提供联运运输服务，共取得收入111万元，并开具增值税专用发票，注明运输费用100万元、增值税11万元，同时支付给联运方运费55.5万元（含税），并取得增值税专用发票。

（7）24日，提供国际货运代理服务，取得应税劳务收入并开具增值税专用发票，注明价款150万元、增值税9万元。为取得该收入，支付给一般纳税人代理公司代理费用60万元、增值税3.6万元，取得增值税专用发票1张；支付给小规模纳税人代理公司代理费用金额30.9万元，取得税务机关代开的专用发票1张；支付给小规模纳税人货物运输公司运费金额10万元，取得普通发票1张。

（8）26日，购进设备4台，价值30万元，款项已经支付，取得增值税专用发票1张，进项税额5.1万元。

要求：计算甲公司上述业务的增值税销项税额、进项税额和应纳增值税额。

4.甲传媒有限责任公司主要经营电视剧、电影等广播影视节目的制作和发行，为营改增一般纳税人。2017年1月该公司发生如下业务：

（1）9日，为某电视剧提供片头、片尾、片花制作服务，取得含税服务费106万元。

（2）9日，购入8台计算机，用于公司的日常业务制作，支付含税价款4.68万元，取得增值税专用发票，当月通过认证。

（3）10日，购入一台小汽车，取得机动车销售统一发票，支付价税合计金额11.7万元。

（4）11日，取得设计服务收入含税价款53万元。

（5）22日，该电影在某影院开始上映，传媒公司向影院支付含税上映费用15万元，取得税务局代开的增值税专用发票。(影院选择采用增值税简易计税方法)

（6）25日，支付增值税税控系统技术维护费用合计700元，取得增值税专用发票，注明价款660.38元、税额39.62元。

要求：

（1）提供片头、片尾、片花制作服务取得收入应计算的增值税销项税额。

（2）购入计算机可以抵扣的增值税进项税额。

（3）购入小汽车允许抵扣的增值税进项税额。

（4）收取的设计服务收入应计算的增值税销项税额。

（5）支付影院的上映费用允许抵扣的增值税进项税额。

（6）该传媒公司当月应纳的增值税额。

第二部分　职业拓展训练

■ 涉税咨询训练

1.我公司的产品过期了，增值税需要进项税额转出吗？

2.我公司准备在本地开办一家矿泉水厂，请问对矿泉水、纯净水可否比照自来水征收增值税？

3.我公司为增值税一般纳税人，向小规模纳税人销售货物时能否开具增值税专用发票？

4.我公司是一家从事电力产品经营的企业，现有部分用户需要临时用电，与我公司签订了临时用电协议，并缴纳了一定数额的保证金，我公司对逾期未退还的保证金作为“营业外收入”。请问，逾期未退还的保证金是否应作为价外费用计算缴纳增值税？

5.我公司是一家工业企业，在促销过程中，我们采购了一些礼品（如皮包、水杯等）送给客户，请问购进礼品的进项税额能否抵扣？

6.我公司为一般纳税人，本月取得汇总开具的增值税专用发票，但是没附发票清单，还能抵扣进项税额吗？

7.我公司购买货物并取得供应商开具的增值税专用发票，但供应商却委托另一个公司收款，即我公司作为购货方将货款支付给另一个公司。请问我公司取得的增值税专用发票的进项税能否抵扣？

8.我公司对销售的、在保修期内出现问题的产品免费提供维修服务，那么免费维修耗用的材料或免费更换的配件是否要作进项税额转出或视同销售处理呢？

9.我公司取得的一张增值税专用发票认证期的最后一天恰好是星期天，等到下周星期一到税务局认证时，税务人员说该发票已过认证期，发票认证节假日不顺延。请问此种说法是否正确？

10.《国家税务总局关于发布〈纳税人提供不动产经营租赁服务增值税征收管理暂行办法〉的公告》（国家税务总局公告2016年第16号）规定：“纳税人以经营租赁方式出租其取得的不动产（以下简称出租不动产），适用本办法。取得的不动产，包括以直接购买、接受捐赠、接受投资入股、自建以及抵债等各种形式取得的不动产。”纳税人二次转租，自己没有取得该不动产，适用什么税率？

11.我公司为一家房地产开发企业，开工日期在4月30日之前的同一《施工许可证》下的不同房产，如开发项目中既有普通住房，又有别墅，可以分别选择简易征收和一般计税方法吗？

12.个人拥有的车辆挂靠在运输企业并对外开展运输业务，这部分运输业务的增值税纳税人如何确认？

13.顾客到酒店吃饭，同时消费了烟酒，酒店给顾客开具发票的税率应是多少？

14.我公司为一家房地产开发企业，2017年开发综合体项目，一部分对外销售，一部分持有出租。其外购项目发生的进项税，是否需要按业态划分，对于与持有出租的开发产品相关的进项税不允许抵扣？

15.我公司为一家房地产开发企业，选择简易计税办法时是否可以开具增值税专用发票？

■ 纳税筹划训练

1.某投资者2017年初投资设立一工业企业，预计2017年应纳增值税销售额为90万元，该企业会计核算制度比较健全，符合作为一般纳税人的条件，适用的增值税税率为

17%。但预计该企业准予从销项税额中抵扣的进项税额较少，只有3万元。若投资设立两个小规模纳税人企业，各自作为独立核算单位，则这两个小企业年应税销售额分别为45万元和45万元，适用3%的征收率。请对其进行纳税筹划。

2. 甲公司为增值税一般纳税人，为促销商品，给予客户以下优惠：凡一次性购买其产品达到5万元或5万元以上的（不含增值税），给予价格上5%的折扣。2016年10月甲公司一次性销售给某客户10万元（不含增值税）的产品。请对其进行纳税筹划。

3. 甲公司在“营改增”试点后为增值税一般纳税人，2017年1月共取得营业额（销售额）600万元（含税），其中，提供设备租赁取得收入400万元（含税），对境内单位提供信息技术咨询服务取得收入200万元（含税）。当月可抵扣的进项税额共为30万元。请对其进行纳税筹划。

第三部分 职业知识延伸

■ 推荐网站

http://www.chinaacc.com/shuishou/ （中华会计网校之税务网校）

http://blog.sina.com.cn/s/indexlist_1228723740_22.html （中国财税浪子王骏的博客）

http://www.shui12366.com/ （中税答疑）

http://blog.sina.com.cn/u/2798825440 （财税星空赵国庆的博客）

■ 推荐书籍

书名：《增值税实务政策解析与操作指南（全行业营改增政策深度分析）》

作者：刘霞　　出版社：立信会计出版社

出版时间：2016年6月　　ISBN：9787542950536

内容简介：本书具有以下特色：①融合性：将传统的增值税政策与营业税改增值税政策有机融合为一体，便于读者对增值税整体情况的学习与掌握；②实用性：书中含有大量实务案例和例题示范，帮助读者理解政策并指导实务操作；③深度性：对增值税政策重点、难点部分进行政策解析，帮助读者理解政策的实质与导向；④全面性：收集现行有效的增值税实体政策，并标注文号，能让读者快速查到所需的政策。

■ 推荐阅读

增值税是20世纪
人类最伟大的财政发明

项目三
消费税法

第一部分　职业技能训练

■ 职业能力选择

一、单项选择题

1.下列各项中，不属于消费税纳税义务人的是（　　）。

A.进口小汽车的外贸企业　　B.委托加工卷烟的受托方

C.零售金银首饰的商场　　D.生产高档化妆品的化妆品生产企业

2.下列各项中，不属于消费税税目的是（　　）。

A.电池　　B.木制一次性筷子　　C.涂料　　D.高档西服

3.下列消费税的生产经营环节中，既征收增值税又征收消费税的是（　　）。

A.酒类生产的批发环节　　B.金银饰品的生产环节

C.珍珠饰品的零售环节　　D.高档手表的生产环节

4.某化妆品厂为增值税一般纳税人。2017年3月发生以下业务：6日销售高档化妆品300件，每件不含税价格500元；10日销售同类高档化妆品600件，每件不含税价格550元。当月以300件同类高档化妆品与某公司换取精油。该厂当月应纳消费税（　　）元。

A.86 750　　B.96 750　　C.97 750　　D.94 500

5.生产企业直接出口或者委托外贸企业出口自产应税消费品时，按规定予以（　　）。

A.直接退税　　B.直接免税　　C.先征后退　　D.即征即退

6.下列各项中，符合消费税纳税义务发生时间规定的是（　　）。

A.采取分期收款结算方式的，为销售合同规定的收款日期的当天

B.进口的应税消费品，为取得进口货物的当天

C.采取委托银行收款方式的，为银行收到款项的当天

D.采取预收货款结算方式的，为收到预收款的当天

7.企业生产的下列消费品中，无需缴纳消费税的是（　　）。

A.地板企业生产用于装修本企业办公室的实木地板

B.汽车企业用于本企业管理部门使用的轿车

C.化妆品企业生产用于交易样品的高档化妆品

D.卷烟企业生产用于连续生产卷烟的烟丝

8.下列各项中，属于税法规定的“委托加工”的是（　　）。

A.委托方提供原料或主要材料，受托方代垫辅助材料并收取加工费

B.委托方支付加工费，受托方提供原料或主要材料

C.委托方支付加工费，受托方以委托方的名义购买原料或主要材料

D.委托方支付加工费，受托方购买原料或主要材料再卖给委托方进行加工

9.某外贸公司进口一批小轿车，关税完税价格折合人民币500万元，关税税率为25%，消费税税率为9%，则该批小轿车进口环节应纳消费税（　　）万元。

A.66.35　　B.65.78　　C.61.81　　D.76.18

10.外贸企业从生产企业购入应税消费品自营出口的，按（　　）办法进行核算。

A.先征后退　　B.即征即退　　C.先征后返　　D.即征即返

11.下列关于消费税纳税地点的表述中，错误的是（　　）。

A.纳税人销售的应税消费品和自产自用的应税消费品，除国家另有规定外，应向纳税人机构所在地或居住地的税务机关申报缴纳消费税

B.纳税人到外县（市）销售或者委托外县（市）代销自产应税消费品的，于应税消费品销售后，向机构所在地或者居住地主管税务机关申报纳税

C.纳税人的总机构与分支机构不在同一县（市）的，应当在生产应税消费品的分支机构所在地缴纳消费税

D.委托加工的应税消费品，一律由受托方向所在地的税务机关解缴消费税税款

12.下列应税消费品应在生产环节和批发环节同时征收消费税的是（　　）。

A.烟丝　　B.卷烟　　C.小汽车　　D.成品油

13.企业发生的下列经营行为中，外购应税消费品已纳消费税税额不准从应纳消费税税额中扣除的是（　　）。

A.以外购已税白酒生产白酒

B.以外购已税烟丝生产卷烟

C.以外购已税高档化妆品为原料生产高档化妆品

D.以外购已税实木地板为原料生产实木地板

14.某百货公司是增值税一般纳税人，2017年4月直接零售金首饰4 000克，每克零售价150元；以旧换新金首饰，收回旧首饰100克，换出新首饰500克，收取差价60 000元，并收取旧首饰折价补偿20元/克。当月还零售镀金首饰一批，收取零售收入20 000元。该公司当月应缴纳消费税（　　）元。

A.29 290.60　　B.28 290.60　　C.28 390.60　　D.38 290.60

15.某高尔夫球具厂为增值税一般纳税人，下设一非独立核算的门市部。2017年1月该厂将生产的一批成本价为110万元的高尔夫球具移送门市部，门市部将其中的80%零售，取得含税销售额128.7万元。已知高尔夫球具的消费税税率为10%，成本利润率为10%。该项业务应缴纳消费税（　　）万元。

A.14　　B.12　　C.13　　D.11

16.某酒厂（增值税一般纳税人）2017年6月份生产一种新型白酒，用于广告样品1吨。已知该种白酒无同类产品出厂价，生产成本为每吨60 000元，成本利润率为10%，白酒消费税定额税率为0.5元/500克，消费税比例税率为20%。该酒厂当月应缴纳的消费税

为（　　）元。

A.16 500　　B.18 000　　C.16 750　　D.17 750

17.下列各项中，不属于我国消费税现行出口退（免）税政策的是（　　）。

A.免税但不退税　　B.不免税但退税

C.免税并退税　　D.不免税也不退税

二、多项选择题

1.关于金银首饰的税务处理，下列说法正确的有（　　）。

A.纳税人采取以旧换新方式销售的金银首饰，应按新首饰的销售价格计征消费税

B.对既销售金银首饰，又销售非金银首饰的单位，应将两类商品划分清楚，分别核算销售额

C.金银首饰与其他产品组成成套消费品销售的，应按销售额全额征收消费税

D.金银首饰连同包装物销售的，无论包装是否单独计价，也无论会计上如何核算，均应并入金银首饰的销售额计征消费税

2.下列各项中，征收消费税的有（　　）。

A.烟丝　　B.高档化妆品　　C.汽油　　D.木制卫生筷子

3.下列属于消费税税目的有（　　）。

A.气缸容量为200毫升的小排量摩托车　　B.蓄电池

C.涂料　　D.气缸容量为250毫升的摩托车

4.依据消费税的有关规定，下列消费品中属于高档化妆品税目的有（　　）。

A.高档美容类化妆品　　B.高档护肤类化妆品

C.高档修饰类化妆品　　D.演员化妆用的上妆油、卸妆油

5.下列关于进口的消费品，说法正确的有（　　）。

A.进口的应税消费品，于报关进口时缴纳消费税

B.进口的应税消费品的消费税由海关代征

C.进口的应税消费品，由进口人或代理人向报关地海关申报

D.纳税人进口应税消费品，应当自海关填发海关进口消费税专用缴款书之日起15日内缴纳税款

6.下列货物中，应征收消费税的有（　　）。

A.啤酒　　B.保健品　　C.木制一次性筷子　　D.电池

7.纳税人销售应税消费品，应当向（　　）主管税务机关申报纳税。

A.机构所在地　　B.纳税人核算地　　C.消费品生产地　　D.居住地

8.下列应税消费品中，采用定额税率从量征收消费税的有（　　）。

A.黄酒　　B.葡萄酒　　C.柴油　　D.烟丝

9.下列委托加工行为中，受托方（非个人）应代收代缴消费税的有（　　）。

A.汽车制造厂委托加工一批小汽车

B.某企业将外购汽车底盘及配件委托加工成小货车

C.某企业委托加工一批高档化妆品

D.某企业将烟叶委托加工成烟丝

10.出口应税消费品退税的企业范围主要包括（　　）。

A.有出口经营权的外贸公司　　　　　　　B.有出口经营权的工贸公司

C.对外承包工程公司　　　　　　　　　　D.外轮供应公司

11.以下符合消费税纳税义务发生时间规定的有（　　）。

A.纳税人采取赊销和分期收款结算方式销售应税消费品的，其纳税义务发生时间为实际收款日期的当天

B.纳税人自产自用应税消费品，其纳税义务发生时间为移送使用的当天

C.纳税人委托加工应税消费品，其纳税义务发生时间为委托方支付加工费的当天

D.纳税人采取直接收款方式销售应税消费品的，其纳税义务发生时间为收讫销售款或者取得索取销售款的凭据的当天

12.纳税人将应税消费品与非应税消费品以及适用税率不同的应税消费品组成成套消费品销售的，关于消费税的征收方法说法错误的有（　　）。

A.按应税消费品的平均税率计征　　　　B.按应税消费品的最高税率计征

C.按应税消费品的不同税率，分别计征　D.按应税消费品的最低税率计征

13.以下关于消费税纳税地点的表述中，正确的有（　　）。

A.委托加工的应税消费品，除受托方为个人外，由受托方向机构所在地主管税务机关解缴其代收代缴的消费税

B.纳税人销售的应税消费品，以及自产自用的应税消费品，除另有规定外，应当向纳税人机构所在地或居住地的主管税务机关申报纳税

C.进口的应税消费品，由进口人或代理人向核算地海关申报

D.委托个人加工的应税消费品，由委托方向其机构所在地或者居住地的主管税务机关申报纳税

14.下列关于消费税征收管理的表述中，正确的有（　　）。

A.生产销售应税消费品的纳税人，采取赊销和分期收款结算方式的，纳税义务发生时间为书面合同约定的收款日期的当天

B.自产自用的应税消费品，纳税义务发生时间为移送使用的当天

C.销售的应税消费品，除国家另有规定外，应当向纳税人机构所在地或居住地主管税务机关申报纳税

D.进口的应税消费品，应当向报关地海关申报纳税。

15.下列属于消费税纳税期限的有（　　）。

A.1日　　　　B.3日　　　　C.5日　　　　D.10日

■ 职业能力判断

1.对包装物既作价随同应税消费品销售，又另外收取包装物的押金，凡纳税人在规定的期限内没有退还的，均应并入应税消费品的销售额，按照应税消费品的适用税率缴纳消费税。（　　）

2.纳税人兼营不同税率的应税消费品，应当分别核算不同税率应税消费品的销售额、销售数量；未分别核算的，适用加权平均税率。（　　）

3.纳税人以外购或委托加工收回的已税珠宝玉石为原料生产的在零售环节征收消费税

的金银首饰，在计税时不得扣除外购或委托加工的已纳税款。（　）

4.纳税人将消费品如果用于连续生产应税消费品，在自产自用环节不缴纳消费税；如果用于其他方面，一律于移送使用时，按视同销售缴纳消费税。（　）

5.外贸企业从生产企业购入应税消费品时，由生产企业先缴纳消费税，在产品报关出口后，再申请出口退税；退税后若发生退货或退关，应及时补缴消费税。（　）

6.纳税人进口应税消费品的，纳税义务发生时间为收到货物的当天。（　）

7.消费税实行从价定率的比例税率、从量定额的定额税率和从价定率与从量定额相结合的复合计税三种形式。（　）

8.卷烟消费税在生产和批发两个环节征收。（　）

9.应税消费品连同包装物销售的，无论包装物是否单独计价以及在会计上如何核算，均应并入应税消费品的销售额中缴纳消费税。（　）

10.委托加工的应税消费品，除受托方为个人外，由受托方在向委托方交货时代收代缴税款。（　）

11.出口应税消费品的退税，主要适用于外贸企业自营出口或委托其他外贸企业代理出口应税消费品。（　）

12.采取赊销和分期收款结算方式的，其纳税义务发生时间为书面合同约定的收款日期的当天；书面合同没有约定收款日期或者无书面合同的，纳税义务发生时间为发出应税消费品的当天。（　）

13.纳税人采取以旧换新（含翻新改制）方式销售的金银首饰，应按实际收取的不含增值税的全部价款确定计税依据征收消费税。（　）

14.实行复合计税办法计算缴纳消费税的委托加工应税消费品的组成计税价格计算公式为：组成计税价格=（材料成本+加工费+委托加工数量×定额税率）÷（1−比例税率）。（　）

15.生产企业出口或委托外贸企业代理出口的应税消费品办理免税后，发生退关或者国外退货，进口时已予以免税的，经机构所在地或者居住地主管税务机关批准，可暂不办理补税，待其转为国内实际销售时，再申报补缴消费税。（　）

16.委托个人加工的应税消费品，由受托方向其居住地主管税务机关申报纳税。除此之外，由受托方向其所在地主管税务机关代收代缴消费税税款。（　）

17.采取预收货款结算方式的，其纳税义务发生时间为发出应税消费品的当天。（　）

18.委托加工应税消费品的个体经营者不承担代收代缴消费税的义务。（　）

19.采取托收承付和委托银行收款方式的，纳税义务发生时间为发出应税消费品并办妥托收手续的当天。（　）

■ 职业能力实训

一、计算题

1.甲化妆品生产企业为增值税一般纳税人，12月15日向中百超市销售高档化妆品一批，开具增值税专用发票，取得不含增值税销售额30万元，增值税额5.1万元；12月20

日向某单位销售高档化妆品一批，开具普通发票，取得含增值税销售额3.51万元。高档化妆品适用的消费税税率为15%。

要求：

（1）计算甲企业12月份销售高档化妆品的应税销售额；

（2）计算甲企业12月份销售高档化妆品的增值税销项税额；

（3）计算甲企业12月份销售高档化妆品应缴纳的消费税。

2.甲酒厂2017年1月生产白酒200箱，每箱净重20千克，取得不含税销售收入30 000元，收取包装物押金1 170元，押金单独记账，货款及押金均收到。

要求：计算甲酒厂的应纳消费税税额。

3.甲化妆品厂为增值税一般纳税人，将自产高档化妆品一批用于职工福利。该高档化妆品生产成本为11 000元，成本利润率为5%，无同类产品销售价格。高档化妆品的消费税税率为15%。

要求：

（1）计算甲化妆品厂自产高档化妆品的组成计税价格；

（2）计算甲化妆品厂该批高档化妆品应缴纳的消费税。

4.甲进出口公司进口白酒1 800吨，关税完税价格为12 000万元，关税税率为30%。

要求：

（1）计算甲公司进口白酒应缴纳的关税；

（2）计算甲公司进口白酒的组成计税价格；

（3）计算甲公司进口环节应缴纳的消费税；

（4）计算甲公司进口环节应缴纳的增值税。

5.甲啤酒厂8月销售乙类啤酒280吨，每吨出厂价格为3 200元（含税）。

要求：计算8月甲啤酒厂的应纳消费税。

6.甲酒厂为增值税一般纳税人。2017年4月份销售白酒2 200斤，取得销售收入18 720元（含增值税）。已知白酒消费税定额税率为0.5元/斤，比例税率为20%。

要求：计算甲酒厂4月份应缴纳的消费税税额。

二、综合题

1.甲企业为高尔夫球及球具生产厂家，是增值税一般纳税人。2016年10月发生以下业务：

（1）购进一批原材料A，取得增值税专用发票，注明价款5 000元、增值税850元，委托乙企业将其加工成20个高尔夫球包，支付加工费10 000元、增值税1 700元，取得乙企业开具的增值税专用发票；乙企业同类高尔夫球包不含税销售价格为460元/个。甲企业收回时，乙企业代收代缴了消费税。

（2）从生产企业购进高尔夫球杆的杆头，取得增值税专用发票，注明货款16 000元、增值税2 720元；购进高尔夫球杆的杆身，取得增值税专用发票，注明货款23 600元、增值税4 012元；购进高尔夫球握把，取得增值税专用发票，注明货款1 040元、增值税176.8元；当月领用外购的杆头、握把、杆身各80%，加工成A、B两种型号的高尔夫球杆共20把。

（3）当月将自产的A型高尔夫球杆2把对外销售，取得不含税销售收入12 000元；另将自产的A型高尔夫球杆5把赞助给高尔夫球大赛。

（4）将自产的3把B型高尔夫球杆移送至非独立核算门市部销售，当月门市部对外销售了2把，取得价税合计金额23 500元。

（其他相关资料：高尔夫球及球具消费税税率为10%，成本利润率为10%；上述相关票据均已经过比对认证）

要求：

（1）计算乙企业应代收代缴的消费税；

（2）计算甲企业应自行向税务机关缴纳的消费税。

2. 甲卷烟厂为增值税一般纳税人，主要生产S牌卷烟（不含税调拨价为100元/标准条）及雪茄烟，2017年1月发生如下业务：

（1）从烟农手中购进烟叶，支付烟叶收购价款110万元并按规定支付了10%的价外补贴，将其运往A企业委托加工成烟丝；向A企业支付加工费，取得增值税专用发票，注明加工费10万元、增值税1.7万元。该批烟丝已收回入库，但本月未领用。A企业无同类烟丝销售价格。

（2）从乙企业购进烟丝，取得增值税专用发票，注明价款400万元、增值税68万元。

（3）从小规模纳税人购进烟丝，取得税务机关代开的增值税专用发票，注明价款280万元。

（4）进口一批烟丝，支付货价300万元、经纪费12万元，该批烟丝运抵我国输入地点起卸之后发生运费及保险费共计38万元，卷烟厂完税后，海关放行。

（5）以外购成本为350万元的特制自产烟丝生产雪茄烟。

（6）本月销售雪茄烟取得不含税收入600万元，并收取品牌专卖费9.36万元；领用外购烟丝生产S牌卷烟，销售S牌卷烟400标准箱。

（7）月初库存外购烟丝买价32万元，月末库存外购烟丝买价70万元。

其他条件：本月取得的相关凭证符合规定，并在本月认证抵扣，烟丝消费税税率为30%，烟丝关税税率10%。卷烟生产环节消费税税率为56%、150元/标准箱，雪茄烟消费税税率36%

要求：

（1）计算当月A企业应代收代缴的消费税。

（2）计算当月该卷烟厂进口烟丝应缴纳进口环节税金合计。

（3）计算当月该卷烟厂领用特制自产烟丝应缴纳的消费税。

（4）计算当月准予扣除外购烟丝已纳消费税。

（5）计算当月该卷烟厂国内销售环节应缴纳的消费税（不含被代收代缴的消费税）。

第二部分　职业拓展训练

■ 涉税咨询训练

1. 金店销售的黄金摆件和金条是否应当缴纳消费税？

2. 我公司进口小汽车的零部件，是否需要缴纳消费税？我公司使用进口的零件组装成小汽车，是否需要缴纳消费税？

3.纳税人通过自设独立核算门市部和非独立核算门市部销售自产应税消费品，应当分别如何计算征收消费税？

4.“委托加工的应税消费品收回后直接出售的，不再缴纳消费税”中的“直接出售”具体指的是什么？

■ 纳税筹划训练

甲啤酒厂位于市区，2017年4月生产销售某品牌啤酒，每吨出厂价格为3 010元（不含增值税），与此相关的成本费用为2 500元，可准予抵扣的进项税额为300元。请对其进行纳税筹划。

第三部分 职业知识延伸

■ 推荐网站

http://www.shui5.cn/ （税屋网）

http://blog.sina.com.cn/httax （注册税务师齐洪涛的博客）

■ 推荐书籍

书名：《消费税专业技能及纳税申报实务》

作者：中华会计网　　出版社：江苏凤凰科学技术出版社

出版时间：2016年8月　　ISBN：9787553761169

内容简介：消费税是一个非常重要的税种，也是我国财政收入的主要来源之一，消费税只针对部分非生活必需品、高档消费品以及资源类产品征收，对我国的经济发展起到了很大的调节作用。但是，截至目前很少有教材详细地介绍消费税的整个财税核算流程，针对这个问题，本书从消费税的历史发展出发，详细地介绍消费税征税范围、税目和税率、消费税纳税申报以及消费税的会计核算等内容；将税法与会计核算相结合，具有很强的综合性；将纳税申报和具体的案例相结合，具有很强的实务操作性，使读者身临其境，熟练地掌握消费税的核算方法、会计处理和纳税申报技巧。

■ 推荐阅读

化妆品消费税缩围降率，
筹划莫忘避风险

项目四
企业所得税法

第一部分 职业技能训练

■ 职业能力选择

一、单项选择题

1.甲企业是我国的非居民企业并在我国境内设立了机构、场所。甲企业取得的下列所得中，不需要在我国缴纳企业所得税的是（　　）。

A.甲企业在韩国取得的与所设机构、场所没有实际联系的所得

B.甲企业在日本取得的与所设机构、场所有实际联系的所得

C.甲企业在中国境内取得的与所设机构、场所没有实际联系的所得

D.甲企业在中国境内取得的与所设机构、场所有实际联系的所得

2.境内某居民企业某年度取得销售货物收入2 000万元，出租房屋的租金收入200万元，对外投资的股息收入100万元，当年发生的与生产经营活动有关的业务招待费为80万元。该企业在计算该年度应纳税所得额时，准予扣除的业务招待费是（　　）万元。

A.11　　B.72　　C.120　　D.61

3.某企业2017年的销售收入为5 000万元，实际支出的业务招待费为50万元，在计算应纳税所得额时允许扣除的业务招待费是（　　）万元。

A.18　　B.24　　C.25　　D.30

4.在中国设立机构、场所，且取得的所得与其所设机构、场所有实际联系的非居民企业适用的企业所得税税率是（　　）。

A.10%　　B.20%　　C.25%　　D.33%

5.某企业某年实现自产货物销售收入500万元，当年发生计入销售费用的广告费100万元，当年可以税前扣除的广告费为（　　）万元。

A.35　　B.50　　C.75　　D.95

6.下列各项中，不属于企业所得税纳税人的是（　　）。

A.在外国成立但实际管理机构在中国境内的企业

B.在中国境内成立的外商独资企业

C.在中国境内成立的合伙企业

D.在中国境内未设立机构、场所，但有来源于中国境内所得的企业

7. 某外商投资企业某年度利润总额为40万元，未调整捐赠前的应纳税所得额为45万元。当年“营业外支出”账户中列支了公益性捐赠5万元。该企业该年度应缴纳的企业所得税为（　　）万元。

A.11.25　　B.11.3　　C.12.45　　D.12.25

8. 企业为开发新技术、新产品、新工艺发生的研究开发费用，未形成无形资产计入当期损益的，在按照规定在税前据实扣除的基础上，按照研究开发费用的（　　）加计扣除。

A.10%　　B.20%　　C.50%　　D.100%

9. 在计算应纳税所得额时，对企业发生的超限额标准的职工福利和工会经费支出（　　）。

A. 应调增应纳税所得额　　B. 应调减应纳税所得额

C. 不需调整应纳税所得额　　D. 视不同情况调增或调减应纳所得税额

10. 某居民企业（增值税一般纳税人）因管理不善导致外购的一批价值60万元（不含税）的材料霉烂。保险公司审理后同意赔付20万元，则该业务所得税前可以扣除的损失金额为（　　）万元。

A.60　　B.70.2　　C.50.2　　D.52.4

11. 特别纳税调整加收的利息，应当按照税款所属纳税年度中国人民银行公布的与补税期间同期的人民币贷款基准利率加（　　）个百分点计算。

A.2　　B.3　　C.5　　D.10

12. 居民企业在中国境内设立的不具有法人资格的分支或营业机构，由（　　）计算并缴纳企业所得税。

A. 该居民企业分别　　B. 各分支或营业机构分别

C. 该居民企业汇总　　D. 各分支或营业机构汇总

13. 企业安置残疾人员，计算企业所得税时，在按照支付给残疾职工工资据实扣除的基础上，按照支付给上述人员工资的（　　）加计扣除。

A.10%　　B.20%　　C.50%　　D.100%

14. 企业缴纳的下列各项税中，在计算企业所得税应纳税所得额时，不准从收入总额中扣除的是（　　）。

A. 增值税　　B. 城市维护建设税　　C. 消费税　　D. 土地增值税

15. 甲企业2016年1月1日向乙企业（未上市的中小高新技术企业）投资300万元，股权持有到2017年12月31日。假设甲企业2017年度实现利润500万元，该企业当年无其他纳税调整事项，则该企业2017年度应纳税所得额为（　　）万元。

A.220　　B.300　　C.290　　D.201

16. 在计算企业所得税时，通过支付现金以外的方式取得的投资资产，以该资产的（　　）为成本。

A. 公允价值　　B. 公允价值和支付的相关税费

C. 购买价款　　D. 成本与市价孰低

17. 企业在境外缴纳的所得税税额，可以从其当期应纳税额中抵免，抵免限额为该项所得依照企业所得税法规定计算的应纳税额；超过抵免限额的部分，可以在以后（　　）

个年度内，用每年度抵免限额抵免当年应抵税额后的余额进行抵补。

A.2　　B.3　　C.5　　D.10

18.税务机关根据税法做出的纳税调整决定，应在补征税款的基础上，从每一调整年度次年6月1日起至补缴税款之日止的期限，按（　　）加收利息。

A.日　　B.月　　C.季度　　D.年

19.按月或按季预缴企业所得税的，应当自月份或者季度终了之日起（　　）日内，向税务机关报送预缴企业所得税纳税申报表，预缴税款。

A.10　　B.15　　C.30　　D.60

20.纳税人通过国内非营利的社会团体、国家机关的公益、救济性捐赠，在年度（　　）12%以内的部分准予扣除。

A.收入总额　　B.利润总额　　C.纳税调整后所得　　D.应纳税所得额

21.企业股权收购、资产收购重组交易，以下相关交易处理中错误的是（　　）。

A.被收购方应确认股权、资产转让所得或损失

B.收购方取得股权或资产的计税基础应以公允价值为基础确定

C.被收购企业的相关所得税事项原则上保持不变

D.被收购企业及其股东都应按清算进行所得税处理

22.某居民企业某年度主营业务收入为50 000万元、营业外收入800万元，与收入配比的成本为41 000万元，全年发生管理费用、销售费用和财务费用共计7 000万元，营业外支出为600万元（其中含符合规定的公益性捐赠支出500万元），该年度经核定结转的亏损额为300万元。该企业当年无其他纳税调整事项，则该企业该年度应缴纳企业所得税（　　）万元。

A.475　　B.534　　C.536　　D.543

23.企业应自年度终了之日起（　　）个月内，向税务机关报送年度企业所得税纳税申报表，并汇算清缴，结清应缴所得税款。

A.3　　B.5　　C.6　　D.12

24.某企业某年度销售收入为136 000元，发生广告费和业务宣传费25 000元，该企业当年可以在税前扣除的广告费和业务宣传费最高为（　　）元。

A.15 000　　B.19 040　　C.25 000　　D.20 400

25.企业由法人转变为非法人组织，企业的全部资产以及股东投资的计税基础均应以（　　）为基础确定。

A.历史成本　　B.重置成本　　C.公允价值　　D.账面价值

26.企业所得税按（　　）计征。

A.月　　B.季度　　C.半年　　D.年

27.下列关于企业所得税纳税人的表述中，正确的是（　　）。

A.依照外国法律成立但实际管理机构在境内的企业均属于居民企业

B.依照外国法律成立且实际管理机构不在中国境内的企业均属于非居民企业

C.依照外国法律成立但在中国境内设立机构、场所的企业均属于非居民企业

D.依法在我国境内成立但实际管理机构在境外的企业均属于非居民企业

28.财产保险企业发生的与生产经营有关的手续费及佣金支出，按当年全部保费收入

扣除退保金等后余额的（　　）计算税前扣除限额。

A.5%　　B.10%　　C.15%　　D.30%

29.下列关于企业货币资产损失的说法中，不正确的是（　　）。

A.企业货币资产损失，包括现金损失、银行存款损失和应收（预付）账款损失等

B.企业清查出的现金短缺，以其实际金额为现金损失

C.逾期不能收回的应收款项中，单笔数额较小、不足以弥补清收成本的，由企业做出专项说明，对确实不能收回的部分，认定为损失

D.企业将货币性资金存入法定具有吸收存款职能的机构，因该机构依法破产、清算，确实不能收回的部分，确认为存款损失

30.在中国境内未设立机构、场所的非居民企业取得的来源于中国境内的转让财产所得，应以（　　）为企业所得税应纳税所得额。

A.收入全额　　B.收入全额减除相关税费后的余额

C.收入全额减除财产原值后的余额　　D.收入全额减除财产净值后的余额

31.下列各项中，在计算应纳税所得额时准予全额扣除的是（　　）。

A.企业为职工缴纳的基本养老保险　　B.企业为职工缴纳的补充养老保险

C.企业为职工缴纳的普通商业保险　　D.企业为管理人员缴纳的普通商业保险

32.下列各项中，在计算应纳税所得额时准予按规定扣除的是（　　）。

A.企业内营业机构之间支付的租金　　B.企业内营业机构之间支付的特许权使用费

C.银行内营业机构之间支付的利息　　D.非银行企业内营业机构之间支付的利息

33.下列资产中，在计算应纳税所得额时准予计提折旧或摊销费用在税前扣除的是（　　）。

A.未投入使用的机器设备　　B.单独估价作为固定资产入账的土地

C.自创商誉　　D.未投入使用的厂房

34.下列关于非居民企业的表述中，正确的是（　　）。

A.在境外成立的企业均属于非居民企业

B.在境内成立但有来源于境外所得的企业属于非居民企业

C.依照外国法律成立，实际管理机构在中国境内的企业属于非居民企业

D.依照外国法律成立，实际管理机构不在中国境内但在中国境内设立机构、场所的企业属于非居民企业

35.2017年5月6日，甲公司与乙公司签订合同，以预收款方式销售产品200件，不含税单价为0.1万元，并于5月10日取得了全部产品销售额20万元。2017年5月20日，甲公司发出产品120件，6月25日发出产品80件。下列关于甲公司确认销售收入实现日期及金额的表述中，正确的是（　　）。

A.2017年5月6日应确认销售收入20万元

B.2017年5月10日应确认销售收入20万元

C.2017年5月20日应确认销售收入12万元

D.2017年6月25日应确认销售收入20万元

36.企业的下列收入中，属于不征税收入范围的是（　　）。

A.财政拨款　　B.租金收入　　C.产品销售收入　　D.国债利息收入

37.下列各项中，应计入应纳税所得额计征企业所得税的是（　　）。

A.财政拨款　　B.国债利息收入

C.债务重组收入　　D.符合条件的居民企业之间的股息收入

38.在计算企业应纳税所得额时，除国务院财政、税务主管部门另有规定外，有关费用支出不超过规定比例的准予扣除，超过部分，准予在以后纳税年度结转扣除。下列各项中，属于该有关费用的是（　　）。

A.工会经费　　B.社会保险费　　C.职工福利费　　D.职工教育经费

39.2015年4月1日，甲创业投资企业采取股权投资方式向未上市的取得高新技术企业资格的乙公司（该公司属于中小企业）投资120万元，股权持有至2017年6月1日。假设甲创业投资企业2017年度实现利润100万元，无其他纳税调整事项。2017年度计算应纳税所得额时，对乙公司的投资额可以抵免的数额为（　　）万元。

A.0　　B.84　　C.96　　D.108

40.下列项目中，享受税额抵免优惠政策的是（　　）。

A.企业的赞助支出　　B.企业向残疾职工支付的工资

C.企业购置并实际使用国家相关目录规定的环境保护专用设备投资额10%的部分

D.创业投资企业采取股权投资方式投资于未上市的中小高新技术企业2年以上的投资额70%的部分

41.下列关于固定资产确定计税基础的表述中，不符合企业所得税法律制度规定的是（　　）。

A.自行建造的固定资产，以竣工结算前发生的支出为计税基础

B.盘盈的固定资产，以同类固定资产的重置完全价值为计税基础

C.通过捐赠取得的固定资产，以该资产的原账面价值为计税基础

D.通过投资取得的固定资产，以该资产的公允价值和支付的相关税费为计税基础

42.下列各项中，按照负担、支付所得的企业所在地确定所得来源地的是（　　）。

A.销售货物所得　　B.权益性投资资产转让所得

C.动产转让所得　　D.租金所得

二、多项选择题

1.下列各项中，属于不得税前扣除项目的有（　　）。

A.企业所得税税款　　B.超过规定标准的捐赠支出

C.非广告性质的赞助支出　　D.财产保险费

2.下列关于企业所得税税率的表述中，正确的有（　　）。

A.在中国境内未设立机构、场所的非居民企业，其从中国境内取得的所得减按10%的税率征收企业所得税

B.符合条件的小型微利企业，减按20%的税率征收企业所得税

C.国家需要重点扶持的高新技术企业，减按15%的税率征收企业所得税

D.在中国境内设立了机构、场所但取得的所得与所设机构、场所没有实际联系的非居民企业，其从中国境内取得的所得，减按10%的税率征收企业所得税

3.下列各项关于收入确认的表述中，正确的有（　　）。

A.企业以非货币形式取得的收入，应当按照公允价值确定收入额

B.以分期收款方式销售货物的，按照合同约定的收款日期确认收入的实现

C.采取产品分成方式取得收入的，按照企业分得产品的日期确认收入的实现，其收入额按照产品的公允价值确定

D.接受捐赠收入，按照承诺捐赠资产的日期确定收入

4.下列项目中，不得从应纳税所得额中扣除的有（　　）。

A.企业支付的违约金　　B.企业之间支付的管理费

C.企业内营业机构之间支付的租金　　D.非银行企业内营业机构之间支付的利息

5.关于企业所得税的纳税地点，下列表述正确的有（　　）。

A.非居民企业在中国设立机构、场所的，均以机构、场所所在地为纳税地点

B.居民企业登记注册地在境外的，以实际管理机构所在地为纳税地点

C.非居民企业在中国境内设立两个机构、场所的，分别缴纳企业所得税

D.非居民企业在中国未设立机构、场所的，以扣缴义务人所在地为纳税地点

6.下列支出应作为长期待摊费用的有（　　）。

A.自行开发无形资产，开发过程中的相关支出

B.租入固定资产的改建支出

C.固定资产的大修理支出

D.已足额提取折旧的固定资产的改建支出

7.下列对企业发生的“三新”开发支出描述不正确的有（　　）。

A.费用化的部分可以据实扣除，无需作纳税调整

B.费用化的部分可以在据实扣除的基础上加计扣除50%，加计部分应调减应纳税所得额

C.资本化的部分不得扣除

D.资本化的部分可以据实摊销，但不得加计摊销

8.下列各项中，不属于企业所得税工资、薪金支出范围的有（　　）。

A.向雇员支付加班奖金的支出　　B.雇员年终加薪的支出

C.按规定为雇员缴纳社会保险的支出　　D.为雇员提供的劳动保护费支出

9.固定资产的大修理支出是指，同时符合（　　）条件的支出。

A.修理支出达到取得固定资产时的计税基础30%以上

B.修理支出达到取得固定资产时的计税基础50%以上

C.修理后固定资产的使用年限延长2年以上

D.修理后固定资产的使用年限延长3年以上

10.税务机关采用下列方法核定征收企业所得税（　　）。

A.参照当地同类行业或者类似行业中经营规模和收入水平相近的纳税人的税负水平核定

B.按照应税收入额或成本费用支出额定率核定

C.按照耗用的原材料、燃料、动力等推算或测算核定

D.按照其他合理方法核定

11.不能作为企业所得税纳税人的有（　　）。

A.股份制企业　　B.合伙企业　　C.外商投资企业　　D.个人独资企业

12.企业实际发生的与取得收入有关的、合理的支出，包括（　　）和其他支出，准予在计算应纳税所得额时扣除。

A.成本　　B.税金　　C.费用　　D.损失

13.企业下列项目的所得中，减半征收企业所得税的有（　　）。

A.海水养殖　　B.内陆养殖　　C.牲畜饲养　　D.家禽饲养

14.下列利息中，应计入企业所得税应纳税所得额的有（　　）。

A.企业债券利息收入　　B.外单位欠款付给的利息收入

C.购买国库券的收入　　D.银行存款利息收入

15.纳税人在计算企业所得税应纳税所得额时，不得税前扣除的项目有（　　）。

A.被没收财物的损失　　B.计提的固定资产减值准备

C.迟纳税款的滞纳金　　D.法院判处的罚金

16.下列固定资产，以该固定资产的公允价值和支付的相关税费为计税基础的有（　　）。

A.通过接受投资取得的固定资产　　B.通过债务重组取得的固定资产

C.盘盈的固定资产　　D.通过非货币性资产交换取得的固定资产

17.企业重组包括（　　）等。

A.企业法律形式改变　　B.债务重组

C.股权收购　　D.资产收购

18.采用直接计算法计算应纳所得税额时，所涉及的科目有（　　）。

A.收入总额　　B.不征税收入　　C.免税收入　　D.各项扣除金额

19.关联方是指与企业有下列（　　）关联关系之一的企业、其他组织或者个人。

A.在资金、经营、购销等方面存在直接的控制关系

B.直接或者间接地同为第三者控制

C.在利益上具有相关联的其他关系

D.在资金、经营、购销等方面存在间接的控制关系

20.下列关于企业所得税纳税时间的描述中，正确的有（　　）。

A.企业所得税的纳税年度，自公历1月1日起至12月31日止

B.企业清算时，应当以清算期间作为一个纳税年度

C.自年度终了之日起5个月内，向税务机关报送年度企业所得税纳税申报表，并汇算清缴，结清应缴应退所得税款

D.企业在年度中间终止经营活动的，应当自实际经营终止之日起60日内，向税务机关办理当期企业所得税汇算清缴

21.下列有关商品销售收入确认时间的表述中，正确的有（　　）。

A.销售商品采用托收承付方式的，在办妥托收手续时确认收入

B.销售商品采取预收款方式的，在发出商品时确认收入

C.销售商品采用支付手续费方式委托代销的，在收到手续费时确认收入

D.采用售后回购方式销售商品的，符合销售收入确认条件的，销售的商品按售价确认收入，回购的商品作为购进商品处理

22.企业分立时，当事各方应按下列（　　）规定处理。

A.被分立企业对分立出去资产应按公允价值确认资产转让所得或损失

B.分立企业应按公允价值确认接受资产的计税基础

C.被分立企业继续存在时，其股东取得的对价应视同被分立企业分配进行处理

D.被分立企业不再继续存在时，被分立企业及其股东都应按清算进行所得税处理

23.纳税人具有下列情形之一的，核定征收企业所得税（　　）。

A.依照法律、行政法规的规定可以不设置账簿的

B.依照法律、行政法规的规定应当设置但未设置账簿的

C.擅自销毁账簿或者拒不提供纳税资料的

D.申报的计税依据明显偏低，又无正当理由的

24.税务机关在进行关联业务调查时，企业及其关联方，以及与关联业务调查有关的其他企业应当按照规定提供相关资料。相关资料是指（　　）。

A.与关联业务往来有关的价格、费用的制定标准、计算方法和说明等同期资料

B.关联业务往来所涉及的财产、财产使用权、劳务等的再销售（转让）价格或者最终销售（转让）价格的相关资料

C.与关联业务调查有关的其他企业应当提供的与被调查企业可比的产品价格、定价方式以及利润水平等资料

D.其他与关联业务往来有关的资料

25.下列关于企业所得税纳税申报的描述中，正确的有（　　）。

A.按月或按季预缴的，应当自月份或者季度终了之日起15日内，向税务机关报送预缴企业所得税纳税申报表，预缴税款

B.企业在报送企业所得税纳税申报表时，应当按照规定附送财务会计报告和其他有关资料

C.企业应当在办理注销登记前，就其清算所得向税务机关申报并依法缴纳企业所得税

D.依照企业所得税法缴纳的企业所得税，以人民币计算；所得以人民币以外的货币计算的，应当折合成人民币计算并缴纳税款

26.下列各项中，属于我国企业所得税税率的有（　　）。

A.25%　　B.20%　　C.30%　　D.15%

27.下列关于企业所得税的相关表述中，正确的有（　　）。

A.企业所得税按纳税年度计算

B.企业所得税的纳税年度自公历1月1日起至12月31日止

C.企业应当自年度终了之日起5个月内，向税务机关报送年度企业所得税纳税申报表，并汇算清缴，结清应缴应退税款

D.企业所得税分月或者分季预缴

28.生产性生物资产，是指为农产品提供劳务或出租等目的持有的生物资产，包括（　　）。

A.经济林　　B.薪炭林　　C.产畜　　D.役畜

29.企业合并，当事各方处理正确的有（　　）。

A.合并企业应按公允价值确定接受被合并企业各项资产和负债的计税基础

B.被合并企业及其股东都应按清算进行所得税处理

C.被合并企业的亏损不得在合并企业结转弥补

D.被合并方应确认股权、资产转让所得或损失

30.纳税人具有下列（　　）情形之一的，核定其应税所得率。

A.能正确核算（查实）收入总额，但不能正确核算（查实）成本费用总额的

B.能正确核算（查实）成本费用总额，但不能正确核算（查实）收入总额的

C.通过合理方法，能计算和推定纳税人收入总额或成本费用总额的

D.发生纳税义务，未按照规定的期限办理纳税申报，经税务机关责令限期申报，逾期仍不申报的

31.企业不提供与其关联方之间业务往来资料，或者提供虚假、不完整资料，未能真实反映其关联业务往来情况的，税务机关有权依法核定其应纳税所得额。核定方法有（　　）。

A.参照同类或者类似企业的利润率水平核定

B.按照企业成本加合理的费用和利润的方法核定

C.按照关联企业集团整体利润的合理比例核定

D.按照其他合理方法核定

32.甲企业是我国的非居民企业，并在我国境内设立了机构、场所。甲企业取得的下列所得中，需要在我国缴纳企业所得税的有（　　）。

A.甲企业在美国取得的与所设机构、场所没有实际联系的所得

B.甲企业在韩国取得的与所设机构、场所有实际联系的所得

C.甲企业在中国境内取得的与所设机构、场所没有实际联系的所得

D.甲企业在中国境内取得的与所设机构、场所有实际联系的所得

33.下列关于销售货物收入确认的表述中，正确的有（　　）。

A.销售商品采用托收承付方式的，在发出货物时确认收入

B.销售商品采取预收款方式的，在发出商品时确认收入

C.销售商品涉及商业折扣的，应当按照扣除商业折扣后的金额确定销售商品收入金额

D.销售商品涉及现金折扣的，应当按照扣除现金折扣后的金额确定销售商品收入金额

34.在计算应纳税所得额时，除另有规定外，有关费用支出不超过规定比例部分的准予扣除；超过部分，准予在以后纳税年度结转扣除。下列各项中，属于该有关费用的有（　　）。

A.工会经费　　B.职工教育经费　　C.业务招待费　　D.广告费

35.下列各项中，应作为计算广告费、业务宣传费税前扣除限额的基数的有（　　）。

A.提供劳务取得的收入　　B.转让固定资产取得的收入

C.接受捐赠收入　　D.出租房屋取得的收入

36.下列属于准予税前提取贷款损失准备金的贷款资产范围的有（　　）。

A.抵押、质押、担保等贷款　　B.应收融资租赁款

C.由金融企业转贷并承担对外还款责任的国外贷款

D.金融企业的委托贷款

37.下列关于固定资产计税基础的确认的说法中，正确的有（　　）。

A.自行建造的固定资产，以竣工结算前发生的支出为计税基础

B.盘盈的固定资产，以该固定资产的净值为计税基础

C.改建的固定资产，除法定的支出外，以改建过程中发生的改建支出增加计税基础

D.通过捐赠取得的固定资产，以该资产的公允价值为计税基础

38.下列各项中，不得在企业所得税税前扣除的有（　　）。

A.自创商誉计算的摊销费用

B.企业整体转让时外购商誉的支出

C.以融资租赁方式租出的固定资产计提的折旧

D.以经营租赁方式租入的固定资产计提的折旧

39.下列资产损失中，企业可以自行计算扣除的有（　　）。

A.企业各项存货发生的正常损耗

B.企业固定资产达到或超过使用年限而正常报废清理的损失

C.企业在正常经营管理活动中因销售、转让、变卖固定资产发生的资产损失

D.企业生产性生物资产达到或超过使用年限而正常死亡发生的资产损失

40.100%直接控制的母子公司之间，母公司向子公司按账面净值划转其持有的股权或资产。下列说法中正确的有（　　）。

A.母公司获得子公司100%股权支付的，母公司按增加长期股权投资处理，子公司按接受投资处理

B.母公司没有获得任何股权或非股权支付的，母公司按冲减实收资本处理，子公司按接受投资处理

C.母公司没有获得任何股权或非股权支付的，母公司按增加长期股权投资处理，子公司按冲减实收资本处理

D.母公司获得子公司100%股权支付的，母公司获得子公司股权的计税基础以划转股权或资产的原计税基础确定

41.企业从事下列项目取得的所得中，减半征收企业所得税的有（　　）。

A.农作物新品种的选育　　B.海水养殖

C.远洋捕捞　　D.香料作物的种植

42.下列说法中，正确的有（　　）。

A.符合条件的软件生产企业实行增值税即征即退政策所退还的税款，由企业专款用于研究开发软件产品和扩大再生产并单独进行核算，不作为企业所得税应税收入，不予征收企业所得税

B.集成电路生产企业的生产性设备，其折旧年限可以适当缩短，最短可为2年

C.投资者从证券投资基金分配中取得的收入，暂不征收企业所得税

D.在中国境内未设立机构、场所的非居民企业从居民企业取得股息、红利等权益性投资收益，免征企业所得税

43.下列项目中，享受加计扣除优惠政策的有（　　）。

A.企业以规定的资源作为主要原材料生产国家非限制和禁止并符合国家和行业相关标准的产品取得的收入

B.企业向残疾职工支付的工资　　C.软件生产企业的职工培训费用

D.企业为开发新技术而发生的研究开发费用，未形成无形资产计入当期损益的部分

44.下列关于企业所得税纳税期限的表述中，正确的有（　　）。

A.企业在一个纳税年度中间开业，或者终止经营活动，使该纳税年度的实际经营期不足12个月的，应当以其实际经营期为1个纳税年度

B.企业依法清算时，应当以清算期间作为1个纳税年度

C.企业应当自年度终了之日起3个月内，向税务机关报送年度企业所得税纳税申报表，并汇算清缴，结清应缴应退税款

D.企业在年度中间终止经营活动的，应当自实际经营终止之日起60日内，向税务机关办理当期企业所得税汇算清缴

45.在中国境内未设立机构、场所的非居民企业从中国境内取得的下列所得中，应以收入全额为应纳税所得额的有（　　）。

A.红利　　B.转让财产所得　　C.租金　　D.利息

46.企业的下列资产支出项目中，不得计算折旧或者摊销费用在税前扣除的有（　　）。

A.已足额提取折旧的固定资产的改建支出

B.单独估价作为固定资产入账的土地

C.以融资租赁方式租入的固定资产　　D.未投入使用的机器设备

47.下列固定资产中，在计算企业所得税应纳税所得额时不得扣除折旧费的有（　　）。

A.未投入使用的房屋　　B.未投入使用的机器设备

C.以经营租赁方式租入的固定资产　　D.以融资租赁方式租出的固定资产

48.企业的固定资产由于技术进步等原因，确实需要加速折旧的，可以采用的加速折旧方法有（　　）。

A.年数总和法　　B.当年一次折旧法

C.双倍余额递减法

D.缩短折旧年限，但最低折旧年限不得低于法定折旧年限的50%

49.下列各项中，在计算企业所得税应纳税所得额时不得扣除的有（　　）。

A.向投资者支付的红利

B.企业内部营业机构之间支付的租金

C.企业内部营业机构之间支付的特许权使用费

D.未经核定的准备金支出

50.下列各项中，准予在以后纳税年度结转扣除的有（　　）。

A.职工教育经费　　B.广告费　　C.业务宣传费　　D.业务招待费

■ 职业能力判断

1.企业在汇总计算缴纳企业所得税的时候，其境外营业机构的亏损可以抵减境内营业机构的盈利。（　　）

2.非居民企业在中国境内未设立机构、场所的，或者虽设立机构、场所但取得的所得

与其所设机构、场所没有实际联系的，应当就其来源于中国境内的所得缴纳企业所得税。（ ）

3.母公司以管理费形式向子公司提取费用，子公司因此支付给母公司的管理费，不得在税前扣除。（ ）

4.投资者兴办两个或两个以上企业的，可选择并固定在其中一地税务机关申报纳税。（ ）

5.非居民企业在中国境内未设立机构、场所的，或者虽设立机构、场所但取得的所得与其所设机构、场所没有实际联系的，应当就其来源于中国境内的所得缴纳企业所得税，适用税率为20%。（ ）

6.税务机关根据规定对企业做出特别纳税调整的，应当对补征的税款，自税款所属纳税年度的次年6月1日起至补缴税款之日止的期间，按日加收利息，该利息可以在计算应纳税所得额时扣除。（ ）

7.在外国成立且实际管理机构不在中国境内的企业，不是企业所得税的纳税义务人。（ ）

8.非居民企业在中国境内未设立机构、场所的，境外所得需在境内缴纳企业所得税。（ ）

9.企业所得税是对我国境内的企业和其他取得收入的组织的生产经营所得和其他所得征收的一种间接税。（ ）

10.销售商品需要安装和检验的，在购买方接受商品以及安装和检验完毕时确认收入。如果安装程序比较简单，可在发出商品时确认收入。（ ）

11.大修理支出，一次摊销。（ ）

12.企业债务重组发生债权转股权的，应当分解为债务清偿和股权投资两项业务，确认有关债务清偿所得或损失。（ ）

13.财产净值是指财产的计税基础减除已经按照规定扣除的折旧、折耗、摊销、准备金等后的余额。（ ）

14.母公司为其子公司提供各种服务而发生的费用，应按照独立企业之间公平交易原则确定服务的价格，作为企业正常的劳务费用进行税务处理。（ ）

15.纳税人在纳税年度内无论盈利或亏损，都应当按照规定的期限，向当地主管税务机关报送所得税纳税申报表和年度会计报表。（ ）

16.高新技术企业减按15%的税率征收企业所得税。（ ）

17.对国家需要重点扶持的高新技术企业减按30%的税率征收企业所得税。（ ）

18.企业所得税低税率为20%，实际征税时适用15%的税率。（ ）

19.企业发生的与生产经营活动有关的业务招待费支出，按照发生额的60%扣除，但最高不得超过当年销售（营业）收入的5‰。（ ）

20.企业使用或者销售的存货的成本计算方法，可以在先进先出法、后进先出法、加权平均法、个别计价法中选用一种。计价方法一经选用，不得随意变更。（ ）

21.固定资产按照直线法计算的折旧，准予扣除。（ ）

22.在企业吸收合并中，合并后的存续企业性质及适用税收优惠的条件未发生改变的，可以继续享受合并前该企业剩余期限的税收优惠，其优惠金额按存续企业合并前一年

的应纳税所得额（亏损计为零）计算。（ ）

23. 对于在中国境内未设立机构、场所的非居民企业的所得，其来源于中国境内的股息、红利等权益性投资收益和利息、租金、特许权使用费所得，以收入全额为应纳税所得额。（ ）

24. 我国境内新办的集成电路设计企业和符合条件的软件企业，经认定后，在2017年底前自获利年度起计算优惠期，第1年至第5年免征企业所得税，第6年至第10年按照25%的法定税率减半征收企业所得税，并享受到期满为止。（ ）

25. 企业应当在办理注销登记前，就其清算所得向税务机关申报并依法缴纳企业所得税。（ ）

26. 居民企业从直接或间接持有股权之和达到100%的关联方取得的技术转让所得，不享受技术转让减免企业所得税优惠政策。（ ）

27. 企业应当根据生产性生物资产的性质和使用情况，合理确定生产性生物资产的预计净残值。生产性生物资产的预计净残值一经确定，不得随意变更。（ ）

28. 企业对外投资期间，投资资产的成本在计算应纳税所得额时准予扣除。（ ）

29. 企业在重组发生前后连续12个月内，分步对其资产、股权进行交易，应根据权责发生制原则将上述交易作为一项企业重组交易进行处理。（ ）

30. 间接控制，是指居民企业以直接或间接持股方式持有外国企业20%以上股份。（ ）

31. 除税收法规、行政法规另有规定外，居民企业以企业登记注册地为纳税地点；但登记注册地在境外的，以实际管理机构所在地为纳税地点。（ ）

32. 依照企业所得税法缴纳的企业所得税，可以以外币计算。（ ）

33. 我国企业所得税法对居民企业的判定标准采取的是登记注册地标准和实际管理控制地标准相结合的原则，依照这一标准在境外登记注册的企业属于非居民企业。（ ）

34. 纳税人未经核定的准备金支出不得税前列支。（ ）

35. 无形资产的摊销年限不得低于10年。作为投资或者受让的无形资产，有关法律规定或者合同约定了使用年限的，可以按照法律规定或者合同约定的使用年限分期摊销。（ ）

36. 股权支付，是指企业重组中购买、换取资产的一方支付的对价中，以本企业或其控股企业的股权、股份作为支付的形式。（ ）

37. 纳税调整项目金额包括两方面的内容：一是企业的财务会计处理与税收规定不一致的应予以调整的金额；二是企业按会计规定准予扣除的税收金额。（ ）

38. 企业与其关联方共同开发、受让无形资产，或者共同提供、接受劳务发生的成本，在计算应纳税所得额时应当按照独立交易原则进行分摊。（ ）

39. 企业委托给外单位进行开发新技术、新产品、新工艺的研发费用，凡符合加计扣除条件的，由受托方按照规定计算加计扣除，委托方不得再进行加计扣除。（ ）

40. 不动产转让所得，按照转让不动产的企业或者机构、场所所在地确定所得来源地。（ ）

41. 采用售后回购方式销售商品的，销售的商品按售价确认收入，回购的商品作为购进商品处理。（ ）

42.企业的不征税收入用于支出所形成的资产，其计算的折旧、摊销不得在计算应纳税所得额时扣除。（ ）

43.金融企业发生的符合条件的贷款损失，可全额在计算当年应纳税所得额时扣除。（ ）

44.企业清算所得，是指企业全部资产可变现价值或者交易价格，减除资产的计税基础、清算费用、相关税费，加上债务清偿损益等后的余额。（ ）

■ 职业能力实训

一、计算题

1.甲软件生产企业为居民企业，2017年实际发生工资支出180万元、职工福利费支出38万元、职工教育经费15万元（其中，职工培训费用支出10万元）。

要求：计算甲企业2017年计算应纳税所得额时，应调增的应纳税所得额。

2.乙企业2017年销售货物收入1 500万元，让渡专利使用权收入200万元，包装物出租收入50万元，视同销售货物收入400万元，转让商标所有权收入150万元，接受捐赠收入20万元，债务重组收益10万元，发生业务招待费50万元。

要求：计算乙企业2017年度可在企业所得税前列支的业务招待费金额。

3.2017年某居民企业甲实现商品销售收入2 800万元，发生现金折扣50万元，接受捐赠收入50万元，转让无形资产所有权收入10万元。该企业当年实际发生业务招待费15万元，广告费420万元，业务宣传费40万元。

要求：计算2017年度甲企业可税前扣除的业务招待费、广告费、业务宣传费的合计额。

4.甲公司股东老赵认缴的出资额为80万元，应于7月1日前缴足。7月1日老赵实缴资本20万元，剩余部分至年底仍未缴纳，甲公司因经营需要于当年1月1日向银行借款80万元，年利率10%，发生借款利息10万元。

要求：计算当年甲公司可以税前扣除的借款利息。

5.甲企业全年直接销售商品取得销售收入12 000万元，全年出租办公楼取得租金收入320万元。企业全年发生广告宣传费2 800万元，业务招待费90万元。

要求：计算税前可以扣除的广告宣传费和业务招待费。

6.甲小型微利企业2017年度会计利润为10万元，当年1月购入一套办公家具，价值4 800元，未计提折旧，并在计算会计利润时全额扣除，假设除上述事项外该企业无其他纳税调整项目。

要求：计算甲企业2017年度应纳的企业所得税。

二、综合题

1.甲居民企业（增值税一般纳税人）是国家需要重点扶持的高新技术企业，2017年取得商品销售收入5 600万元，转让固定资产的净收益50万元，投资收益80万元；发生商品销售成本2 200万元，税金及附加120万元，销售费用1 900万元，管理费用960万元，财务费用180万元，营业外支出100万元，实现利润总额270万元，企业自行计算缴纳企业所得税=270×15%=40.5（万元）。经注册会计师审核，发现2017年该企业存在如下问题：

（1）12月购进一台符合《安全生产专用设备企业所得税优惠目录》规定的安全生产

专用设备，取得增值税专用发票，注明价款30万元、增值税5.1万元，当月投入使用，企业将该设备购买价款30万元一次性在成本中列支。该设备生产的产品全部在当月销售，相关成本已结转。

（2）管理费用中含业务招待费120万元。

（3）销售费用中含广告费800万元、业务宣传费300万元。

（4）财务费用中含支付给银行的借款利息60万元（借款金额1 000万元，期限1年）；支付给关联方借款利息60万元（借款金额1 000万元，期限1年），已知关联方的权益性投资为400万元，此项交易活动不符合独立交易原则且该企业实际税负高于境内关联方。

（5）营业外支出中含通过公益性社会团体向灾区捐款65万元，因违反合同约定支付给其他企业违约金28万元，因违反工商管理规定被工商局处以罚款7万元。

（6）投资收益中含国债利息收入10万元；从境外A国子公司分回税后收益32万元，A国政府规定的所得税税率为20%；从境外B国子公司分回税后投资收益25万元，B国政府规定的所得税税率为10%。

（7）已计入成本、费用中的全年实发合理的工资总额为400万元，实际拨缴工会经费6万元，发生职工福利费60万元、职工教育经费15万元。

要求：

（1）计算该居民企业准予在企业所得税前扣除的业务招待费金额。

（2）计算该居民企业准予在企业所得税前扣除的广告费和业务宣传费金额。

（3）计算该居民企业准予在企业所得税前扣除的利息费用。

（4）计算该居民企业准予在企业所得税前扣除的营业外支出金额。

（5）该居民企业计算应纳税所得额时，工资总额、工会经费、职工福利费和职工教育经费应调整应纳税所得额的金额。

（6）计算该居民企业2017年度境内应纳税所得额。

（7）计算该居民企业境外所得应在我国补缴的企业所得税。

（8）计算该居民企业应补（退）企业所得税税额。

2.某境内设备生产企业（居民企业）为增值税一般纳税人，2017年全年主营业务收入5 000万元，其他业务收入1 200万元，营业外收入500万元，主营业务成本3 000万元，其他业务成本1 000万元，营业外支出300万元，税金及附加260万元，销售费用1 200万元，管理费用800万元，财务费用120万元，投资收益1 000万元。当年发生的部分具体业务如下：

（1）将1台自产的设备通过市政府捐赠给受灾地区。“营业外支出”中已经列支该设备的成本及对应的销项税额合计97万元。该设备市场不含税售价为100万元，成本为80万元。

（2）当年合理据实发放的职工工资680万元（其中包括残疾人员工资50万元），发生职工福利费120万元，拨缴工会经费20万元并取得专用收据，发生职工教育经费支出15万元。

（3）发生广告费和业务宣传费支出900万元，发生业务招待费支出260万元，新产品研发费用支出80万元（未形成无形资产计入当期损益）。

（4）年初从关联企业（非金融企业）借款800万元，支付全年的利息费用90万元，已知关联企业对该居民企业的权益性投资额为480万元，金融企业同期同类贷款年利率为5.8%。

（5）取得国债利息收入100万元，企业债券利息收入80万元。

（6）因违反经济合同向乙企业支付违约金10万元，支付给交通管理部门罚款10万元，均已在“营业外支出”中列支。

（7）企业购置并实际使用了相关优惠目录规定的安全生产专用设备，设备购置价款为300万元，进项税额为17万元并已作进项税额抵扣。

已知：企业所得税税率为25%。

要求：

（1）计算业务（1）应调整的应纳税所得额；

（2）计算业务（2）应调整的应纳税所得额；

（3）计算业务（3）应调整的应纳税所得额；

（4）计算业务（4）应调整的应纳税所得额；

（5）计算业务（5）应调整的应纳税所得额；

（6）计算业务（6）应调整的应纳税所得额；

（7）计算该企业2017年应纳的企业所得税。

第二部分 职业拓展训练

■ 涉税咨询训练

1.我公司研发部门发生的差旅费可否加计扣除？

2.我公司既属于高新技术企业，又属于软件企业，并且2017年正在减半期。请问我公司的企业所得税税率能否享受15%减半，即7.5%的优惠税率？

3.我公司出租一台机器设备，租期5年的租金在第1年从承租方一次性全部收取，请问取得的租金在缴纳企业所得税时如何确认收入？

4.我公司取得的增值税返还是否缴纳企业所得税？

5.我公司是一家建筑企业，现将某项目全部承包给某单位并支付给对方工程费，请问企业所得税如何计算缴纳？

6.我公司因某员工非法挪用单位资金造成的损失（该员工被判刑）如何税前扣除？

7.我公司老总出国考察期间取得国外的票据，请问企业所得税税前可否扣除？

8.我公司计提了职工的工资，但是还没有发放，可以在企业所得税税前扣除吗？

9.我公司职工食堂的开支可以在计提的福利费范围内税前列支吗？如果没有正规发票，白条是否可以入账？

10.我公司准备申报税前扣除的广告费支出，要符合哪些条件？

11.我公司在建设办公大楼时（目前正在建设，还未完工），由于建设承包商人员变更违背了相关条款规定而支付给我公司违约金，我公司收到违约金后计入了营业外收入，是否要在计算企业所得税时将这笔款项计入收入计算所得税？

12.我公司由于车棚电线老化失火导致职工个人的电动车被烧毁，公司支付给职工的赔偿款是否可以在企业所得税税前扣除？

13.我公司发放的职工住房补贴能否计入工资总额在税前扣除？

14. 我公司为员工支付的团体意外伤害保险能否税前扣除？

15. 我公司准备对外公益性捐赠，请问针对可以税前扣除的公益性捐赠票据有哪些规定？

■ 纳税筹划训练

1. 甲公司2017年年初欲在外地设立乙公司，预计乙公司当年亏损50万元，甲企业自身当年盈利100万元。假设没有纳税调整项目，请对其进行纳税筹划。

2. 甲企业2017年的会计利润预计为100万元（扣除捐赠后的利润额），计划通过公益性组织捐赠6万元，直接向受赠单位捐赠6万元。不考虑其他纳税调整因素，计算该企业当年应缴纳的企业所得税，并请对其进行纳税筹划。

第三部分　职业知识延伸

■ 推荐网站

http://www.ctaxnews.com.cn/ctaxnews/ （中国税网）

http://blog.sina.com.cn/xiaotaishou （税务案例研究中心肖太寿的博客）

■ 推荐书籍

书名：《企业所得税汇算清缴实务》

作者：国家税务总局教材编写组　　出版社：中国税务出版社

出版时间：2016年3月　　ISBN：9787567802599

内容简介：本书具有以下三个特点：一是内容全面，重点突出。以居民企业（一般纳税人）为重点，围绕纳税调整明细表调整项目，对企业所得税和会计的差异及相关业务的纳税申报表填报进行了规范和细致分析。二是注重实用，可操作性强。通过较为完整的申报实例全面展现关联业务往来申报表的填报方法，提炼申报要点。三是条理清晰，形式活泼。在体例上设置学习目标、重点难点、思路导航、思考与讨论等环节，更加直观地展示每一章节重点、难点内容及解决实际问题的思路，便于读者自学。

■ 推荐阅读

违法支出能税前扣除吗？

项目五
个人所得税法

第一部分　职业技能训练

■ 职业能力选择

一、单项选择题

1. 下列关于每次收入的确定的说法中，不正确的是（　　）。

A. 同一作品在报刊上连载取得收入的，以连载完成后取得的所有收入合并为一次，计征个人所得税

B. 同一作品在出版和发表时，以预付稿酬或分次支付稿酬形式取得的稿酬收入，应合并计算为一次征收个人所得税

C. 同一作品出版、发表后，因添加印数而追加稿酬的，应与以前出版、发表时取得的稿酬合并计算为一次，计征个人所得税

D. 偶然所得，以一个月内取得的收入为一次，计征个人所得税

2. 张先生为一名工程师，2017年1月为一企业做产品设计，当月预付报酬20 000元，3月设计完成又取得60 000元，该工程师共应缴纳个人所得税（　　）元。

A.16 000　　B.18 600　　C.22 000　　D.25 000

3. 下列各项中，需要缴纳个人所得税的是（　　）。

A. 国债利息　　B. 国家发行的金融债券利息

C. 个人举报违法犯罪行为获得的奖金　　D. 外籍个人以现金形式取得的住房补贴

4. 张某于2017年6月取得国债利息收入5 000元，从非上市公司取得股息8 000元。本月张某利息、股息收入应缴纳的个人所得税为（　　）元。

A.8 000×20%=1 600　　B.（5 000+8 000）×20%=2 600

C.8 000×（1−20%）×20%=1 280　　D.（5 000+8 000）×（1−20%）×20%=2 080

5. 公司职工取得的用于购买企业国有股权的劳动分红，适用的税目为（　　）。

A. 工资、薪金所得　　B. 特许权使用费所得

C. 个体工商户的生产经营所得　　D. 利息、股息、红利所得

6. 某个体工商户某年度的营业收入为600万元，销售成本为200万元；实际支出广告费和业务宣传费80万元，在计算该年度的应纳税所得额时允许扣除的广告费和业务宣传费为（　　）万元。

A.40　　B.60　　C.80　　D.90

7.闫某2017年年底，将其持有的有价证券以80 000元的价格转让。该有价证券购入时的买价为48 000元，另外买入时缴纳的有关费用为7 000元。则闫某转让有价证券应缴纳的个人所得税为（　　）元。

A.0　　B.5 000　　C.6 000　　D.16 000

8.纳税人在自行申报纳税时从两处或两处以上取得工资、薪金的，其纳税地点的选择是（　　）。

A.收入来源地　　B.税务局指定地点

C.纳税人户籍所在地　　D.纳税人选择并固定一地申报纳税

9.下列所得中，“次”的使用错误的是（　　）。

A.为房地产企业设计图纸的收入以每次提供劳务取得的收入作为一次

B.同一作品再版取得的所得，连同以前稿酬按照一次计征个人所得税

C.租赁房屋以一个月的收入作为一次

D.偶然所得，以每次收入作为一次

10.个人现场作画取得的作画所得属于（　　）。

A.工资、薪金所得　　B.稿酬所得

C.劳务报酬所得　　D.个体工商户生产经营所得

11.中国公民李先生2017年2月退休，每月领取退休工资3 200元，4月份被一家公司聘用，月工资4 500元。2017年4月李先生应缴纳个人所得税（　　）元。

A.0　　B.45　　C.30　　D.65

12.税务机关应根据扣缴义务人所扣缴的税款，提取（　　）的手续费，由扣缴义务人用于代扣代缴费用开支和奖励代扣代缴工作做得较好的办税人员。

A.2%　　B.3%　　C.4%　　D.6%

13.下列各项个人所得中，不属于免征个人所得税的是（　　）。

A.保险赔款　　B.残疾、孤老人员和烈属的所得

C.军人的转业费　　D.国债利息

14.个人的财产转让所得在计征个人所得税时，其应纳税所得额的计算方法是（　　）。

A.以财产转让收入额减去财产原值

B.以财产转让收入额减去合理费用

C.以财产转让收入额减去财产原值和合理费用

D.以财产转让收入额减去800元费用

15.以下属于“工资、薪金所得”项目的是（　　）。

A.托儿补助费　　B.劳动分红　　C.投资分红　　D.独生子女补贴

16.下列各项所得不属于稿酬所得征税范围的是（　　）。

A.发表文学作品的所得　　B.公开拍卖文学作品手稿原件的所得

C.发表摄影作品的所得　　D.发表书画作品的所得

17.中国居民王某转让限售股取得收入50 000元，不能提供完整、真实的限售股原值凭证，则王某应纳个人所得税税额为（　　）元。

A.5 800　　B.6 000　　C.8 000　　D.8 500

18.下列应税项目中，不适用代扣代缴方式缴纳个人所得税的是（　　）。

A.工资、薪金所得　　B.稿酬所得

C.个体工商户生产经营所得　　D.劳务报酬所得

19.下列所得中，免征个人所得税的是（　　）。

A.年终加薪　　B.拍卖本人文字作品手稿原件的收入

C.个人保险所获赔偿　　D.从投资管理公司取得的派息分红

20.孙某2017年出版中篇小说一部，取得稿酬5 000元；同年该小说在一家周刊上连载，取得稿酬3 000元。孙某当年应纳个人所得税（　　）元。

A.896　　B.868　　C.1280　　D.1008

21.下列所得中，按比例税率计算缴纳个人所得税的是（　　）。

A.工资、薪金所得　　B.个体工商户生产经营所得

C.保险赔偿所得　　D.稿酬所得

22.下列各项中，直接以每次收入额为应纳税所得额计算缴纳个人所得税的是（　　）。

A.稿酬所得　　B.劳务报酬所得

C.特许权使用费所得　　D.偶然所得

23.国内某作家的一篇小说在一家报刊上连载3个月，3个月的稿酬收入分别6 000元、8 000元和10 000元。该作家3个月所获稿酬应缴纳的个人所得税合计为（　　）元。

A.2 632　　B.3 136　　C.2 688　　D.3 840

二、多项选择题

1.下列各项中，不征收个人所得税的有（　　）。

A.企业通过价格折扣、折让方式向个人销售商品（产品）和提供服务

B.企业在向个人销售商品（产品）和提供服务的同时给予赠品

C.企业对累计消费达到一定额度的个人按消费积分反馈礼品

D.企业对累计消费达到一定额度的顾客，给予额外抽奖机会，个人的获奖所得

2.下列各项中，符合我国《个人所得税法》规定的有（　　）。

A.特许权使用费所得有加成征收规定

B.稿酬所得按应纳税额减征70%

C.财产转让所得适用20%比例税率

D.对个人出租居民住房取得的所得按10%计征

3.下列关于稿酬所得“次”的规定，正确的有（　　）。

A.同一作品再版取得的所得，应视作另一次稿酬所得计征个人所得税

B.同一作品在报刊上连载取得收入的，以连载完成后取得的所有收入合并为一次，计征个人所得税

C.同一作品先在报刊上连载，然后再出版，应合并为一次稿酬所得征税

D.同一作品出版、发表后，因添加印数而追加稿酬的，应与以前出版、发表时取得的稿酬合并计算为一次，计征个人所得税

4.下列属于劳务报酬所得的有（　　）。

A.笔译翻译收入　　B.审稿收入　　C.现场书画收入　　D.雕刻收入

5.个人独资企业和合伙企业在计征个人所得税时，不得扣除的项目有（　　）。

A.用于投资者个人的支出　　B.计提的坏账准备

C.投资者家庭的生活费　　D.工会经费

6.扣缴义务人向个人支付的下列所得中，应代扣代缴个人所得税的有（　　）。

A.利息、股息、红利所得　　B.财产租赁所得

C.财产转让所得　　D.偶然所得

7.下列情况中，纳税人应当按照规定自行到主管税务机关办理纳税申报的有（　　）。

A.甲某2017年取得工资薪金所得6万元，稿酬所得4万元，出租房屋所得7万元

B.乙某作为集团总公司的外派主管人员，每月除在集团公司总部取得4.5万元工资外，还在外派的子公司取得2 500元工资

C.丙某在境外转让股票取得所得90 000元

D.丁某月工资3 600元，在工作之余，还从事翻译工作，每月均能固定从三家出版社各取得翻译所得2 200元

8.下列各项中，属于个人所得税的工资、薪金所得的有（　　）。

A.年终加薪　　B.劳动分红　　C.职务工资　　D.饭费补贴

9.根据现行税法规定，下列各项中，可以免征或暂免征收个人所得税的有（　　）。

A.张某取得退休工资3 000元

B.李某取得境内上市公司股票转让所得5万元

C.王某取得救济金2万元

D.赵某举报税务违法行为获得奖金1万元

10.计算个人转让住房应缴纳的个人所得税时，允许扣除的合理费用有（　　）。

A.住房装修费用　　B.住房贷款利息　　C.手续费　　D.公证费

11.个体工商户拨缴的工会经费，发生的职工福利费、职工教育经费支出分别在工资薪金总额（　　）的标准内据实扣除。

A.2%　　B.4%　　C.14%　　D.2.5%

12.以下应当按“特许权使用费所得”缴纳个人所得税的有（　　）。

A.编剧从电视剧制作单位取得的剧本使用费

B.作者将书画作品原件拍卖取得的所得

C.作者将自己的文学作品手稿原件拍卖取得的所得

D.作者去世后，财产继承人取得的遗作稿酬

13.下列表述正确的有（　　）。

A.同一作品再版取得的所得，应视作另一次稿酬所得计征个人所得税

B.同一作品在报刊上连载取得收入的，以连载完成后取得的所有收入合并为一次，计征个人所得税

C.同一作品在出版和发表时，以预付稿酬或分次支付稿酬等形式取得的稿酬收入，应合并计算为一次，计征个人所得税。

D.同一作品出版、发表后，因添加印数而追加稿酬的，应与以前出版、发表时取得的稿酬合并计算为一次，计征个人所得税

14.将个人所得税的纳税义务人区分为居民纳税义务人和非居民纳税义务人，依据的标准有（ ）。

A.境内有无住所 B.境内工作时间 C.境内居住时间 D.境内收入多少

15.下列各项中，可以直接以收入额作为个人所得税应税所得额的有（ ）。

A.股票转让所得 B.企业债券利息 C.中奖奖金 D.稿酬

16.个人所得税自行申报纳税的纳税人有（ ）。

A.从境内两处或两处以上取得工资、薪金的

B.取得应税所得，没有扣缴义务人的

C.从中国境外取得应税所得的

D.年所得12万元以上的

■ 职业能力判断

1.在劳务报酬所得中，属于同一事项连续取得收入的，以该事项取得的全部收入为一次。（ ）

2.居民纳税人，应就其来源于中国境内和境外的所得，依照个人所得税法律制度的规定向中国政府履行全面纳税义务，缴纳个人所得税。（ ）

3.李某在一次有奖购物抽奖中，购买价值3 000元电视机抽中特别奖，奖金1 000元。李某应缴纳的个人所得税税额为200元。（ ）

4.在商品营销活动中，企业和单位对营销成绩突出的雇员以培训班、研讨会、工作考察等名义组织旅游活动，通过免收差旅费、旅游费对个人实行的营销业绩奖励，应根据所发生的费用作为劳务收入，按照“劳务报酬所得”项目征收个人所得税。（ ）

5.符合《国务院关于工人退休、退职的暂行办法》规定的退职条件并按该办法规定的退职费标准所领取的退职费，应在取得的当月按“工资、薪金所得”计算缴纳个人所得税。（ ）

6.个人兼职取得的收入应按照“劳务报酬所得”项目计征个人所得税。（ ）

7.同一作品先在报刊上连载，然后再出版，或先出版，再在报刊上连载的，应视为两次稿酬所得征税，即连载作为一次，出版作为另一次。（ ）

8.个人在同一活动中兼有不同劳务报酬所得的，应合并各项所得统一纳税。（ ）

9.对于个人所得税的居民纳税人，就来源于中国境内所得部分征税；对于非居民纳税人，就来源于中国境内和境外的全部所得征税。（ ）

10.个人取得的财产转租收入不征个人所得税。（ ）

11.从事生产、经营的纳税义务人未提供完整、准确的纳税资料，不能正确计算应纳税所得额的，由主管税务机关核定其应纳税所得额。（ ）

12.利息、股息、红利所得，偶然所得和其他所得个人所得税按次征收，以每次取得的收入为一次，不扣除任何费用。（ ）。

13.个人所得税扣缴义务人每月所扣的税款应当在次月15日内缴入国库。（ ）

14.在中国境内有两处或者两处以上任职、受雇单位的，选择并固定向受雇单位所在地主管税务机关申报。（ ）

15.个体工商户和个人独资、合伙企业投资者取得的生产、经营所得应纳的税款，分月预缴的，纳税人在每月终了后15日内办理纳税申报；分季预缴的，纳税人在每个季度终了后30日内办理纳税申报；纳税年度终了后，纳税人在3个月内进行汇算清缴。(　　)

16.从中国境外取得所得的纳税人，在纳税年度终了后60日内向中国境内主管税务机关办理纳税申报。(　　)

17.甲先生是新加坡人，在我国无住所，2015年6月1日来华工作，2016年10月31日结束工作回国，则甲先生为个人所得税的非居民纳税人。(　　)

18.年所得15万元的纳税人，无论取得的各项所得是否已足额缴纳了个人所得税，均应当于纳税年度终了后向主管税务机关办理纳税申报。(　　)

■ 职业能力实训

一、计算题

1.中国公民李某，系自由职业者，以写作为生，2016年1月至12 月的收入如下：

(1) 1月份在人民出版社出版一部专著，获得稿酬收入18 000元。

(2) 2月份在杂志上出版3部小说，获得稿酬收入3 800元，2月份又将该小说在晚报上连载10天，每天稿酬200元。

(3) 7月份因将1月份在人民出版社出版的专著又加印得到稿酬8 000元。

(4) 12月份又将在人民出版社出版的专著再版获得稿酬所得3 000元。

要求：计算李某2016年应缴纳的个人所得税税额。

2.李某将其原居住的房屋租给张某用于居住，每月租金4 200元，租金按月支付，2016年6月修缮费用为1 200元，相关税费为200元。

要求：计算2016年6月李某应纳个人所得税税额。

3.中国公民黄先生2016年1～12月份取得每月工薪收入4 200元，12月份取得全年一次性奖金24 000元。

要求：计算黄先生2016年全年一次性奖金应纳个人所得税税额。

4.张某于2016年3月取得一项特许权使用费收入980元，4月取得另一项特许权使用费收入4 500元。

要求：计算张某特许权使用费收入应缴纳的个人所得税。

二、综合题

1.某外国籍公民甲先生在中国境内无住所，2014年7月受境外公司委派至境内乙公司任职，此后一直在中国境内居住。2016年取得的收入情况如下：

(1) 每月取得中国境内乙公司支付的工资15 000元，另每月从公司实报实销住房补贴3 500元、以现金形式取得伙食补贴1 000元。

(2) 8月在境外取得由境外公司支付的特许权使用费80 000元。

(3) 9月将租入的一套住房转租，当月向出租方支付月租金4 500元，转租收取月租金6 500元，当月实际支付房屋租赁过程中的各种税费500元，并取得有效凭证。

(4) 10月以150万元的价格，转让一套两年前无偿受赠获得的房产。该套房产受赠时市场价格为85万元，受赠及转让房产过程中已缴纳的税费为10万元。

（5）11月在某商场取得按消费积分反馈的价值1 300元的礼品，同时参加该商城举行的抽奖活动，抽中价值6 820元的奖品。

（6）12月为境内某企业提供咨询取得劳务报酬40 000元，通过境内非营利性社会团体将其中8 400元捐赠给贫困地区，另通过国家机关将其中14 000元捐赠给农村义务教育。

要求：

（1）甲先生每月取得的住房补贴和伙食补贴在计缴个人所得税时应如何处理？请简要说明理由。

（2）甲先生8月从境外取得的特许权使用费是否应在国内缴纳个人所得税？请简要说明理由。

（3）计算甲先生9月转租住房取得的租金收入应缴纳的个人所得税。

（4）计算甲先生10月转让受赠房产时计缴个人所得税的应纳税所得额。

（5）计算甲先生11月取得商场反馈礼品和抽奖所获奖品应缴纳的个人所得税。

（6）计算甲先生12月取得劳务报酬收入应缴纳的个人所得税。

2.中国公民李某每月工资7 500元，任职于境内甲企业，同时为乙企业的个人大股东，2016年1~12月取得以下收入：

（1）取得保险赔款5 000元。

（2）取得甲企业支付的独生子女补贴10 000元。

（3）购买福利彩票，一次中奖收入28 000元。

（4）取得不含税兼职收入3 600元，按照合同约定，相关的个人所得税由支付报酬的单位负担。

（5）5月份因持有某上市公司股票而取得红利12 000元，已知该股票为李某去年1月份从公开发行和转让市场取得的。

（6）7月份甲企业购置一批住房低价出售给职工，李某以40万元的价格购置了其中一套住房（甲企业原购置价格为60万元）。

（7）将其拥有的两处住房中的一套已使用7年的住房出售，转让收入200 000元，该房产买价120 000元，另支付其他可以扣除的相关税费8 000元。

（8）10月份乙企业为李某购买了一辆小轿车并将所有权归到李某名下。已知该车购买价为300 000元，经当地税务机关核定，乙企业在代扣个人所得税税款时允许税前减除的数额为100 000元。

要求：

（1）李某从任职单位取得的全年工资和独生子女补贴共计应缴纳的个人所得税。

（2）针对李某取得的兼职收入，支付报酬的单位应该为李某负担的个人所得税。

（3）李某取得的福利彩票中奖收入和保险赔款，应缴纳的个人所得税。

（4）李某取得的红利所得应缴纳的个人所得税。

（5）李某低价从单位购房应缴纳的个人所得税。

（6）李某出售住房应缴纳的个人所得税。

（7）乙企业为李某购车应代扣代缴的个人所得税。

第二部分　职业拓展训练

■ 涉税咨询训练

1. 我单位是一所高校，请问学校给公派出国老师发放的补贴是否缴纳个人所得税？

2. 我公司给离退休人员发放一笔补偿金，这个补偿金按什么税目缴税？

3. 我公司员工个人4月份购买手机，根据单位相关制度，我公司当月给予一次性补贴1 000元；5月份该员工离职，我公司从其5月份的工资中扣500元回来。我公司是否可以按照扣除500元以后的金额扣缴申报该员工5月份的个人所得税？

4. 我公司收到员工提供的机主为员工个人姓名的手机费发票。公司支付（报销）后，员工是否需要缴纳个人所得税？

5. 我公司随机向本单位以外的个人赠送礼品是否需要扣缴个人所得税？

6. 实务中，计算工资、薪金所得个人所得税的允许扣除项目主要有哪些？

7. 我公司于2013年1月成立，一直按规定代扣代缴个人所得税，请问2016年7月能否申请获取2013年1月至今代扣代缴的个人所得税手续费？

8. 本人以优惠价格从房地产开发公司购得店面后，无偿提供给房地产开发公司对外出租的，请问如何计征个人所得税？

9. 本人将以租赁方式取得的房屋再转租出去，请问取得的租金收入是全部作为个人所得税的计税依据，还是可以扣除支付给原出租方的租金后作为个人所得税的计税依据？

■ 纳税筹划训练

甲公司准备采取将每月的绩效与薪酬挂钩的方式为其员工发放工资。预计该公司员工刘某2017年每月工资（单位：元）为：5 000、4 500、3 000、2 000、3 000、2 000、4 000、4 000、2 500、1 000、4 000、8 000。请对其进行税收筹划。

第三部分　职业知识延伸

■ 推荐网站

http://www.ctax.org.cn/　（中国税务网）

http://blog.sina.com.cn/u/2209226872　（税海涛声段文涛的博客）

■ 推荐书籍

书名：《个人所得税实务：政策解读 实务操作 案例分析》

作者：严德军 董长春 吴健 出版社：中国市场出版社

出版时间：2016年3月 ISBN：9787509214664

内容简介：本书列举了大量案例，以案说法，对实践中一些个人所得税重点、难点问题答疑解惑。例如，网络红包个人所得税、转让非上市公司股权所得、非货币资产投资分期纳税、转增股本个人所得税、股权激励、合伙企业所得税、年金递延纳税、无住所个人应纳税额计算等问题，本书都从税收政策延续、变化和相关会计处理等方面进行了详细说明和操作讲解。本书详细介绍了我国现行个人所得税制度，尤其对2011年个人所得税法第六次修改以来到2015年底现行有效的政策进行了全面系统的解读，如商业健康保险产品支出的税前扣除、股权奖励所得分期缴税、个体工商户生产经营所得的计税方法等。同时，本书还对“个人所得税减免税事项报告表”和“个人所得税分期缴税备案表”等现行有效的17张个人所得税申报表进行详细讲解，以适应自行申报和代扣代缴个人所得税征收方式需要等。

■ 推荐阅读

楼继伟：个人所得税
改革方案要分步到位

项目六

其他税种税法（上）

第一部分　职业技能训练

■ 职业能力选择

一、单项选择题

1.下列选项中，属于房产税征税范围的是（　　）。

A.工厂的烟囱　　B.室外游泳池

C.建立在县城的办公楼　　D.独立于房屋的围墙

2.下列各项中，属于土地增值税征税范围的是（　　）。

A.房产交换　　B.企业将房产通过中国红十字会赠予福利院

C.父亲将房产赠予儿子　　D.房屋出租

3.某市工业企业2017年5月份进口货物，向海关缴纳增值税20万元、消费税10万元、关税2万元；向当地主管税务机关实际缴纳增值税50万元、消费税15万元、企业所得税20万元。已知城建税税率为7%，教育费附加征收率为3%，则该企业当月应缴纳城建税和教育费附加（　　）万元。

A.4.9　　B.6.5　　C.8.1　　D.9.7

4.关于城镇土地使用税纳税义务发生时间的下列表述中，错误的是（　　）。

A.纳税人新征用的耕地，自批准征用之日起缴纳

B.纳税人新征用的非耕地，自批准征用次月起缴纳

C.纳税人以出让方式有偿取得土地使用权，合同约定交付土地时间的，自合同约定交付土地时间的次月起缴纳

D.纳税人以出让方式有偿获取土地使用权，合同未约定交付土地时间的，自合同签订的次月起缴纳

5.2017年5月，某国有企业转让2013年5月在市区购置的一栋办公楼，取得收入10 000万元，签订产权转移书据，相关税费115万元。2013年购买时支付价款8 000万元。该办公楼经税务机关认定的重置成本价为12 000万元，成新率70%。该企业在缴纳土地增值税时计算的增值额为（　　）万元。

A.400　　B.1 485　　C.1 490　　D.200

6.某企业2017年初实际占地面积为2 000平方米，2017年4月底该企业为扩大生产，

根据有关部门的批准，新征用非耕地3 000平方米。该企业所处地段适用的城镇土地使用税年税额为5元/平方米。该企业2017年应缴纳城镇土地使用税（　　）万元。

A.1　　B.3　　C.2　　D.5

7.某镇一企业10月份被查补的增值税为45 000元、房产税15 000元，被加收滞纳金1 000元，被处罚款5 000元。该企业应补缴城市维护建设税和教育费附加的计算过程为（　　）。（纳税人所在地区为县城、镇的，城市维护建设税的税率是5%；教育费附加的征收比率为3%）

A.45 000×（5%+3%）

B.（45 000+1 000）×（5%+3%）

C.（45 000+15 000）×（5%+3%）

D.（45 000+1 000+5 000）×（5%+3%）

8.下列各项中，不属于土地增值税纳税人的是（　　）。

A.以房产抵债的某工业企业

B.出租写字楼的某外资房地产开发公司

C.转让商业用房的个人

D.转让国有土地使用权的某大学

9.某火电厂总共占地面积80万平方米，其中，围墙内占地40万平方米，围墙外灰场占地3万平方米，厂区及办公楼占地37万平方米。已知该火电厂所在地适用的城镇土地使用税年税额为每平方米1.5元。该火电厂该年应缴纳的城镇土地使用税为（　　）万元。

A.37×1.5=55.5

B.（37+3）×1.5=60

C.（80−3）×1.5=115.5

D.80×1.5=120

10.城市维护建设税的计税依据是（　　）。

A.增值税、消费税的计税依据

B.印花税、增值税的计税依据

C.纳税人实际缴纳的增值税、消费税税额

D.纳税人实际缴纳的增值税、车船税税额

11.纳税人建造普通标准住宅出售，增值额超过扣除项目金额20%的，应就其（　　）按规定计算缴纳土地增值税。

A.超过部分的增值额

B.全部增值额

C.扣除项目金额

D.出售金额

12.下列情况中免征房产税的是（　　）。

A.外贸出口企业仓库用房

B.个人出租使用免税单位房屋用于经营

C.个人出租的房屋

D.个人自住的200平方米的别墅

13.某企业2017年2月将境内开采的原油200吨交由关联企业对外销售。该企业原油平均含增值税销售价格每吨6 435元，关联企业对外含增值税销售额每吨6 552元，当月全部销售。已知该企业原油适用的资源税税率为6%，该企业此业务应纳资源税（　　）元。

A.0　　B.66 000　　C.66 600　　D.67 200

14.纳税人实际占用的土地尚未核发土地使用证书的，（　　）城镇土地使用税。

A.免征

B.由纳税人据实申报土地面积，并以此为计税依据征收

C.由税务机关估定土地面积征收

D.由房地产管理部门估定土地面积征收

15.下列表述中，符合城建税的有关规定的是（　　）。

A.缴纳增值税的个体经营者不缴纳城建税

B.流动经营的无固定纳税地点的纳税人在经营地缴纳城建税

C.流动经营的无固定纳税地点的纳税人在居住地缴纳城建税

D.对于应减免税而需进行增值税、消费税退库的，其缴纳的城建税一律不予退还

16.现行地方教育附加的征收率为（　　）。

A.2%　B.3%　C.5%　D.7%

17.我国现行土地增值税实行的税率属于（　　）。

A.比例税率　B.超额累进税率　C.定额税率　D.超率累进税率

18.下列各项中，应作为融资租赁房屋房产税计税依据的是（　　）。

A.房产售价　B.房产余值　C.房产原值　D.房产租金

19.纳税人开采或者生产应税产品，自用于连续生产应税产品的，不缴纳资源税；自用于其他方面的（　　）。

A.视同销售，缴纳资源税　B.不视同销售，不缴纳资源税

C.不一定视同销售，不一定缴纳资源税　D.可以申请不缴纳资源税

20.城镇土地使用税的纳税办法是（　　）。

A.按日计算，按期缴纳　B.按季计算，按期缴纳

C.按年计算，分期缴纳　D.按年计算，按期缴纳

21.获准占用耕地的单位或个人应当在收到土地管理部门的通知之日起（　　）日内缴纳耕地占用税。

A.7　B.15　C.30　D.60

22.城市维护建设税纳税人所在地在县城、镇的，其适用的城市维护建设税税率为（　　）。

A.7%　B.5%　C.3%　D.1%

23.对国家重大水利工程建设基金（　　）教育费附加。

A.减征　B.免征　C.不征　D.依法征收

24.下列表述不符合房产税纳税义务发生时间有关规定的是（　　）。

A.自建房屋用于生产经营的，自建成之次月起缴纳房产税

B.出租房产，自交付出租房产之次月起计征房产税

C.将原有房产用于生产经营的，从生产经营之次月起计征房产税

D.购置新建商品房，自房屋交付使用之次月起计征房产税

25.对依法在建筑物下、铁路下、水体下通过充填开采方式采出的矿产资源，资源税减征（　　）。

A.30%　B.40%　C.50%　D.60%

26.下列各项中，属于资源税纳税人的是（　　）。

A.进口金属矿石的冶炼企业　B.销售精盐的商场

C.开采原煤的公司　D.销售石油制品的加油站

27.城镇土地使用税的税率采用（　　）。

A.有幅度差别的比例税率　B.有幅度差别的定额税率

C.全国统一定额　D.税务机关确定的定额

28.下列关于房产税纳税人和征税范围的说法中，正确的是（　　）。

A.房产税的征税对象是房屋和建筑物

B.房产税不对外资企业征收

C.房屋产权出典的，以承典人为房产税的纳税人

D.农民出租农村的房屋也应缴纳房产税

29.城镇土地使用税的计税依据是（　　）。

A.纳税人使用土地而产生的收益

B.纳税人因地理位置不同而产生的级差收入

C.纳税人出租场地而取得的租金收入

D.纳税人实际占用的土地面积

30.农村某村民新建住宅，经批准占用耕地200平方米。该地区耕地占用税适用税额为7元/平方米，则该村民应缴纳耕地占用税（　　）元。

A.0　　B.400　　C.700　　D.1 400

二、多项选择题

1.下列各项中，可免征或减征耕地占用税的有（　　）。

A.纳税人临时占用耕地　　B.机场建设跑道占用的耕地

C.农民新建住宅占用耕地　　D.企业新建办公楼占用的鱼塘

2.纳税人销售应税矿产品向购买方收取的下列款项中，应当计入销售额纳税的有（　　）。

A.向购买方收取的不含增值税价款　　B.向购买方收取的手续费

C.向购买方收取的增值税销项税额　　D.向购买方收取的包装费

3.下列情形中，纳税人应进行土地增值税清算的有（　　）。

A.直接转让土地使用权的　　B.房地产开发项目全部竣工、完成销售的

C.整体转让未竣工决算房地产开发项目的

D.纳税人申请注销税务登记但未办理土地增值税清算手续的

4.关于契税计税依据的下列表述中，符合法律制度规定的有（　　）。

A.受让国有土地使用权的，以成交价格为计税依据

B.受赠房屋的，由征收机关参照房屋买卖的市场价格规定计税依据

C.购入土地使用权的，以评估价格为计税依据

D.交换土地使用权的，以交换土地使用权的价格差额为计税依据

5.下列各项中，免于征收房产税的有（　　）。

A.企业内行政管理部门办公用房产

B.个人所有非营业用的房产

C.施工期间施工企业在基建工地搭建的临时办公用房屋

D.因停工大修导致连续停用半年以上的，房屋处于大修期间

6.教育费附加和地方教育附加以纳税人实际缴纳的（　　）税额为计征依据。

A.增值税　　B.消费税　　C.关税　　D.城市维护建设税

7.下列项目中，在计算土地增值税的扣除项目时不应计入房地产开发成本的有（　　）。

A.耕地占用税　　B.利息支出

C.取得土地使用权时缴纳的过户手续费　D.地价款

8.下列说法中不正确的有（　）。

A.原油是资源税的应税资源，包括天然原油和人造石油

B.出口应税资源免征资源税

C.纳税人以自产的液体盐加工成固体盐销售的，以加工的固体盐数量为课税数量

D.扣缴义务人代扣代缴税款，其纳税义务发生时间为收到应税资源的当天

9.下列可以成为城镇土地使用税纳税人的有（　）。

A.拥有土地使用权的单位或个人　B.土地的实际使用人

C.土地的代管人　D.共有土地使用权的各方

10.下列关于城市维护建设税减免税优惠政策的说法中，错误的有（　）。

A.某企业出口服装退还增值税后，还应退还城市维护建设税

B.某企业享受增值税先征后返的税收优惠政策，城市维护建设税应当同时先征后返

C.某企业进口小汽车，海关代征增值税和消费税，应同时代征城市维护建设税

D.某市外商投资企业2017年6月生产货物并缴纳了增值税，需同时缴纳城市维护建设税

11.下列关于教育费附加和地方教育附加的优惠政策运用，正确的有（　）。

A.对海关进口的产品征收的增值税、消费税，不征收教育费附加

B.对由于减免增值税、消费税而发生退税的，可同时退还已征收的教育费附加

C.对出口产品退还增值税、消费税的，不退还已征的教育费附加

D.对国家重大水利工程建设基金免征教育费附加

12.下列各项行为中，免征或暂免征收土地增值税的有（　）。

A.企业与企业之间的房地产交换　B.私营企业的房地产评估增值

C.双方合作建房，建成后分房自用的

D.因国家建设需要依法收回国有土地使用权而使房地产权属发生转移的

13.下列各项中，属于房产税纳税人的有（　）。

A.出租住宅的城市居民　B.出租门面房的县城个体户

C.出租房屋的某县事业单位　D.出租房屋的乡村农民

14.某煤矿开采销售原煤，应缴纳的税金有（　）。

A.资源税　B.增值税　C.消费税　D.城建税

15.下列选项中，应征收城镇土地使用税的有（　）。

A.学校教师食堂用地　B.工厂实验室用地

C.公园内茶社用地　D.百货大楼仓库用地

16.下列属于耕地占用税纳税义务人的有（　）。

A.事业单位　B.社会团体　C.国家机关　D.军队单位

17.下列行为中，应当缴纳土地增值税的有（　）。

A.将房屋产权赠予直系亲属的　B.双方合作建房后分房自用

C.以房地产抵债而发生房地产产权转让的

D.以房地产作价入股投资于房地产开发公司的

18.下列各项行为中，属于土地增值税扣除项目中房地产开发成本项目的有（　）。

A.取得土地使用权支付的金额　B.土地征用及拆迁补偿费

C.前期工程费　　　　　　　　　　D.基础设施费

19.以下免征或暂免征收房产税的有（　　）。

A.按政府规定价格出租的公有住房　　B.按政府规定价格出租的廉租住房

C.企业办的学校　　　　　　　　　D.军队出租的空余房产

20.下列关于资源税申报与缴纳的说法中，正确的有（　　）。

A.纳税人应当向矿产品的开采地或盐的生产地缴纳资源税

B.纳税人在本省、自治区、直辖市范围开采或者生产应税产品，其纳税地点需要调整的，由省级地方税务机关决定

C.纳税人跨省开采资源税应税产品，其下属生产单位与核算单位不在同一省、自治区、直辖市的，对其开采的矿产品一律在开采地纳税，其应纳税款由独立核算、自负盈亏的单位，按照开采地的实际销售（或者自用）额或数量及适用的税率计算划拨

D.扣缴义务人代扣代缴的资源税，应当向收购地主管税务机关纳税

21.下列属于法定免缴城镇土地使用税的有（　　）。

A.公园管理单位办公用土地　　　　B.市政街道绿化用地

C.纳税单位无偿使用免税单位的土地　D.个人所有的居住房屋和院落用地

22.下列货物中，应征收资源税的有（　　）。

A.自产井矿盐　　　　　　　　　B.外购已税原煤自制的洗选煤

C.进口铁矿石　　　　　　　　　D.开采铁矿石

23.在同一省、自治区、直辖市管理范围内，纳税人跨区域使用土地，下列关于城镇土地使用税的纳税地点表述错误的有（　　）。

A.在纳税人注册地纳税　　　　　B.在土地所在地纳税

C.纳税人选择纳税地点

D.由省、自治区、直辖市地方税务局确定纳税地点

■ 职业能力判断

1.城建税、教育费附加与增值税、消费税税款同时缴纳。（　　）

2.扣缴义务人代扣代缴的资源税，应当向其机构所在地主管税务机关缴纳。（　　）

3.纳税人将其开采的原煤加工为洗选煤销售的，以洗选煤销售额乘以折算率作为应税煤炭销售额计算缴纳资源税。（　　）

4.纳税人新征用的非耕地，自批准征用当月起缴纳城镇土地使用税。（　　）

5.土地增值税的纳税人为自然人时，当转让的房地产坐落地与其居住所在地不一致时，在办理过户手续所在地的税务机关申报纳税。（　　）

6.张某将个人拥有产权的房屋出典给贾某，则贾某为该房屋房产税的纳税人。（　　）

7.代扣代缴、代收代缴增值税、消费税的单位和个人，同时也是城市维护建设税的代扣代缴、代收代缴义务人，其城市维护建设税的纳税地点在代扣代收地。（　　）

8.纳税人按规定预缴土地增值税后，清算补缴的土地增值税，在主管税务机关规定的

期限内补缴的，不加收滞纳金。 （ ）

9.房产税的征税范围是城市、县城、建制镇和工矿区的房屋，不包括农村。 （ ）

10.个人所有非营业用的房产免征房产税。 （ ）

11.获准占用耕地的单位或者个人应当在收到土地管理部门的通知之日起60日内缴纳耕地占用税。 （ ）

12.城镇土地使用税应纳税额可以通过纳税人实际占用的土地面积乘以该土地所在地段的适用税率求得。 （ ）

13.对国家重大水利工程建设基金免征城市维护建设税。 （ ）

14.教育费附加和地方教育附加以增值税、消费税税额为计征依据并同时征收，如果要免征或者减征增值税、消费税，也就要同时免征或者减征教育费附加和地方教育附加。 （ ）

15.土地增值税的纳税人，是指转让国有土地使用权、地上建筑物及其附着物并取得收入的单位。 （ ）

16.纳税人是法人的，如果转让的房地产坐落地与其机构所在地或经营所在地不一致时，则应在房地产坐落地所管辖的税务机关申报缴纳土地增值税。 （ ）

17.宗教寺庙中附设的饮食部、茶社等所使用的房产及出租的房产，属于房产税免税范围。 （ ）

18.对企事业单位、社会团体以及其他组织按市场价格向个人出租用于居住的住房，减按4%的税率征收房产税。 （ ）

19.以自采原矿加工精矿产品的，在原矿移送使用时不缴纳资源税，在精矿销售或自用时缴纳资源税。 （ ）

20.对实际开采年限在10年以上的衰竭期矿山开采的矿产资源，资源税减征30%。 （ ）

21.纳税人新征用的耕地，自批准征用之日起满2年时开始缴纳城镇土地使用税。 （ ）

22.对于各类危险品仓库、厂房所需的防火、防爆、防毒等安全防范用地，可由各省、自治区、直辖市地方税务局确定，暂免征收城镇土地使用税。 （ ）

23.纳税人临时占用耕地，应当依照规定缴纳耕地占用税，在批准临时占用耕地的期限内恢复原状的，部分退还已经缴纳的耕地占用税。 （ ）

24.纳税人违反增值税、消费税有关税法而加收的滞纳金和罚款，是税务机关对纳税人违法行为的经济制裁，不作为教育费附加和地方教育附加的计征依据。 （ ）

25.对由于减免增值税、消费税而发生退税的，可同时退还已征收的教育费附加。对出口产品退还增值税、消费税的，也退还已征的教育费附加。 （ ）

26.开发项目中同时包含普通住宅和非普通住宅的，应分别计算增值额。 （ ）

27.对个人出租住房，不区分用途，按4%的税率征收房产税。 （ ）

28.以外购已税原煤加工的洗选煤应当按规定征收资源税。 （ ）

29.纳税人销售应税产品采取预收货款结算方式的，资源税纳税义务发生时间为发出应税产品的当天。 （ ）

30.由国家财政部门拨付事业经费的单位自用的土地免征城镇土地使用税。 （ ）

31.纳税人使用的土地不属于同一省、自治区、直辖市管辖的，由纳税人统一缴纳城镇土地使用税。 （ ）

32.土地增值税以国家有关部门审批的房地产开发项目为单位进行清算，对于分期开发的项目，以分期项目为单位清算。 （ ）

33.产权所有人、承典人均不在房产所在地的，房产代管人或者使用人为房产税的纳税人。 （ ）

34.房产税从价计征的年税率为12%。 （ ）

35.资源税纳税义务人不仅包括符合规定的中国企业和个人，还包括外商投资企业和外国企业。 （ ）

36.资源税各税目的征税对象包括原矿、精矿（或原矿加工品，下同）、金锭、氯化钠初级产品。 （ ）

37.土地使用权共有的，共有各方都是纳税义务人，由共有各方分别缴纳城镇土地使用税。 （ ）

38.耕地占用税由国家税务机关负责征收。 （ ）

■ 职业能力实训

一、计算题

1.位于某市区的甲企业于2017年3月份实际缴纳增值税24 000元，缴纳消费税18 420元。

要求：计算甲企业应纳的城市维护建设税。

2.甲煤矿2016年10月开采原煤100万吨，当月对外销售86万吨；为职工宿舍供暖，使用本月开采的原煤2万吨；向洗煤车间移送本月开采的原煤5万吨加工洗煤，尚未对外销售；其余7万吨原煤待售。已知该煤矿每吨原煤不含增值税售价为500元（不含从坑口到车站、码头等的运输费用），适用的资源税税率为5%。

要求：计算甲煤矿2016年10月应缴纳的资源税税额。

3.2017年光明公司生产经营占地面积为8 000平方米，其中，幼儿园占地2 000平方米，厂区绿化占地3 000平方米。该土地为一级土地，城镇土地使用税的单位税额为每平方米24元。该企业按年计算、半年预缴城镇土地使用税。

要求：计算光明公司2017年7月1日至12月31日应缴纳的城镇土地使用税。

4.2017年甲服装公司（位于某县城）实际占地面积为19 600平方米，其中，办公楼占地500平方米，厂房仓库占地11 600平方米，厂区内铁路专用线、公路等用地7 500平方米。已知当地规定的城镇土地使用税每平方米年税额为5元。

要求：计算甲服装公司当年应缴纳的城镇土地使用税。

5.2017年年初农村居民张某经批准占用耕地1 800平方米，其中，1 500平方米改成果园，300平方米用于新建住宅。2017年6月，经批准张某临时占用耕地1 000平方米用于非农业建设。已知当地耕地占用税税额为20元/平方米。

要求：计算张某当年应缴纳的耕地占用税。

6.甲、乙两家企业共有一项土地使用权，土地面积为1 500平方米，甲、乙企业的实际占用比例为3∶2。已知该土地适用的城镇土地使用税税额为每平方米5元。

要求：计算甲、乙企业共用该土地应缴纳的城镇土地使用税。

7.甲企业2017年年初拥有一栋房产，房产原值1 000万元，3月31日将其对外出租，租期1年，每月收取租金1万元（不含增值税）。已知从价计征房产税税率为1.2%，从租计征房产税税率为12%，当地省政府规定计算房产余值的减除比例为30%。

要求：计算2017年甲企业上述房产应缴纳的房产税。

二、综合题

1.2017年甲企业发生部分经营业务如下：

（1）年初将一栋原值为200万元的闲置办公楼用于对外投资联营，不承担投资风险，当年取得固定收益30万元。

（2）2月经批准新占用一处耕地6 000平方米用于委托施工企业乙建造仓库，当年7月办理了仓库验收手续，入账价值为780万元。

（3）3月新占用一处非耕地1 800平方米用于委托施工企业丙建造生产车间，当年8月办理了生产车间验收手续，入账价值为400万元。

（其他相关资料：当地政府规定计算房产余值的扣除比例为30%，城镇土地使用税每平方米年税额为5元，耕地占用税每平方米税额为8元）

要求：

（1）计算甲企业2017年应缴纳的房产税。

（2）计算甲企业2017年应缴纳的城镇土地使用税。

（3）计算甲企业2017年应缴纳的耕地占用税。

2.甲食品加工厂2017年拥有房产原值共计5 000万元，部分房产的具体情况如下：

（1）年初将一栋原值为1 000万元的房产用于对外投资联营，参与投资利润分红，共担风险。

（2）6月将一栋原值为200万元的仓库用于对外出租，每月租金4万元。

（3）年初对一栋原值为1 000万元的办公楼进行改建，更换了电梯设备，将原值50万元的旧电梯更换为100万元的新电梯；新增了中央空调，价值10万元，2月底完工并办理了验收手续。

当地政府规定计算房产余值的扣除比例为30%。

要求：计算甲食品加工厂2017年应缴纳的房产税。

第二部分 职业拓展训练

■ 涉税咨询训练

1.我公司的注册地址、生产经营地址、日常办公地址不在同一处。请问在确定城市维护建设税的纳税地点时，应以哪个证件上所载明的地址为准？

2.我公司因漏缴增值税，同时漏缴了城建税，对城建税也缴纳滞纳金吗？还要罚款吗？

3.城建税以增值税、消费税为计算依据并同时征收，如果要免征或者减征增值税、消费税，也就要同时免征或者减征城建税。但纳税人出口货物被批准免抵的增值税额要计算缴纳城建税。这两者之间是否否矛盾？

4.什么叫作房地产的代建房行为？什么叫作房地产的重新评估？

5.我公司是一家房地产开发企业，在清算时补缴的土地增值税，是否需要缴纳滞纳金？

6.我公司为一家生产建材产品的企业，因生产需要，需收购“未税”矿产品，在当地主管税务机关没有书面资料委托或者口头通知的情况下，是否应当代扣代缴资源税？

7.我是一名个体工商户，从本地收购矿产品销往外地，当地税务部门要我缴纳资源税，我认为应该由开采单位缴。请问到底应该谁缴？

8.我公司按揭买房发生的利息支出是否计入房屋原值计算缴纳房产税？

9.我是某集团公司财务主管。最近公司收购了另一生产型企业，在被收购单位的某项固定资产中包含中央空调和电梯等设备。近期有会计师事务所对我公司资产进行评估时，提出中央空调、电梯等应单独进行核算并计提折旧，不应与建筑物一并核算，并对污水处理池和污水处理设备核算处理也提出异议。对此，我们意见不一。请问中央空调、电梯应计入建筑物的价值还是单独核算？污水处理池和污水处理设备是合并核算还是单独核算，如合并核算应计入房屋建筑物类还是机械设备类，税务上有什么规定？

10.我公司是一商贸企业，租用某公司三层楼房。一、二层我公司进行商业经营，三层又转租给其他公司使用。请问我公司的转租行为是否缴纳房产税？

11.对单位和个人从事农家乐经营采摘、观光的农用地，是否要缴纳城镇土地使用税？

12.个人房屋出租是否需要缴纳城镇土地使用税？

13.集体建设用地是否需要缴纳城镇土地使用税？

14.早教机构占用耕地，是否可以免缴耕地占用税？

15.临时占用耕地在税收上有什么政策？

■ 纳税筹划训练

甲企业位于某市市区，企业除厂房、办公用房外，还包括厂区围墙、烟囱、水塔、变电塔、游泳池、停车场等建筑物，总计工程造价10亿元，除厂房、办公用房外的建筑设施工程造价3亿元。当地政府规定的扣除比例为30%。请对其进行纳税筹划。

第三部分　职业知识延伸

■ 推荐网站

http://12366.bjnsr.gov.cn/　（12366北京中心）

http://blog.sina.com.cn/feizhongyun　（云税务云中飞的博客）

■ 推荐书籍

书名：《房地产开发企业会计与纳税实务》

作者：李曙亮等　　出版社：大连出版社

出版时间：2016年6月　　ISBN：9787550510685

内容简介：本书以全面营改增相关政策为依据，采用以房地产开发企业设立、获取土地、项目立项报批、开发建设、转让及销售等具体的业务流程为线索，以会计流程为补充的结构体系，对房地产开发各阶段涉及的税务与会计事项进行了分析，重点介绍了房地产开发企业的业务、会计和税务处理。

■ 推荐阅读

资源税改革2016年7月1日起
全面推开 详解多重好处

项目七
其他税种税法（下）

第一部分　职业技能训练

■ 职业能力选择

一、单项选择题

1.下列选项中，应征收关税的是（　　）。

A.无商业价值的广告品及货样

B.进出境运输工具装载的途中必需的燃料、物料和饮食用品

C.国际组织、外国政府无偿赠送的物资

D.海关查验时已经破漏、损坏的货物，且因保管不慎造成的

2.某企业将自己的一台机器设备对外出租，签订的租赁合同上注明租金900元，同时支付中介费200元，则该企业对此应缴纳印花税（　　）元。

A.0.55　　B.0.9　　C.1　　D.1.1

3.某外贸公司进口一批货物，货价100万元，货物运抵我国关境内输入地点起卸前的包装费和运费分别为5万元和7万元。已知关税税率10%。则该公司应缴纳的进口关税为（　　）万元。

A.100×10%=10　　B.（100+5）×10%=10.5

C.（100+7）×10%=10.7　　D.（100+5+7）×10%=11.2

4.甲公司从乙汽车运输公司租入5辆载重汽车，双方签订的合同规定，5辆载重汽车的总价值为240万元，租期3个月，租金为12.8万元。则甲公司应缴纳的印花税为（　　）元。

A.32　　B.128　　C.600　　D.2 400

5.某小型运输公司拥有并使用以下车辆：整备质量5吨的载货卡车10辆；整备质量为4吨的汽车挂车5辆。当地政府规定，载货汽车的基准税额为60元/吨，该公司当年应纳车船税为（　　）元。

A.3 600　　B.4 020　　C.4 200　　D.4 260

6.对同一类应税凭证贴花次数频繁的纳税人，适用印花税的纳税办法是（　　）。

A.汇贴纳税　　B.自行贴花　　C.汇缴纳税　　D.委托代征

7.事业单位按照国家有关规定改制为企业，原投资主体存续并在改制后企业中出资

（股权、股份）比例超过（　　）的，对改制后企业承受原事业单位土地、房屋权属，免征契税。

A.50%　　B.70%　　C.85%　　D.95%

8.某单位一辆货车整备质量为10吨，当地人民政府确定该地区货车的车船税适用税额为每吨60元，则该单位这辆载货汽车每年应纳车船税为（　　）元。

A.600　　B.800　　C.640　　D.840

9.车辆购置税的纳税环节是（　　）。

A.销售和使用环节　　B.生产环节

C.销售环节　　D.登记注册前的使用环节

10.对企业签订租用厂房合同，租期3年，每年支付租金80万元，则该企业应纳印花税（　　）元。

A.5　　B.800　　C.805　　D.2 400

11.契税的纳税地点是（　　）。

A.企业的核算地　　B.土地、房屋所在地

C.单位的注册地　　D.纳税人的居住地

12.下列各项中，符合车船税征收管理规定的是（　　）。

A.扣缴义务人代收代缴车船税的，纳税地点为车船登记地的主管税务机关所在地

B.纳税人自行申报缴纳车船税的，纳税地点为车船登记地的主管税务机关所在地

C.车船税纳税义务发生时间为取得车船所有权或者管理权的次月

D.不需要办理登记的车船不必缴纳车船税

13.纳税人应当在向公安机关等车辆管理机构（　　），缴纳车辆购置税。

A.办理车辆交强险手续时　　B.办理车辆登记注册手续后

C.办理车辆登记注册手续时　　D.办理车辆登记注册手续前

14.烟叶税的计算公式为（　　）。

A.应纳税额=烟叶收购价款×税率　　B.应纳税额=烟叶收购金额×税率

C.应纳税额=烟叶收购价款×征收率　　D.应纳税额=烟叶收购金额×征收率

15.烟叶税实行比例税率，税率为（　　）。

A.10%　　B.15%　　C.20%　　D.30%

16.作为印花税应税凭证的房屋产权证，其纳税人是（　　）。

A.持证单位　　B.建房单位　　C.租房单位　　D.售房单位

17.某商厦有一辆客货两用汽车，为顾客送货，乘客座位4人，整备质量2吨。当地省政府规定，载客4人乘用车车船税税额为200元／辆，载货汽车为40元／吨。该商厦每年应缴纳车船税（　　）元。

A.80　　B.180　　C.200　　D.280

18.自产、受赠和以其他方式取得并自用应税车辆的，应当自取得之日起（　　）日内申报缴纳车辆购置税。

A.10　　B.30　　C.60　　D.90

19.某公司2017年3月收购烟叶100 000千克，烟叶收购价格10元/千克，收购价款总计1 000 000元，该公司当月应缴纳的烟叶税为（　　）元。

A.220 000　　B.200 000　　C.110 000　　D.100 000

20.下列车船应缴纳车船税的是（　　）。

A.军队专用车船　　B.押送犯人的警用车辆

C.人力三轮车　　D.企业接送职工上下班的车辆

二、多项选择题

1.下列行为中，不需计算缴纳车辆购置税的有（　　）。

A.汽车经销商购进小汽车待售　　B.个体工商户受赠小汽车自用

C.购进设有固定装置的非运输车辆自用　　D.李某获奖取得自行车自用

2.下列各项中，属于关税纳税人的有（　　）。

A.工贸或农贸结合的进出口公司　　B.外贸进出口公司

C.馈赠物品以及其他方式入境个人物品的所有人

D.个人邮递物品的收件人

3.以下所列的印花税的计税依据正确的有（　　）。

A.营业账簿中记载资金的账簿以“实收资本”和“资本公积”两项的合计金额作为计税依据

B.房屋产权证按件贴花

C.同一凭证上记载有两个不同税目税率的经济事项，未分别记载金额的，按照较低的税率贴花

D.各种明细分类账簿按照凭证件数作为计税依据

4.下列车船中，免征车船税的有（　　）。

A.警用车船　　B.养殖渔船　　C.载货汽车　　D.载客汽车

5.关于关税的减免税规定，下列表述正确的有（　　）。

A.无商业价值的广告样品进口征收关税

B.在起卸后海关放行前，因不可抗力遭受损坏或损失的，可酌情减免关税

C.因故退还的中国出口货物，可以免征进口关税，同时已征收的出口关税可以退还

D.关税税额在人民币50元以下的一票货物免征关税

6.下列使用的车船中，应纳车船税的有（　　）。

A.私人拥有的汽车　　B.中外合资企业拥有的汽车

C.国有运输企业拥有的货船　　D.旅游公司拥有的客船

7.下列关于印花税的说法中，正确的有（　　）。

A.对多贴花的凭证，不予退税　　B.印花税应当在书立或领受时贴花

C.对财产租赁合同的应纳税额超过1角但不足1元的，按1元贴花

D.伪造印花税票，由税务机关责令改正，处以2 000元以上5 000元以下的罚款

8.下列各项中，免征或不征契税的有（　　）。

A.国家出让国有土地使用权　　B.受赠人接受他人赠予的房屋

C.法定继承人继承土地、房屋权属　　D.承受荒山土地使用权用于林业生产

9.下列情况中，不缴或免缴车船税的有（　　）。

A.建筑工地的小推车　　B.公安部门的警车

C.武警的雷达车　　D.汽车制造厂尚未销售的汽车

10.依据车辆购置税的有关规定，下列说法中不正确的有（　　）。

A.车辆购置税实行统一比例税率

B.车辆购置税的纳税地点一律为纳税人所在地

C.车辆购置税的征税环节为车辆的销售环节

D.车辆购置税的征税环节为车辆的出厂环节

11.下列各项中属于印花税免税项目的有（　　）。

A.无息贷款合同　　B.专利证　　C.技术合同　　D.工商营业执照副本

12.孙某将自有住房无偿赠予非法定继承人王某，已向税务机关提交经审核并签字盖章的“个人无偿赠予不动产登记表”。下列有关孙某赠房涉及税收的表述中，正确的有（　　）。

A.孙某应缴纳契税　　B.王某应缴纳契税

C.孙某应缴纳印花税　　D.王某应缴纳印花税

13.车船税计税单位有（　　）。

A.每辆　　B.每艘　　C.净吨位每吨　　D.整备质量每吨

14.某机关2017年6月购车一辆，随购车支付的下列款项中，应并入计税依据征收车辆购置税的有（　　）。

A.控购费　　B.增值税税款　　C.零部件价款　　D.车辆装饰费

15.下列各项中，应按“产权转移书据”税目征收印花税的有（　　）。

A.商品房销售合同　　B.土地使用权转让合同

C.专利申请权转让合同　　D.个人无偿赠予不动产登记表

16.下列属于契税纳税义务发生时间的有（　　）。

A.取得具有房地产权属转移合同性质凭证的当天

B.签订房地产权属转移合同的当天

C.办理房地产产权证的当天　　D.交纳房地产预付款的当天

17.下列各项中，属于车辆购置税应税行为的有（　　）。

A.购买使用行为　　B.进口使用行为　　C.受赠使用行为　　D.获奖使用行为

18.用于计算烟叶税的“收购金额”包括（　　）。

A.纳税人支付给烟叶销售者的增值税

B.纳税人支付给烟叶销售者的烟叶金额

C.纳税人支付给烟叶销售者的烟叶收购价款

D.纳税人支付给烟叶销售者的价外补贴

19.下列说法中，正确的有（　　）。

A.国家机关购买房产用于办公的，免征契税

B.城镇职工按规定第一次购买公有住房的，免征契税

C.企业承受荒山土地使用权，用于农业生产的，免征契税

D.土地、房屋被县级以上人民政府征用、占用后，重新承受土地、房屋权属的，免征契税

■ 职业能力判断

1.办理一项业务，如果既书立合同，又开立单据，只就合同贴花；凡不书立合同，只开立单据，以单据作为合同适用的，其使用的单据应按规定贴花。（ ）

2.车船税的纳税义务发生时间，为车船管理部门核发的车船登记证书或者行驶证书所记载日期的次月。（ ）

3.一票货物关税税额、进口环节增值税或者消费税税额在人民币100元以下的，可以免征关税。（ ）

4.同一凭证记载两个或两个以上不同税率经济事项，分别记载金额的，应分别计算税额加总贴花；未分别记载金额的，按税率低的计税贴花。（ ）

5.应税合同凭证的正本贴花之后，副本、抄本不再贴花。（ ）

6.土地使用权赠予、房屋赠予，由征收机关参照土地使用权出售、房屋买卖的市场价格确定契税的计税依据。（ ）

7.新购置的机动车辆，应当在办理缴纳车辆购置税手续的同时缴纳车船税。（ ）

8.公安机关车辆管理机构不予办理车辆登记注册手续的，凭公安机关车辆管理机构出具的证明办理车辆购置税退税手续。（ ）

9.房地产管理部门与个人签订的用于生活居住的租赁合同免征印花税。（ ）

10.签订时无法确定金额的合同先定额贴花5元，待结算实际金额时补贴印花税票。（ ）

11.土地使用权交换、房屋交换，其契税的计税依据为所交换土地使用权、房屋的“价格差额”；交换价格不相等的，由多交付货币的一方缴纳契税；交换价格相等的，免征契税。（ ）

12.纳税人在办理机动车交通事故责任强制保险时自行向主管税务机关申报缴纳车船税。（ ）

13.自产、受赠、获奖和以其他方式取得并自用应税车辆的，应当自取得之日起60日内申报缴纳车辆购置税。（ ）

14.支付的车辆装饰费免征车辆购置税。（ ）

15.纳税人应当自纳税义务发生之日起60日内申报缴纳烟叶税。（ ）

16.烟叶税的纳税义务发生时间为纳税人收购烟叶的当天。（ ）

17.融资租赁合同属于财产租赁合同。（ ）

18.以预购方式或者预付集资建房款方式承受土地、房屋权属的，免征契税。（ ）

19.承受荒山、荒沟、荒丘、荒滩土地使用权，并用于农、林、牧、渔业生产的，免征契税。（ ）

20.对受地震、洪涝等严重自然灾害影响纳税困难以及有其他特殊原因确需减免税的车船，可以在一定期限内减征或者免征车船税。（ ）

21.回国服务的留学人员用现汇购买1辆自用国产小汽车，应当征收车辆购置税。（ ）

22.销售单位开展优质销售活动所开票收取的有关费用，应属于经营性收入，企业在代理过程中按规定支付给有关部门的费用，企业已作经营性支出列支核算，其收取的各项费用合并开具在一张发票上难以划分的，应作为价外收入计算征收车辆购置税。（ ）

23. 在国外书立、领受，但在国内使用的应税凭证，其使用人为印花税纳税人。（ ）

24. 契税的纳税人是在我国境内承受土地、房屋权属转移的单位和个人。（ ）

25. 车辆购置税实行统一比例税率，税率为10%。（ ）

26. 烟叶税的征税范围是指晾晒烟叶、烤烟叶。（ ）

■ 职业能力实训

一、计算题

1.2015年6月1日，甲公司经批准进口一台符合国家特定免征关税的科研设备用于研发项目，设备进口时经海关审定的完税价格折合人民币560万元，海关规定的监管年限为5年；2017年5月31日，公司研发项目完成后，将已计提折旧200万元的免税设备转售给国内另一家企业。设备原进口时的关税税率为12%，设备转售时关税税率降为10%。

要求：计算甲公司应补缴的关税税额。

2. 甲公司于2017年1月开业后，领受了工商营业执照、土地使用证、房屋产权证各一件。已知“权利、许可证照”印花税单位税额为每件5元。

要求：计算甲公司应缴纳的印花税。

3. 丙建筑工程公司2017年1月份购入7 000元印花税票备用，1月10日与甲单位签订了一份承包金额为8 200 000元的建筑工程承包合同；2月10日将其中3 600 000元的工程项目分包给乙建筑公司，并签订了分包合同。

要求：

（1）计算丙公司1月10日承包工程合同应缴纳的印花税；

（2）计算丙公司2月10日分包工程合同应缴纳的印花税。

4. 甲公司于2017年2月向乙公司购买一处闲置厂房，合同注明的土地使用权价款为180万元，厂房及地上附着物价款为60万元。已知当地规定的契税税率为3%，以上价格均为不含增值税价格。

要求：计算甲公司应缴纳的契税。

5.2017年5月甲公司购买一幢办公楼，成交价格为102万元。已知当地规定的契税税率为3%，以上价格均为不含增值税价格。

要求：计算甲公司购买办公楼应缴纳的契税。

6. 甲公司2017年2月12日购买了1艘净吨位为180吨的拖船，已知机动船舶净吨位每吨的年基准税额为6元。

要求：计算甲公司2017年应缴纳的车船税。

7. 公司2017年拥有机动船3艘，每艘净吨位为3 000吨；拖船1艘，发动机功率为350千瓦。机动船舶车船税计税标准为净吨位201吨至2 000吨的，每吨4元；净吨位2 001吨至10 000吨的，每吨5元。

要求：计算甲公司2017年应纳车船税税额。

8.2017年4月，王某在某房地产公司举办的有奖购房活动中中奖获得一辆小汽车，房地产公司提供的机动车销售统一发票上注明价税合计金额为81 900元，国家税务总局核定该类型车辆的车辆购置税最低计税价格为73 000元。

要求：计算王某应缴纳的车辆购置税。

9.2017年3月10日，黄河公司从美国购买一辆发动机号码为2568456、车架号码为666231的别克轿车一辆，该公司进口报关时，经海关核定的关税完税价格为16 800元，进口关税税率为20%，消费税税率为10%。该公司位于北京市海淀区长春桥路1号，注册类型代码为686123，行业代码为2031，纳税人证件名称为组织机构代码证书，证件号码为654125691，联系电话为010-88464125，邮政编码为100084。

要求：计算黄河公司应缴纳的增值税、消税费和车辆购置税。

10.甲烟草公司为一般纳税人，本月向农民收购烟叶用于生产卷烟，收购价款为160 000元，向农民支付价外补贴为收购价款的10%。已知烟叶税的税率为20%。

要求：计算甲企业收购烟叶准予抵扣的进项税额。

二、综合题

2017年6月1日，某公司通过海运进口一批高档化妆品，成交价格为55万元，关税税率为45%，消费税税率为15%，从起运地至输入地起卸前的运费为6万元，进口货物的保险费无法确定，保险费率为0.3%，从海关监管区至公司仓库的运费为3万元。海关于2017年6月5日填发税款缴款书，该公司于2017年6月30日缴纳关税税款。

要求：计算应纳进口环节税金金额合计。

第二部分　职业拓展训练

■ 涉税咨询训练

1.我公司进口旧设备作为设立外商投资企业的出资部分，请问该进口设备是否可以免征进口关税和进口增值税？

2.我公司出口一批布料，已经办理出口退税，国外采购方已将部分布料加工成服装之后，又要求退货，请问退货后我公司是否要补缴退税款？对于已加工的服装，是否只能采取重新进口的形式向国外采购方付汇？我公司是否需要缴纳进口关税和增值税？

3.我公司有一套房屋出租，签订的租赁合同上分别记载租金金额和管理费金额，并注明管理费是代物业管理公司收取，请问管理费是否也要合并到租赁费中一起缴纳印花税？

4.我公司与劳务公司签订招聘合同，委托其为我公司招聘员工，招聘合同是否需要缴纳印花税？

5.本人成立的两个公司之间土地权属转移是否征收契税？

6.我公司是一家房地产开发企业，以竞标方式取得一处国有土地使用权，请问契税的计税依据应如何确定？

7.我公司在非车辆登记地由保险公司代收代缴了机动车车船税，是否还要向车辆登记地地税机关缴纳车船税？

8.纯电动乘用车要不要征车船税？

9.我公司购买了一辆退役的森林消防水罐车，准备改装成油罐车从事运营，可在办理过户手续时听说还要再次申报缴纳车辆购置税。该车曾经属于免税车辆，应当重新申报缴纳车辆购置税吗？

10.我公司缴纳车辆购置税后，如果发现机动车销售发票开具有误或发生污损、丢失、被盗，应如何处理？

11.我公司收购一批未列入名晾晒烟名录的其他晾晒烟叶，请问是否需要缴纳烟叶税？

12.烟叶税的“收购金额”，包括烟叶收购方支付给销售方的烟叶收购价款和价外补贴。按照简化手续、方便征收的原则，对价外补贴统一暂按烟叶收购价款的10%计入收购金额征税。收购金额计算公式为：收购金额=收购价款×（1+10%）。对此如何理解？

■ 纳税筹划训练

甲铝合金门窗生产企业受乙建筑安装公司委托，负责加工一批铝合金门窗，加工所需原材料由甲铝合金门窗生产企业提供，甲铝合金门窗生产企业收取加工费及原材料费共计300万元，其中，甲铝合金门窗生产企业提供的原材料价值为220万元，收取的加工费为80万元。请对上述业务进行纳税筹划。

第三部分　职业知识延伸

■ 推荐网站

http://www.ctaxnews.net.cn/　（中国税务报网络版）

http://blog.sina.com.cn/zhuodafjy　（樊剑英税友汇的博客）

■ 推荐书籍

书名：《国际税收实务与案例》

作者：段从军　出版社：中国市场出版社

出版时间：2016年5月　ISBN：9787509214787

内容简介：本书由两大部分构成：一是“引进来”税收专题。主要介绍境外企业从境内取得劳务收入、利息、特许权使用费、股息红利、动产租赁收入、国际运输收入、转让境内财产（含间接转让）等所涉及的各税种综合性税务处理；描述了境外纳税人如何享受中国税收协定待遇，并对各业务中涉及的海关和税务机关的重复征税进行了介绍；对境外企业取得著作权项下全部权利转让、软件收入、资产负债表表外资产转让、各种国际运输收入及跨境动产租金收入如何征税以及境外企业间接股权转让收入成本确认（含间接转让境内多个公司）等疑难问题进行了较为深入的分析。二是“走出去”税收专题。主要介绍境内企业从境外取得营改增服务收入在境内的征税及出口退（免）税，对受控外国企业规则及发展进行了介绍，对境外中资控股居民企业认定和境外税收抵免的税务处理及跨境投资中对两者间的综合运用进行了分析。

■ 推荐阅读

楼继伟力推房地产税改革
有语境：落地没那么快

项目八

税务行政法制

第一部分　职业技能训练

■ 职业能力选择

一、单项选择题

1.税务行政处罚的设定和实施方面，都要根据税务违法行为的性质、情节、社会危害性的大小而定，这体现了税务行政处罚的（　　）。

A.公正原则　　B.公开原则

C.处罚与教育相结合原则　　D.过罚相当原则

2.现行的税务行政处罚的种类中，不包括（　　）。

A.罚款　　B.没收财物和非法所得

C.停止出口退税权　　D.暂停享受免税权

3.根据税务行政处罚的相关规定，下列说法错误的是（　　）。

A.税务行政处罚实行行为发生地原则

B.必须由机构所在地的主管税务机关进行处罚

C.做出处罚的税务机关必须有税务行政处罚权

D.必须是县（市、旗）以上的税务机关，法律特别授权的税务所除外

4.下列情况中，适用于税务行政处罚简易程序的是（　　）。

A.对公民处以100元以下的罚款　　B.对公民处以50元以下的罚款

C.对法人处以2 000元以下的罚款　　D.对法人处以5 000元以下的罚款

5.税务行政复议案件的审理一般由（　　）进行。

A.处理案件的原税务机关　　B.高级人民法院

C.中级人民法院　　D.原处理税务机关的上一级税务机关

6.下列选项中，属于征税行为的是（　　）。

A.纳税地点的认定　　B.颁发税务登记

C.代开发票　　D.开具外出活动经营证明

7.甲市A公司申报2017年企业所得税时，税务机关认为A公司取得的股息红利收入不符合条件，不应享受免税待遇，要求A公司补缴税款并同时加收滞纳金，但A公司认为自己取得的股息红利收入符合免税规定，则A公司可以采取的救济措施是（　　）。

A.可以直接向人民法院起诉

B.只能向上一级税务机关申请复议

C.必须先依照税务机关的纳税决定缴纳或者解缴税款及滞纳金或者提供相应的担保，然后依法申请行政复议；纳税人对行政复议决定不服的，可以依法向人民法院起诉

D.协商解决

8.行政复议机关应当自受理申请之日起（　　）内做出行政复议决定。

A.5日　　B.10日　　C.30日　　D.60日

9.下列关于税务行政复议审查和决定的说法中，不正确的是（　　）。

A.税务行政复议第三人不参加听证的，不影响听证的举行

B.除申请人依法撤回行政复议申请外，行政复议期间被申请人改变原具体行政行为的，不影响行政复议案件的审理

C.除另有规定外，行政复议机关责令被申请人重新做出具体行政行为的，被申请人不得做出对申请人更为不利的决定

D.行政复议决定书一经制定完成，即发生法律效力

10.税务机关做出具体行政行为时，未告知当事人诉权和起诉期限，致使当事人逾期向人民法院起诉的，其起诉期限从当事人实际知道诉权或者起诉期限时计算，但最长不得超过（　　）。

A.1年　　B.2年　　C.3年　　D.5年

11.甲市乙县国税局丙镇税务所在执法时给予本镇纳税人赵某1 500元罚款的行政处罚，赵某不服，向行政复议机关申请行政复议，则被申请人是（　　）。

A.甲市国税局　　B.乙县国税局　　C.丙镇税务所　　D.乙县人民政府

12.下列税务机关中，虽然不具有税务处罚主体资格、但可以实施税务行政处罚的是（　　）。

A.县国家税务局　　B.盟国家税务局

C.省国家税务局　　D.县国家税务局下属的税务所

13.下列选项中，不属于税务行政处罚类型的是（　　）。

A.停止出口退税权　　B.没收财物和非法所得

C.注销税务登记　　D.罚款

14.根据税务行政复议的有关规定，下列说法正确的是（　　）。

A.对计划单列市税务局的具体行政行为不服的，向国家税务总局申请行政复议

B.对于税务所的具体行政行为不服的，向其所属税务局的上一级税务局申请行政复议

C.对于国家税务总局的具体行政行为不服的，向国务院申请行政复议

D.对于被撤销的税务机关在撤销以前做出的具体行政行为不服的，向继续行使其职权的税务机关的上一级税务机关申请行政复议

15.当事人对税务行政复议决定不服的，可以在接到复议决定书之日起（　　）向人民法院起诉。

A.10日内　　B.15日内　　C.30日内　　D.60日内

16.下列选项中，不属于税务行政复议定案证据应当具有的特征的是（　　）。

A.合理性　　B.合法性　　C.真实性　　D.关联性

17. 情况复杂，不能在规定期限内做出行政复议决定的，经行政复议机关负责人批准，可以适当延期，并告知申请人和被申请人；但延期不得超过（ ）。

A.5日 B.10日 C.30日 D.60日

18. 下列关于税务行政诉讼的原则，表述错误的是（ ）。

A. 人民法院特定主管原则 B. 合法性审查原则

C. 适用调解原则 D. 税务机关负举证责任原则

19. 根据法律规定，人民法院接到税务行政诉讼的诉状，经过审查，应当在（ ）日内立案或者做出裁定不予受理。原告对不予受理的裁定不服的，可以提起上诉。

A.5 B.7 C.10 D.15

二、多项选择题

1. 下列关于税务行政处罚的设定和种类，说法不正确的有（ ）。

A. 国务院可以通过法律的形式设定各种税务行政处罚

B. 全国人民代表大会及其常务委员会可以通过法律的形式设定各种税务行政处罚

C. 国务院可以通过行政法规的形式设定除限制人身自由以外的税务行政处罚

D. 国家税务总局可以通过行政法规的形式设定警告和罚款

2. 下列选项中，属于税务行政处罚简易程序适用条件的有（ ）。

A. 案情简单 B. 事实清楚

C. 违法后果比较轻微且有法定依据应当给予处罚的违法行为

D. 给予的处罚较轻

3. 根据税务行政法制的有关规定，税务行政复议申请人对下列行为不服的，应当先向行政复议机关申请行政复议；对复议决定不服的，可以向人民法院提起行政诉讼的有（ ）。

A. 加收滞纳金 B. 征税对象的认定 C. 代开发票 D. 停止出口退税权

4. 下列关于税务行政复议管辖规定的说法中，正确的有（ ）。

A. 对各级国家税务局的具体行政行为不服的，向其上一级国家税务局申请行政复议

B. 对两个以上税务机关共同做出的具体行政行为不服的，向共同上一级税务机关申请行政复议

C. 对国家税务总局的具体行政行为不服的，向国家税务总局或国务院申请行政复议

D. 对税务机关做出逾期不缴纳罚款加处罚款的决定不服的，向做出行政处罚决定的税务机关申请行政复议

5. 根据税务行政复议相关政策的规定，下列说法中正确的有（ ）。

A. 申请人对扣缴义务人的扣缴税款行为不服的，主管该扣缴义务人的税务机关为被申请人

B. 对税务机关委托的单位和个人的代征行为不服的，委托税务机关为被申请人

C. 税务机关与法律、法规授权的组织以共同的名义做出具体行政行为的，税务机关为被申请人

D. 申请人对经重大税务案件审理程序做出的决定不服的，审理委员会所在税务机关为被申请人

6. 根据税收行政复议的有关规定，下列情况下，行政复议期间具体行政行为可以停止执行的有（ ）。

A.被申请人认为需要停止执行的 B.行政复议机关认为需要停止执行的

C.申请人认为需要停止执行的 D.法律规定停止执行的

7.根据有关规定，下列证据材料不得作为税务行政复议定案依据的有（ ）。

A.违反法定程序收集的证据材料

B.以偷拍、偷录和窃听等手段获取侵害他人合法权益的证据材料

C.无正当事由超出举证期限提供的证据材料

D.不能正确表达意志的证人提供的证言

8.以下关于税务行政复议申请人的表述中，不符合规定的有（ ）。

A.股份制企业的股东大会、股东代表大会、董事会认为税务具体行政行为侵犯企业合法权益的，可以以企业的名义申请行政复议

B.有权申请行政复议的公民死亡的，其亲属不得申请行政复议

C.同一行政复议案件申请人较多时，应当推选1至10名代表参加行政复议

D.申请人、第三人委托代理人的，应当向行政复议机构提交授权委托书，该授权委托必须是书面委托

9.对下列行政复议事项，按照自愿、合法的原则，申请人和被申请人在行政复议机关做出行政复议决定以前可以达成和解，行政复议机关也可以调解的有（ ）。

A.行政处罚 B.行政赔偿 C.行政奖励 D.核定计税依据

10.下列各项中，属于税务行政诉讼的原则的有（ ）。

A.人民法院特定主管原则 B.税务机关负有举证责任原则

C.不适用调解原则 D.起诉不停止执行原则

11.税务行政复议机关可以对某些税务行政复议事项进行调解。以下符合税务行政复议调解要求的有（ ）。

A.遵循客观、公正和合理的原则 B.尊重申请人和被申请人的意愿

C.在查明案件事实的基础上进行 D.不得损害社会公共利益和他人合法权益

12.下列关于税务行政复议受理的陈述中，正确的有（ ）。

A.行政复议机关收到行政复议申请以后，应当在5日内审查，决定是否受理

B.对符合规定的行政复议申请，自行政复议机构收到之日起即为受理；受理行政复议申请，应当书面告知申请人

C.上级税务机关认为有必要的，可以直接受理或者提审由下级税务机关管辖的行政复议案件

D.具体行政行为在行政复议期间，行政复议机关认为需要停止执行的，可以停止执行

13.下列关于税务行政处罚的程序，正确的有（ ）。

A.税务行政处罚听证的主持人，应当由税务机关内设的非本案调查机构的人员担任

B.有税收违法行为但情节轻微依法可以不受行政处罚的，应做出不予行政处罚的决定

C.税务行政处罚听证的范围是对公民做出2 000元以上罚款，或者对法人或其他组织做出10 000元以上罚款的税务处罚案件

D.税务案件的审查机构必须在收到调查机构移交案卷之日起10日内审查完毕

14.下列关于税务行政复议的说法中，正确的有（ ）。

A.税务行政复议机关收到行政复议申请以后，应当在5日内审查，决定是否受理

B.行政复议申请材料不齐全，表述不清楚的，行政复议机构可以自收到该行政复议申请之日起5日内书面通知申请人补正

C.对于不属于本机关受理的行政复议申请，应当告知申请人向有关行政复议机关提出

D.行政复议机关收到行政复议申请以后未按照有关规定期限审查并做出不予受理决定的，视为受理

15.对当事人的起诉，人民法院一般从下列（ ）方面进行审查并做出是否受理的决定。

A.审查是否属于法定的诉讼受案范围　　B.审查是否具备法定的起诉条件

C.审查是否已经受理或者正在受理　　D.审查是否经过必经复议程序

16.对于下列情形之一的行政复议申请，决定不予受理的有（ ）。

A.不属于行政复议的受案范围

B.超过法定的申请期限

C.已向人民法院提起行政诉讼，人民法院已经受理

D.申请人就纳税问题发生争议，没有按照规定缴清税款、滞纳金，并且没有提供担保或者担保无效

17.行政复议期间发生的下列情形中，行政复议应当终止的有（ ）。

A.作为申请人的公民死亡，没有近亲属

B.申请人和被申请人按规定经行政复议机构准许达成和解

C.作为申请人的公民被宣告失踪

D.行政复议申请受理后发现人民法院已经受理的

18.下列有关税务行政诉讼的表述中，正确的有（ ）。

A.税务机关可作为税务行政诉讼案件的原告

B.作为税务行政诉讼案件被告方的税务机关不能反诉

C.原告对人民法院做出的不予受理的裁定不服的，可以提起上诉

D.当事人对一审人民法院的判决不服的，可以上诉

■ 职业能力判断

1.税务行政处罚听证的范围是对公民做出2 000元以上罚款，或者对法人或其他组织做出20 000元以上罚款的案件。（ ）

2.税务机关对当事人做出罚款行政处罚决定的，当事人应当在收到行政处罚决定书之日起15日内缴纳罚款，到期不缴纳的，税务机关可以对当事人每日按罚款数额的3%加处罚款。（ ）

3.各级税务机关的内设机构、派出机构不具处罚主体资格，但可以以自己的名义实施税务行政处罚。（ ）

4.行政复议期间，行政复议机关认为申请人以外的公民、法人或者其他组织与被审查的具体行政行为有利害关系的，可以通知其作为第三人参加行政复议。（ ）

5.第三人不参加行政复议，不影响行政复议案件的审理。（ ）

6.被申请人可以委托本机关以外人员参加行政复议。（ ）

7.行政复议和行政诉讼不能同时进行。（ ）

8.申请人可以在知道税务机关做出具体行政行为之日起30日内提出行政复议申请。（ ）

9.对税务机关的征税行为提起诉讼，必须先经过复议；对复议决定不服的，可以在接到复议决定书之日起15日内向人民法院起诉。对其他具体行政行为不服的，当事人可以在接到通知或者知道之日起15日内直接向人民法院起诉。（　　）

10.因税款征纳问题发生的争议，当事人在向人民法院提起行政诉讼前，必须先经税务行政复议程序，即复议前置。（　　）

■ 职业能力实训

某省国家税务局在2017年4月对食品生产企业2016年增值税缴纳情况进行专项稽查，根据计划部署，要求各个相关企业于2017年4月底前进行自查，并将自查报告以书面报告形式报所在县（或市）税务稽查局。该食品生产企业的产品适用增值税税率为17%。

2017年4月18日，某县食品生产企业的财务人员找到信达税务师事务所的执业税务师刘强，要求对企业的增值税缴纳情况进行代理审查，出具增值税纳税情况鉴证报告，并代为撰写向县税务稽查局的自查报告，同时表示此项业务的报酬可以不通过税务师事务所而直接付给刘强个人。

按照税务师执业的有关要求签订协议后，刘强及其辅助人员于2017年4月18日至2017年4月25日对该食品生产企业2016年增值税纳税情况进行审核，发现该生产企业经常从农民、集贸市场的小商贩处购进农产品，开具了农产品收购发票，抵扣了进项税额，此外该生产企业还从一家蔬菜批发企业购进蔬菜，由于自2012年1月1日起蔬菜在批发环节免增值税，因此该生产企业根据蔬菜批发公司开具的普通发票注明的买价和相应的扣除率计算抵扣进项税额。请回答下列问题：

（1）刘强能否代食品生产企业撰写向县税务稽查局的自查报告？为什么？

（2）此项业务刘强能否个人收款？并简述理由。

（3）食品生产企业增值税缴纳中存在何种问题？

（4）如果食品生产企业负责人要求刘强在鉴证报告和自查报告中对企业存在的问题不予反映，刘强在执业时应如何处理？

（5）在（4）基础上，如果刘强在代其出具自查报告和鉴证报告时未如实反映上述问题，造成食品生产企业少纳增值税，双方应当承担何种责任？

第二部分　职业拓展训练

■ 涉税咨询训练

1.我公司对税务机关的征税行为和行政审批行为不服，可以向法院提起行政诉讼吗？

2.我公司对税务机关的征税行为不服，提出行政复议申请有时间限制吗？

3.我公司对税务机关的征税行为不服，提出行政复议申请，税务机关会不会因此做出更加对我公司不利的处罚？

4. 我公司对税务行政复议决定不服，准备向法院提起行政诉讼，有时间限制吗？

■ 纳税筹划训练

某县国税局某分局（以下简称国税分局）于2016年7月份组织相关人员对其辖区内纳税户经营情况进行摸底调查后，发现一餐饮业纳税户的月定额明显偏低，决定对该业户从8月份起调整定额。税务分局按照规定的程序，将该纳税户原月定企业所得税等税费从1 500元调整为2 000元，并于7月20日向该纳税户下达了调整定额通知书，告知其从8月1日起执行新定额。该纳税户认为定额太高，自己获利将减少，而对此次定额调整不满，并对同行说7月底前欲将此店迁往他县经营，同时准备7月份应缴的税费也不缴了。国税分局得知这一消息后，于7月21日书面责令该纳税户必须于7月25日前将7月份应缴的企业所得税等税费缴纳入库。7月22日，国税分局发现该纳税户已开始转移货物，于是当日扣押了该纳税户一辆价值8 000元的新摩托车，并向该纳税户开具了清单。请对其进行纳税筹划。

第三部分　职业知识延伸

■ 推荐网站

http://catax.cn/f　（税务公社）

http://blog.sina.com.cn/u/1705678593　（无极小刀曹远战的博客）

■ 推荐书籍

书名：《税收疑难案例分析（第六辑）》

作者：高金平　出版社：中国财政经济出版社

出版时间：2016年3月　ISBN：9787509565728

内容简介：本书主要包括以下内容：流转税案例分析、企业所得税案例分析、个人所得税案例分析、其他税种案例分析、房地产业税收案例分析、资本交易税收案例分析、税收综合案例分析等。

■ 推荐阅读

深度解析新修订

《税务行政复议规则》三大变化

《税法》

模拟试题（一）

一、单项选择题（共20题，每题1分，共20分）

1.以下关于我国税法体系的说法中，正确的是（　　）。

A.我国现行的税法体系是由税收实体法构成的

B.车船税属于特定目的税类

C.由税务机关负责征收的税种的征收管理，按照全国人大常委会发布实施的《税收征收管理法》执行

D.由海关负责征收的税种的征收管理，按照全国人大常委会发布实施的《税收征收管理法》执行

2.目前我国税收体系中采用单一比例税率的税种是（　　）。

A.增值税　　B.土地增值税　　C.个人所得税　　D.消费税

3.关于划分增值税小规模纳税人和一般纳税人所依据的年应税销售额和经营期，下列表述正确的是（　　）。

A.年应税销售额未超过小规模纳税人标准的企业，不得登记为一般纳税人

B.稽查查补的销售额和纳税评估调整的销售额应计入税款所属期销售额，不计入查补税款申报当月的销售额

C.年应税销售额，包括纳税申报销售额、稽查查补销售额、纳税评估调整销售额

D.经营期是指在纳税人存续期内的连续经营期间，不含未取得销售收入的月份

4.某金店是增值税的一般纳税人，2017年3月采取以旧换新方式销售纯金项链10条，每条新项链的不含税销售额为4 000元，收购的旧项链每条不含税作价2 000元，该笔业务的销项税额为（　　）元。

A.6 800　　B.5 200　　C.3 400　　D.2 600

5.下列营改增试点纳税人中，不得登记为一般纳税人的是（　　）。

A.非企业性单位　　B.不经常发生应税行为的企业

C.应税行为年销售额超过小规模标准的自然人

D.应税行为年销售额超过小规模标准的个体工商户

6.试点纳税人向境外单位提供应税服务，退税率为6%，则纳税人提供的服务不可能是（　　）。

A.信息技术服务　　B.技术咨询服务

C.有形动产租赁服务　　D.鉴证咨询服务

7.某化妆品厂为增值税一般纳税人。2017年3月发生以下业务：6日销售高档化妆品300件，每件不含税价格500元；10日销售同类高档化妆品600件，每件不含税

价格550元。当月以300件同类高档化妆品与某公司换取精油。该厂当月应纳消费税（　　）元。

A.86 750　　B.96 750　　C.97 750　　D.96 765

8.纳税人进口应税消费品，应于（　　）缴纳消费税税款。

A.海关填发海关进口消费税专用缴款书次日起15日内

B.海关填发海关进口消费税专用缴款书之日起15日内

C.海关填发海关进口消费税专用缴款书次日起7日内

D.海关填发海关进口消费税专用缴款书之日起7日内

9.关于企业所得税中非居民企业的应纳税所得额的确定，下列说法中不正确的是（　　）。

A.转让财产所得，以收入全额减除财产净值后的余额为应纳税所得额

B.股息、红利等权益性投资收益，以收入全额为应纳税所得额

C.特许权使用费所得，以收入全额为应纳税所得额

D.租金，以收入减去出租过程发生的合理费用后的余额为应纳税所得额

10.某居民企业购入政府发行的年利率为5%的三年期国债2 200万元，持有250天时以2 500万元的价格转让。假设不考虑其他税费，该企业就该笔交易计算企业所得税时应纳税所得额是（　　）万元。

A.244　　B.242.66　　C.224.66　　D.224

11.作家王某的一篇小说在一家日报上连载两个月，第一个月月末报社支付稿酬4 000元；第二个月月末报社支付稿酬10 000元。该作家两个月所获稿酬应缴纳的个人所得税为（　　）元。

A.1 456　　B.1 624　　C.1 568　　D.1 736

12.下列各项中，不属于免征个人所得税的是（　　）。

A.县人民政府为教师王某颁发的教育奖金

B.国家发行的金融债券利息收入

C.按国家统一规定发给职工的安家费

D.个人取得的拆迁补偿款

13.某大型油田2017年2月份生产原油20万吨，其中，出售15万吨，取得不含税销售额30 000万元；用于修井耗用原油5万吨。当月在采油过程中回收并销售伴生天然气500万立方米，取得不含税销售额300万元。已知原油适用的税率为8%，天然气适用的税率为6%。则该油田2月份应缴资源税（　　）万元。

A.2 400　　B.2 418　　C.3 200　　D.3 218

14.某公司大楼原值30 000万元，2017年2月28日将其中闲置房间出租，租期2年。出租部分房产原值5 000万元，租金每年1 000万元（不含增值税）。当地规定房产原值减除比例为20%，2017年该公司应缴纳房产税（　　）万元。

A.348　　B.388　　C.340　　D.368

15.下列各项中，应缴纳城镇土地使用税的是（　　）。

A.军队用于出租的土地　　B.寺庙内宗教人员的宿舍用地

C.财政拨付事业经费单位的员工食堂用地

D.市人民政府办公用地

16.甲公司系增值税一般纳税人，2017年6月经批准从境外进口1辆汽车自用，成交价格580万元。另外支付运抵我国关境内输入地点起卸前的运输费20万元，保险费11万元，缴纳了进口环节税金后海关放行，国家税务总局核定的同类型汽车的最低计税价格为1 000万元/辆。已知，汽车的消费税税率为12%，关税税率为40%。则甲公司应缴纳车辆购置税（　　）万元。

A.97.2　　B.100　　C.85.54　　D.69.43

17.对同一类应税凭证贴花次数频繁的纳税人，适用印花税的纳税办法是（　　）。

A.汇贴纳税　　B.自行贴花　　C.汇缴纳税　　D.委托代征

18.下列行为中，应缴纳契税的是（　　）。

A.以抵债方式取得土地使用权　　B.以相等价格交换房屋

C.以划拨方式取得土地使用权　　D.转移农村集体土地承包经营权

19.下列各项中，可以按照当地适用税额减半征收耕地占用税的是（　　）。

A.供电部门占用耕地新建变电站　　B.农村居民占用耕地新建住宅

C.市政部门占用耕地新建自来水厂　　D.国家机关占用耕地新建办公楼

20.根据税务行政法制的有关规定，各级税务机关的内设机构、派出机构不具处罚主体资格，不能以自己的名义实施税务行政处罚。但是税务所可以实施罚款额在（　　）元以下的税务行政处罚。

A.1 000　　B.2 000　　C.5 000　　D.10 000

二、多项选择题（共10题，每题2分，共20分）

1.下列关于税法原则的表述中，正确的有（　　）。

A.新法优于旧法原则属于税法的基本原则

B.税法主体的权利义务必须由法律加以规定，这体现了税收法定原则

C.税法的原则包括税法基本原则和税法适用原则

D.税法适用原则中的法律优位原则明确了税收规章的效力高于税收行政法规的效力

2.下列行为中，属于增值税视同销售行为的有（　　）。

A.在同一个县（市）范围内设有两个机构并实行统一核算的纳税人，将货物从一个机构移送另一机构用于销售

B.将自产货物作为股利分配给股东　　C.将外购货物用于集体福利

D.将委托加工收回的货物用于个人消费

3.根据增值税法律制度的规定，下列出口货物中，免税但不退税的有（　　）。

A.国家计划内出口的石油　　B.避孕药品

C.来料加工复出口的货物　　D.古旧图书

4.下列项目中，进项税额不得抵扣的有（　　）。

A.因管理不善造成的原材料变质

B.小规模纳税人从一般纳税人处接受包装设计服务，取得增值税专用发票

C.因发生泥石流而导致在途物资毁损

D.企业购入一栋房屋，既用于增值税应税项目，又用于增值税免税项目

5.下列单位中属于消费税纳税人的有（　　）。

A.生产销售应税消费品（金银首饰除外）的单位
B.委托加工应税消费品并自用的单位
C.受托加工应税消费品的单位　　D.进口应税消费品的单位
6.下列选项中，属于企业不征税收入的有（　　）。
A.依法收取并纳入财政管理的行政事业性收费、政府性基金
B.财政拨款　　C.符合条件的非营利组织的收入
D.在中国境内设立机构、场所的非居民企业从居民企业取得与该机构、场所有实际联系的股息、红利等权益性投资收益
7.根据《个人所得税法》规定，下列情况纳税人应当按照规定自行到主管税务机关办理纳税申报的有（　　）。
A.甲某2017年取得工资薪金所得6万元，稿酬所得4万元，出租房屋所得7万元
B.乙某作为集团总公司的外派主管人员，每月除在集团公司总部取得4.50万元工资外，还在外派的子公司取得2 500元工资
C.丙某在境外转让股票取得所得90 000元
D.丁某月工资3 600元，在工作之余，还从事翻译工作，每月均能固定从三家出版社各取得翻译所得2 200元
8.下列不属于稿酬所得的项目有（　　）。
A.摄影作品以图书形式出版取得的所得
B.拍卖自己的文学作品手稿原件取得的所得
C.为企业撰写发展史取得的所得
D.为出版社审稿取得的所得
9.关于城市维护建设税的适用税率，下列表述正确的有（　　）。
A.按纳税人所在地区的不同，设置了三档地区差别比例税率
B.由受托方代收、代扣增值税、消费税的，可按纳税人所在地的规定税率就地缴纳城市维护建设税
C.流动经营等无固定纳税地点的纳税人应随同增值税、消费税在经营地按适用税率缴纳城市维护建设税
D.城市维护建设税的税率是指纳税人应缴纳的城市维护建设税税额与纳税人实际缴纳的增值税、消费税税额之间的比率
10.下列关于税务行政复议申请人和被申请人的规定，说法正确的有（　　）。
A.第三人不参加行政复议，不影响行政复议案件的审理
B.申请人第三人可以委托1～2名代理人参加行政复议
C.税务机关与法律、法规授权的组织以共同的名义做出具体行政行为的，只以税务机关为被申请人
D.被申请人不得委托本机关以外人员参加行政复议

三、判断题（共10题，每题1分，共10分）

1.年应税销售额未超过财政部、国家税务总局规定的小规模纳税人标准以及新开业的纳税人，不可以向其机构所在地主管税务机关办理一般纳税人资格登记。（　　）
2.根据营改增的规定，非固定业户应当向应税服务发生地主管税务机关申报纳税；未

申报纳税的，由其机构所在地或者居住地主管税务机关补征税款。 （ ）

3.提供交通运输、邮政、基础电信、建筑、租赁服务，销售不动产，转让土地使用权，税率为11%。 （ ）

4.金银首饰连同包装物销售的，无论包装物是否单独计价，也无论会计上如何核算，均应并入金银首饰的销售额，计征消费税。 （ ）

5.通过捐赠、投资、非货币性资产交换、债务重组等方式取得的生产性生物资产，以该资产的公允价值为计税基础。 （ ）

6.非居民企业委托营业代理人在中国境内从事生产经营活动的，包括委托单位或者个人经常代其签订合同，或者储存、交付货物等，该营业代理人不得视为非居民企业在中国境内设立的机构、场所。 （ ）

7.个人在中国境内有两处或两处以上任职、受雇单位的，应向受雇单位所在地税务机关申报。 （ ）

8.城镇土地使用税的纳税人，是指在城市、县城、建制镇、工矿区范围内使用土地的单位。 （ ）

9.公安机关车辆管理机构不予办理车辆登记注册手续的，凭公安机关车辆管理机构出具的证明办理车辆购置税退税手续。 （ ）

10.行政复议和行政诉讼不能同时进行。 （ ）

四、计算题（共3题，每题10分，共30分）

1.甲企业为增值税一般纳税人，因管理不善导致库存原材料毁损20%，材料总成本86万元，其中含运费成本6万元。当时支付原材料买价和运费时，均取得增值税专用发票并已经抵扣。

要求：计算甲企业应转出的进项税额。

2.甲啤酒厂10月份销售啤酒420吨，每吨出厂价格3 200元（含增值税），收取包装物及包装物押金100元。11月份销售啤酒500吨，每吨出厂价格3 500元（含增值税），收取包装物及包装物押金100元。

要求：计算甲啤酒厂10月份、11月份应纳消费税税额。

3.甲设计师利用业余时间为一企业做某项产品的设计，前两个月企业先支付了30 000元酬劳，第三个月设计完成后，又支付了剩余的50 000元。

要求：计算甲设计师应缴纳的个人所得税。

五、综合题（共1题，每题20分，共20分）

某小汽车生产企业2016年度实现会计利润800万元，全年已累计预缴企业所得税税款200万元。2017年年初，该企业财务人员对2016年度企业所得税进行汇算清缴，相关财务资料和汇算清缴企业所得税计算情况如下：

（1）相关财务资料：

①销售小汽车取得不含增值税销售收入5 600万元，出租闲置厂房取得收入300万元。取得到期国债利息收入30万元、企业债券利息收入12万元。

②发生财务费用130万元，其中：支付银行借款利息50万元，支付向某非金融企业（非关联企业）借款1 000万元（该笔借款系2016年1月1日借入用于生产经营，借款期限为1年）而发生的全年利息80万元。

③发生销售费用1 520万元，其中：广告费560万元，业务宣传费480万元。

④发生管理费用400万元，其中：业务招待费55万元，新产品研究开发费用80万元（未形成无形资产计入当期损益）。

⑤发生营业外支出120万元，其中：通过公益性社会团体向贫困地区捐款112万元。当年因拖欠应缴税款，被税务机关加收滞纳金8万元。

已知：企业所得税税率为25%，同期同类银行贷款年利率为6%。

（2）汇算清缴企业所得税计算情况：

①国债利息收入和企业债券利息收入调减应纳税所得额=30+12=42（万元）；

②业务招待费调增应纳税所得额=55−55×60%=22（万元）；

③全年应纳税所得额=800−42+22=780（万元）；

④全年应纳企业所得税税额=780×25%=195（万元）；

⑤当年应退企业所得税税额=200−195=5（万元）。

要求：

（1）分析指出该小汽车生产企业财务人员在汇算清缴企业所得税时存在的不符合规定之处，并说明理由。

（2）计算2016年度汇算清缴企业所得税时应补缴或退回的税款（列出计算过程，计算结果出现小数的，保留小数点后两位小数）。

《税法》

模拟试题（二）

一、单项选择题（共20题，每题1分，共20分）

1.一部新法实施后，对新法实施之前人们的行为不得适用新法，而只能沿用旧法，这体现了税法适用原则中的（　　）。

A.新法优于旧法原则　　B.法律不溯及既往原则

C.实体从旧，程序从新原则　　D.程序法优于实体法原则

2.税务登记不包括（　　）。

A.开业登记　　B.变更登记　　C.停业登记　　D.减免税登记

3.根据增值税的有关规定，下列关于增值税小规模纳税人的说法中正确的是（　　）。

A.从事货物生产的企业，年应税销售额在50万元（含）以下的，一律作为小规模纳税人

B.小规模纳税人会计核算健全，能提供准确税务资料，可申请不作为小规模纳税人

C.小规模纳税人企业一律不得转为一般纳税人

D.服务、无形资产或者不动产年销售额超过80万元的为一般纳税人

4.北京市某公司专门从事商业咨询服务，为增值税小规模纳税人。2017年1月15日，向某一般纳税人企业提供咨询服务，取得含增值税销售额5万元，1月25日，向小规模纳税人提供咨询服务，取得含增值税收入3万元。已知增值税征收率为3%，则该公司当月应纳增值税税额为（　　）万元。

A.0.45　　B.0.30　　C.0.23　　D.0.15

5.2017年5月8日，甲公司与乙公司签订了买卖电脑的合同，双方约定总价款为80万元。6月3日，甲公司就80万元货款全额开具了增值税专用发票；6月10日，甲公司收到乙公司第一笔货款45万元；6月25日，甲公司收到乙公司第二笔货款35万元。甲公司增值税纳税义务发生时间为（　　）。

A.5月8日　　B.6月3日　　C.6月10日　　D.6月25日

6.试点纳税人营改增应税行为年销售额未超过500万元，若要申请一般纳税人，应当符合的条件有（　　）。

A.纳税人已有5年以上的经营期限　　B.有固定的生产经营场所

C.有健全的会计核算制度　　D.纳税人可以为个体工商户以外的其他个人

7.下列各项中属于税法规定的“委托加工”的是（　　）。

A.委托方提供原料或主要材料，受托方代垫辅助材料并收取加工费

B.委托方支付加工费，受托方提供原料或主要材料

C.委托方支付加工费，受托方以委托方的名义购买原料或主要材料

D.委托方支付加工费，受托方购买原料或主要材料再卖给委托方进行加工

8.某酒厂（增值税一般纳税人）2017年6月份生产一种新型的白酒，用于广告样品1吨。已知该种白酒无同类产品出厂价，生产成本每吨50 000元，成本利润率为10%，白酒消费税定额税率为0.5元/500克，比例税率为20%。该酒厂当月应缴纳的消费税为（　　）元。

A.15 500　　B.13 000　　C.14 000　　D.15 000

9.某企业2017年度销售收入为136 000元，发生广告费和业务宣传费25 000元，该企业当年可以在税前扣除的广告费和业务宣传费最高为（　　）元。

A.15 000　　B.19 040　　C.25 000　　D.20 400

10.根据企业所得税法律制度的规定，下列关于不同方式下销售商品收入金额确定的表述中，正确的是（　　）。

A.采用商业折扣方式销售商品的，按照商业折扣前的金额确定销售商品收入金额

B.采用现金折扣方式销售商品的，按照现金折扣前的金额确定销售商品收入金额

C.采用售后回购方式销售商品的，按照扣除回购商品公允价值后的余额确定销售商品收入金额

D.采用以旧换新方式销售商品的，按照扣除回收商品公允价值后的余额确定销售商品收入金额

11.某居民企业（增值税一般纳税人）因管理不善导致外购一批价值60万元（不含税）的材料霉烂。保险公司审理后同意赔付10万元，则该业务所得税前可以扣除的损失金额为（　　）万元。

A.60　　B.52.5　　C.60.2　　D.52.4

12.个人现场作画取得的作画所得属于（　　）。

A.工资、薪金所得　　B.稿酬所得

C.劳务报酬所得　　D.个体户生产经营所得

13.某外籍专家甲在中国境内无住所，于2017年2月至12月受聘在华工作。该期间甲每月取得中国境内企业支付的工资人民币28 000元；另以实报实销形式取得住房补贴人民币5 000元，则甲在中国期间应缴纳的个人所得税为（　　）元。

A.31 750　　B.45 360　　C.44 250　　D.52 745

14.以下属于工资、薪金所得项目的是（　　）。

A.托儿补助费　　B.劳动分红　　C.投资分红　　D.独生子女补贴

15.某镇一企业10月份被查补增值税45 000元、房产税15 000元，被加收滞纳金1 000元，被处罚款5 000元。该企业应补缴城市维护建设税和教育费附加为（　　）。（纳税人所在地区为县城、镇的，城市维护建设税的税率为5%；教育费附加的征收比率为3%）

A.45 000×（5%+3%）　　B.（45 000+1 000）×（5%+3%）

C.（45 000+15 000）×（5%+3%）　　D.（45 000+1 000+5 000）×（5%+3%）

16.下列货物中，应征收资源税的是（　　）。

A.销售已税铁矿石　　B.外购已税原煤自制的洗选煤

C.进口铁矿石　　D.开采铁矿石

17.城镇土地使用税的纳税办法为（　　）。

A.按日计算，按期缴纳　　B.按季计算，按期缴纳

C.按年计算，分期缴纳　　D.按年计算，按期缴纳

18.对同一类应税凭证贴花次数频繁的纳税人，适用印花税的纳税办法是（　　）。

A.汇贴纳税　　B.自行贴花　　C.汇缴纳税　　D.委托代征

19.自产、受赠和以其他方式取得并自用应税车辆的，应当自取得之日起（　　）日内申报缴纳车辆购置税。

A.10　　B.30　　C.60　　D.90

20.根据税务行政复议的有关规定，下列说法正确的是（　　）。

A.对计划单列市税务局的具体行政行为不服的，向国家税务总局申请行政复议

B.对于税务所的具体行政行为不服的，向其所属税务局的上一级税务局申请行政复议

C.对于国家税务总局的具体行政行为不服的，向国务院申请行政复议

D.对于被撤销的税务机关在撤销以前做出的具体行政行为不服的，向继续行使其职权的税务机关的上一级税务机关申请行政复议

二、多项选择题（共10题，每题2分，共20分）

1.纳税人、扣缴义务人的权利包括（　　）。

A.对税务机关所做出的决定，享有陈述权、申辩权

B.依法享有申请行政复议、提起行政诉讼、请求国家赔偿等权利

C.有权控告和检举税务机关、税务人员的违法违纪行为

D.纳税人、扣缴义务人和其他有关单位应当接受税务机关依法进行的税务检查

2.下列关于出口退（免）税政策的表述中，正确的有（　　）。

A.生产企业出口自产货物适用免抵退税办法

B.适用增值税免税政策的出口货物，其进项税额不得抵扣和退税

C.出口企业应将不同退税率的货物分开核算和申报，凡划分不清的，不予退免税

D.在征、退税率不一致的情况下，需要计算免抵退税不得免征和抵扣税额，并将其从当期进项税额中转出

3.根据增值税法律制度的规定，下列各项中，免予缴纳增值税的有（　　）。

A.果农销售自产水果　　B.药店销售避孕药品

C.王某销售自己使用过的空调　　D.直接用于教学的进口设备

4.境内的单位和个人销售的（　　）免征增值税，但财政部和国家税务总局规定适用零税率的除外。

A.工程项目在境外的建筑服务　　B.存储地点在境外的仓储服务

C.在境外提供的广播影视节目（作品）的播映服务

D.在境外提供的文化体育服务、教育医疗服务、旅游服务

5.根据消费税现行规定，下列属于消费税纳税人的有（　　）。

A.钻石的进口商　　B.化妆品的生产商　　C.卷烟的批发商　　D.金银首饰的零售商

6.下列关于企业所得税的纳税时间的表述中，正确的有（　　）。

A.企业所得税的纳税年度，自公历1月1日起至12月31日止

B.企业清算时，应当以清算期间作为一个纳税年度

C.自年度终了之日起5个月内，向税务机关报送年度企业所得税纳税申报表，并汇算清缴，结清应缴应退所得税款

D.企业在年度中间终止经营活动的，应当自实际经营终止之日起60日内，向税务机关办理当期企业所得税汇算清缴

7.下列各项中，符合我国《个人所得税法》规定的有（　　）。

A.特许权使用费所得有加成征收规定

B.稿酬所得按应纳税额减征70%

C.财产转让所得适用20%的比例税率

D.对个人出租居民住房取得的所得按10%计征

8.某煤矿开采销售原煤，应缴纳的税金有（　　）。

A.资源税　　B.增值税　　C.消费税　　D.城市维护建设税

9.关于关税的减免税规定，下列表述正确的有（　　）。

A.无商业价值的广告样品进口征收关税

B.在起卸后海关放行前，因不可抗力遭受损坏或损失的，可酌情减免关税

C.因故退还的中国出口货物，可以免征进口关税，同时已征收的出口关税可以退还

D.关税税额在人民币50元以下的一票货物免征关税

10.对当事人的起诉，人民法院一般从下列（　　）方面进行审查并做出是否受理的决定。

A.审查是否属于法定的诉讼受案范围　　B.审查是否具备法定的起诉条件

C.审查是否已经受理或者正在受理　　D.审查是否经过必经复议程序

三、判断题（共10题，每题1分，共10分）

1.征税主体和纳税主体双方法律地位是平等的，权利和义务也是对等的。（　　）

2.小规模纳税人实行简易征税办法，不能自行领购和使用增值税专用发票，可以抵扣进项税额。（　　）

3.服务和无形资产的退税率为其按照销售服务和无形资产规定适用的增值税税率。（　　）

4.纳税人采用以旧换新（含翻新改制）方式销售的金银首饰，应按实际收取的不含增值税的全部价款确定计税依据征收消费税。（　　）

5.符合条件的技术转让所得，免征企业所得税。（　　）

6.个人独资企业和合伙企业每一纳税年度发生的广告费和业务宣传费不超过当年营业收入15%的部分，可据实扣除；超过部分，准予在以后纳税年度结转扣除。（　　）

7.纳税人在办理机动车交通事故责任强制保险时自行向主管税务机关申报缴纳车船税。（　　）

8.土地、房屋权属的典当、继承、分拆（分割）、出租、抵押，属于契税的征税范围。（　　）

9.对企事业单位、社会团体以及其他组织按市场价格向个人出租用于居住的住房，减按4%的税率征收房产税。（　　）

10.被申请人可以委托本机关以外人员参加行政复议。（　　）

四、计算题（共3题，每题10分，共30分）

1.甲管道运输公司主要从事天然气输送服务，属于增值税一般纳税人。2017年1月该

公司向客户运输天然气共取得不含税收入2 800万元，同时随同天然气输送向客户收取管道维护费52万元，当月发生可抵扣的增值税进项税额为150万元。

要求：计算该公司1月可申请办理即征即退的增值税。

2.甲企业2016年度销售收入为300 000元，发生业务招待费5 000元，发生广告费30 000元、业务宣传费10 000元，2015年结转广告费6 800元。

要求：计算甲企业当年可以在税前扣除的业务招待费、广告费和业务宣传费合计额。

3.甲企业2017年初实际占地面积为960平方米，2017年4月该企业为扩大生产，根据有关部门的批准，新征用非耕地1 200平方米。该企业所处地段适用的城镇土地使用税年税额为5元/平方米。

要求：计算甲企业2017年应缴纳的城镇土地使用税。

五、综合题（共1题，每题20分，共20分）

中国公民李某为一家外商投资企业的高级管理人员，2016年度其收入情况如下：

（1）雇佣单位每月支付工资、薪金18 000元；

（2）取得股权转让收益100 200元；

（3）从A国取得特许权使用费收入折合人民币18 800元，并提供了来源国纳税凭证，纳税折合人民币1 800元；

（4）购物中奖获得奖金25 000元；

（5）受托为某单位做工程设计，历时3个月，共取得工程设计费48 000元。

要求：计算李某全年应缴纳的个人所得税。

主要参考文献

[1] 中国注册会计师协会.税法［M］.北京：经济科学出版社，2017.

[2] 中国注册会计师协会.会计［M］.北京：经济科学出版社，2017.

[3] 全国税务师职业资格考试教材编写组.税法Ⅰ［M］.北京：中国税务出版社，2017.

[4] 全国税务师职业资格考试教材编写组.税法Ⅱ［M］.北京：中国税务出版社，2017.

[5] 东奥会计在线注会网上辅导税法讲义.2017.

[6] 中华会计网校注会网上辅导税法讲义.2017.

[7] 高金平.营业税改征增值税政策解析与疑难300问［M］.北京：中国财政经济出版社，2016.

[8] 梁文涛.中国税收：税费计算与申报［M］.2版.北京：中国人民大学出版社，2017.

[9] 梁文涛.纳税筹划实务［M］.6版.北京：清华大学出版社，北京交通大学出版社，2017.

[10] 梁文涛，等.税务会计实务［M］.大连：东北财经大学出版社，2018.

[11] 梁文涛，等.纳税筹划实务［M］.2版.大连：东北财经大学出版社，2017.

[12] 梁文涛.企业纳税实务［M］.2版.北京：高等教育出版社，2016.

[13] 梁文涛.企业纳税实务习题与实训［M］.2版.北京：高等教育出版社，2016.

[14] 梁文涛.企业纳税筹划方案设计［M］.北京：中国人民大学出版社，2015.

[15] 梁文涛.企业纳税方案优化设计120例［M］.北京：中国税务出版社，2014.

[16] 梁文涛.财税名家手把手教你算税、报税和缴税：实战与操作版［M］.合肥：中国科学技术大学出版社，2014.

附录

参考答案与解析

项目一　税法基础认知

第一部分　职业技能训练

■ 职业能力实训

一、单项选择题

1.【答案】A

【解析】税法的本质是正确处理国家与纳税人之间因税收而产生的税收法律关系和社会关系，既要保证国家税收收入，也要保护纳税人的权利，两者缺一不可。

2.【答案】D

【解析】法律优位原则属于税法的适用原则。

3.【答案】C

【解析】税收法律关系的内容就是主体所享有的权利和所应承担的义务，这是税收法律关系中最实质的东西，也是税法的灵魂。

4.【答案】A

【解析】征税对象是征纳双方权利义务共同指向的客体或标的物，是区别一种税与另一种税的重要标志。

5.【答案】D

【解析】选项A、B、C由国家税务局系统负责征收和管理。

6.【答案】 C

【解析】税收效率原则属于税法基本原则，而不是税法的适用原则。

7.【答案】A

【解析】全国性地方税种的开征、停征权属于全国人大及其常委会。

8.【答案】A

【解析】财政部颁布的《增值税暂行条例实施细则》属于税收部门规章。

9.【答案】D

【解析】实质课税原则是指应根据客观事实确定是否符合课税要件，并根据纳税人的真实负担能力决定纳税人的税负，而不能仅考虑相关外观和形式。如果纳税人通过转让定价或其他方法减少计税依据，税务机关有权重新核定计税依据，以防止纳税人避税与偷税，这样处理体现了税法基本原则中的实质课税原则。

10.【答案】A

【解析】税收法定原则是指开征任何税种都是法定的；如果没有相应的法律前提，国家则不能征税，公民也没有纳税的义务。

11.【答案】C

【解析】特别法优于普通法原则打破了税法效力等级的限制，即居于特别法地位的级别较低的税法，其效力可以高于作为普通法的级别较高的税法。

12.【答案】D

【解析】在我国，税收法律关系的主体包括征纳双方，权利主体的一方是代表国家行使征税职责的国家行政机关，另一方是履行纳税义务的人。

13.【答案】C

【解析】税率是衡量税负轻重的重要标志，而非唯一标志。

14.【答案】C

【解析】选项A、B、D均属于国税局系统征收管理的税种；选项C属于地方税务局系统征收管理的税种。

15.【答案】B

【解析】选项A、C属于中央政府固定收入；选项D属于地方政府固定收入。

16.【答案】C

【解析】选项A：税法是引起税收法律关系的前提条件，但税法本身并不能产生具体的税收法律关系；选项B：税收法律关系中权利主体双方法律地位平等；选项D：税收法律关系在总体上与其他法律关系一样，都是由权利主体、客体和法律关系内容三方面构成的。

17.【答案】D

【解析】税收法定原则是税法基本原则的核心。

18.【答案】C

【解析】选项A：权利与义务不对等；选项B：法人、自然人属于税收法律关系的权利主体；选项D：税法是引起税收法律关系的前提条件，但税法本身并不能产生具体的税收法律关系。

19.【答案】C

【解析】选项A：车辆购置税由国家税务局系统负责征收和管理；选项B：除对证券交易征收的印花税以外的印花税由地方税务局系统负责征收和管理；选项D：地方所属企业与中央企业组成的股份制企业缴纳的企业所得税，由国家税务局系统负责征收和管理。

二、多项选择题

1.【答案】ABCD

2.【答案】ACD

【解析】选项B：属于中央政府固定收入。

3.【答案】ABD

【解析】车船税属于财产和行为税类。

4.【答案】AC

【解析】选项B：海洋石油企业缴纳的资源税属于中央政府收入，其余的部分归地方政府，所以资源税属于中央政府和地方政府共享收入；选项D：土地增值税属于地方政府固定收入。

5.【答案】AC

【解析】我国税收立法的公平原则是指要体现税收合理负担原则。这个公平是一个相对公平的概念。公平主要表现在三个方面：一是从税收负担能力上看，负担能力大的应多纳税，负担能力小的应少纳税，没有负担能力的不纳税。二是从纳税人所处的生产和经营环境看，由于客观环境优越而取得超额收入或级差收益者应多纳税，反之少纳税。三是从税负平衡看，不同地区、不同行业间及多种经济成分之间的实际税负必须尽可能公平。

6.【答案】ACD

【解析】车辆购置税是在交易过程中，由购买方或使用方缴纳的。

7.【答案】ABC

【解析】选项D属于地方政府固定收入。

8.【答案】BD

【解析】选项A：税收法律应该由全国人大及其常委会审议通过，并由国家主席发布，国务院无权审议；选项C：税收行政法规不需人大审议通过。

9.【答案】BC

【解析】选项A、D均为国务院制定发布的税收行政法规；选项B、C分别为财政部和国家税务总局颁布，属于税收部门规章。

10.【答案】ACD

【解析】选项B属于国税局系统征收范围。

11.【答案】CD

12.【答案】CD

【解析】选项A、B属于地方政府固定收入。从2016年1月1日起，将证券交易印花税由现行按中央97%、地方3%比例分享全部调整为中央收入。

13.【答案】AB

【解析】城镇土地使用税和城市维护建设税（除铁道部门、各银行总行、各保险总公司集中缴纳的城市维护建设税）是由地税局系统负责征管的。

14.【答案】BC

【解析】选项A属于税收行政法规；选项D属于授权立法，由国务院制定的。

15.【答案】BC

【解析】选项A体现了税法的基本原则中的税收公平主义；选项D：程序性税法在特定条件下具备一定的溯及力。

■ 职业能力判断

1.【答案】√

2.【答案】×

【解析】实体法不具备溯及力，而程序法在特定条件下具备一定溯及力。

3.【答案】√

4.【答案】×

【解析】纳税人如果能够通过一定途径把税款转嫁或转移出去，纳税人就不再是负税人。否则，纳税人同时也是负税人。

5.【答案】×

【解析】税目是各个税种所规定的具体征税项目，反映征税的具体范围，是对课税对象“质”的界定。税目体现征税的广度。

6.【答案】√

7.【答案】×

【解析】个人所得税中工资薪金所得的“免征额”或者“费用扣除标准”为3 500元/月。

8.【答案】√

9.【答案】×

【解析】强制执行措施与税收保全措施之间只有可能的连续关系，但没有必然的因果连续关系。

10.【答案】×

【解析】征税主体和纳税主体双方法律地位是平等的，但权利和义务不对等。

■ 职业能力实训

【答案】

（1）若纳税人所得额为500元，则：应纳税额=500×10%=50（元）。

（2）若纳税人所得额为1 000元，则：应纳税额=1 000×10%=100（元）。

（3）若纳税人所得额为2 000元，则：应纳税额=1 000×10%+（2 000−1 000）×20%=300（元）。

（4）若纳税人所得额为5 000元，则：应纳税额=1 000×10%+（3 500−1 000）×20%+（5 000−3 500）×30%=1 050（元）。

（5）若纳税人所得额为10 000元，则：应纳税额=1 000×10%+（3 500−1 000）×20%+（10 000−3 500）×30%=2 550（元）。

（6）若纳税人所得额为15 000元，则：应纳税额=1 000×10%+（3 500−1 000）×20%+（10 000−3 500）×30%+（15 000−10 000）×40%=4 550（元）。

第二部分　职业拓展训练

■ 涉税咨询训练

1. 答：税是国家为满足社会公共需要，依据其社会职能，按照法律规定，强制地、无偿地参与社会产品分配的一种形式。费是指国家机关向有关当事人提供某种特定劳务或服务，按规定收取的一种费用。税与费的区别主要有以下三点：

（1）看征收主体是谁。税通常由税务机关、海关和财政机关收取；费通常由其他税务机关和事业单位收取。

（2）看是否具有无偿性。国家收费遵循有偿原则，而国家收税遵循无偿原则。有偿收取的是费，无偿课征的是税。这是两者在性质上的根本区别。

（3）看是否专款专用。税款一般是由国家通过预算统一支出，用于社会公共需要，除极少数情况外，一般不实行专款专用；而收费多用于满足收费单位本身业务支出的需要，专款专用。

因此，把某些税称为费或把某些费看作税，都是不科学的。

2. 答："用之于民"，是说国家征收的税款最终用在了我们每个纳税人身上。税收是国家组织财政收入的主要形式和工具，有了财政收入，国家才有钱投资到各项基础设施和教育、医疗等公共服务上来。例如,我们就读的学校、宽敞的马路、漂亮的广场及公园，以及我们生病了去的医院等等，都是用我们交上去的税款来修建的。

3. 答：根据我国有关税法规定，购买人在购买商品时，销售方应主动开具相应的增值税发票。如销售方在无正当理由的情况下，拒不开具发票，购买人有权依法索要发票；索要不成，可以凭相关凭证向销售方所属税务机关进行举报。

4. 答：国税是中央政府收入的固定来源，由国税局负责征收，主要征收增值税、消费税、车辆购置税等。地税是地方财政收入的主要来源，由地方税务局负责征收，主要包括城建税、土地增值税等。

5. 答：纳税服务热线是12366，拨打纳税服务热线只需按普通市话付费，即可享受免费、专业的纳税咨询服务。

6. 答：国家税务总局的网上咨询网址为：http://hd.chinatax.gov.cn/consult/。网上纳税咨询服务的咨询答复仅供参考，具体以法律法规及相关规定为准。

■ 纳税筹划训练①

【答案】

方案一：汤姆保持月收入为10 010元。

汤姆每月应纳税额=10 010×10%=1 001（元）

汤姆税后净收益=10 010−1 001=9 009（元）

方案二：汤姆采取某种途径将月收入降低为9 990元。

汤姆每月应纳税额=0

汤姆税后净收益=9 990元

由此可见，方案二比方案一少缴纳税金1 001元，多获取税后净收益981元（9 990−9 009），因此，应当选择方案二。

项目二　增值税法

第一部分　职业技能训练

■ 职业能力选择

一、单项选择题

1.【答案】B

【解析】选项A：农业生产者销售的“自产”农产品，免税；选项C：“其他个人”销售自己使用过的物品，免税；选项D：“外国政府、国际组织”无偿援助的进口物资和设备，免税。

2.【答案】B

【解析】自2017年7月1日起，简并增值税税率结构，取消原来的13%的增值税税率，将其并入11%的增值税税率。选项ACD适用17%税率征收增值税。

3.【答案】D

【解析】一般纳税人销售自己使用过的不得抵扣且未抵扣进项税额的固定资产，按简易办法依照3%征收率减按2%征收增值税。

4.【答案】C

【解析】自2017年7月1日起，简并增值税税率结构，取消原来的13%的增值税税率，将其并入11%的增值税税率。营业税改征增值税试点期间，纳税人购进用于生产销售或委托受托加工17%税率货物的农产品维持原扣除力度不变（原扣除力度指的是13%的扣除率）。除此以外，我国对购进农产品的增值税扣除率为11%。

5.【答案】C

【解析】委托其他纳税人代销货物的，为收到代销单位的代销清单或者收到全部或者部分货款的当天。未收到代销清单及货款的，为发出代销货物满180天的当天。

6.【答案】C

【解析】增值税的纳税期限包括1日、3日、5日、10日、15日、1个月或1个季度。

7.【答案】B

【解析】一项销售行为如果既涉及货物又涉及服务，为混合销售行为。从事货物的生产、批发或者零售的单位和个体工商户的混合销售行为，按照销售货物缴纳增值税；其他单位和个体工商户的混合销售

① 此训练内容属于主教材未涉及的能力训练，需要学生结合“纳税筹划”等课程知识，以及通过图书馆或网络查阅相关书籍、文章等资料来独立完成，下同。

行为，按照销售服务缴纳增值税。

8.【答案】B

【解析】纳税人以1个月或者1个季度为一期纳税的，自期满之日起15日内申报纳税。

9.【答案】B

【解析】增值税专用发票是由国家税务总局监制设计印制的，只限于增值税一般纳税人领购使用，既作为纳税人反映经济活动中的重要会计凭证，又是兼记销货方纳税义务和购货方进项税额的合法证明，是增值税计算和管理中重要的决定性的合法的专用发票。

其征税范围包括销售或进口的货物，提供的加工、修理修配劳务及提供的应税服务。

10.【答案】B

【解析】专用发票有下列情形之一的，不得作为抵扣凭证：一是仅取得发票联或抵扣联；二是认证不符，密文有误；三是属于虚开的发票；四是未按规定开具的发票。

11.【答案】D

【解析】选项D：将购买的货物用于集体福利不属于增值税视同销售行为，将自产、委托加工的货物用于集体福利或者个人消费属于增值税视同销售行为。

12.【答案】D

【解析】小规模纳税人适用的增值税征收率为3%。当月该企业应纳的增值税=20 394÷（1+3%）×3%=594（元）。

13.【答案】D

【解析】未退税前当期留抵税款为20万元，当期免抵退税额为18万元，因为后者小于前者，所以当期应退税额为18万元，则当期免抵税额=当期免抵退税额−当期应退税额=18−18=0。

14.【答案】B

【解析】选项B：非固定业户在其销售地或劳务发生地申报纳税，未在销售地或劳务发生地纳税的，回机构所在地或居住地补税。

15.【答案】D

【解析】超市零售蔬菜是免征增值税的，但是因为未分别核算大米和蔬菜的销售额，所以不得享受蔬菜增值税免税政策。蔬菜和大米属于农产品，适用13%的低税率，零售收入一定是含税的，要换算为不含税的金额计算应纳增值税税额。所以，增值税销项税额=18 000÷（1+13%）×13%=2 070.80（元）。

16.【答案】C

【解析】该企业3月份进项税额转出额=80×17%=13.6（万元）。

17.【答案】C

【解析】营业税改征增值税试点期间，纳税人购进用于生产销售或委托受托加工17%税率货物的农产品维持原扣除力度不变（原扣除力度指的是13%的扣除率）。除此以外，我国对购进农产品的增值税扣除率为11%。

18.【答案】B

【解析】粮食、自来水、图书适用11%税率。

19.【答案】C

【解析】兼营行为分别核算则分别适用税率，未分别核算则从高适用税率。

20.【答案】B

【解析】销项税额是指纳税人销售货物或者提供应税劳务，按照销售额和规定的税率计算并向购买方收取的增值税税额。销项税额=销售额×适用税率=40 000×17% = 6 800（元）。

21.【答案】B

【解析】营业税改征增值税试点期间，纳税人购进用于生产销售或委托受托加工17%税率货物的农产品维持原扣除力度不变（原扣除力度指的是13%的扣除率）。可以抵扣的进项税额=买价×扣除率=30 000×13%=3 900（元）。

22.【答案】D

【解析】单位或个体经营者的下列行为，视同销售货物：①将货物交付其他单位或者个人代销；②销售代销货物；③设有两个以上机构并实行统一核算的纳税人，将货物从一个机构移送其他机构用于销售，但相关机构设在同一县（市）的除外；④将自产、委托加工的货物用于非增值税应税项目（2016年5月1日起全面营改增，本条失效）；⑤将自产、委托加工的货物用于集体福利或个人消费；⑥将自产、委托加工或购进的货物作为投资，提供给其他单位或个体工商户；⑦将自产、委托加工或购进的货物分配给股东或投资者；⑧将自产、委托加工或购进的货物无偿赠送其他单位或个人。

23.【答案】A

【解析】选项A、D：将外购的货物用于集体福利、个人消费，增值税不视同销售；如果将外购的货物用于投资、分配、赠送，增值税视同销售。选项B、C：将自产、委托加工的货物用于投资、分配、赠送、集体福利、个人消费，增值税均视同销售。

24.【答案】C

【解析】受托加工应征消费税的消费品所代收代缴的消费税和销售货物的同时代办保险向购买方收取的保险费，以及向购买方收取的代购买方缴纳的车辆购置税、车辆牌照费不属于价外费用。

25.【答案】D

【解析】放弃免税权后，36个月内不得再申请免税。

26.【答案】B

【解析】选项A、C、D：适用免税并退税政策。

27.【答案】A

【解析】(1) 将外购的布料用于集体福利，不视同销售货物，无需计算销项税额，其进项税额也不得抵扣；(2) 销售服装时不论是否开具增值税专用发票，均应计算销项税额；(3) 该服装厂当月增值税销项税额=（200+100）÷（1+17%）×17%=43.59（万元）。

28.【答案】A

【解析】委托其他纳税人代销货物的，为收到代销单位的代销清单或者收到全部或者部分货款的当天。未收到代销清单及货款的，为发出代销货物满180天的当天。

29.【答案】B

【解析】(1) 选项A、C、D：视同销售货物，应计算销项税额，其对应的进项税额准予抵扣；(2) 选项B：用于集体福利的购进货物，其进项税额不得抵扣。

30.【答案】D

【解析】生产和销售免征增值税货物或劳务的纳税人要求放弃免税权，应当以书面形式提交放弃免税权声明，报主管税务机关备案。纳税人自提交备案资料的次月起，按照现行有关规定计算缴纳增值税。纳税人一经放弃免税权，其生产销售的全部增值税应税货物或劳务均应按照适用税率征税，不得选择某一免税项目放弃免税权，也不得根据不同的销售对象选择部分货物或劳务放弃免税权。纳税人自税务机关受理纳税人放弃免税权声明的次月起36个月内不得申请免税。

31.【答案】A

【解析】(1) 选项A：购进货物用于集体福利、个人消费，不视同销售，相应进项税额不得抵扣；(2) 选项B、C、D：自产或委托加工的货物，不论用于集体福利、个人消费（选项C），还是用于投资、分配（选项D）、赠送（选项B），均视同销售货物。

32.【答案】B

【解析】销售货物或者提供应税劳务的，其增值税纳税义务发生时间为收讫销售款或者取得索取销售款凭据的当天；先开具发票的，为开具发票的当天。

33.【答案】A

【解析】小规模纳税人（除其他个人外）销售自己使用过的固定资产，减按2%的征收率征收增值税。

34.【答案】D

【解析】音像制品适用的增值税税率为13%，该音像店此项业务的增值税销项税额=10.17÷（1+11%）×11%=1.01（万元）。

35.【答案】C

【解析】购进货物用于简易计税项目、免征增值税项目（选项A）、集体福利或者个人消费（选项B、D）的，对应的进项税额不得抵扣。

36.【答案】A

【解析】选项B：属于建筑服务；选项C：属于现代服务——物流辅助服务；选项D：属于现代服务——商务辅助服务。

37.【答案】B

【解析】用于简易计征项目的购进货物或者应税服务，其进项税额不得抵扣。

38.【答案】A

【解析】选项A：适用零税率；选项B、C、D：免征增值税。

39.【答案】B

【解析】营业税改征增值税试点期间，纳税人购进用于生产销售或委托受托加工17%税率货物的农产品维持原扣除力度不变（原扣除力度指的是13%的扣除率）；支付运费取得增值税专用发票，可以抵扣进项税额。因管理不善损失的部分，进项税额不得抵扣。则准予抵扣的进项税额=（10 000×13%+3 000×11%）×（1−1/4）=1 222.5（元）。

40.【答案】C

【解析】小规模纳税人销售服务，采用简易办法计税，应纳增值税=（6+2）÷（1+3%）×3%=0.23（万元）。

41.【答案】A

【解析】选项B：提供交通运输服务，适用税率11%；选项C：提供不动产融资租赁服务，适用税率11%；选项D：提供仓储服务，适用税率6%。

42.【答案】B

【解析】纳税人兼营销售货物、加工修理修配劳务、服务、无形资产或者不动产，适用不同税率或者征收率的，应当分别核算适用不同税率或者征收率的销售额；未分别核算的，从高适用税率。

43.【答案】D

【解析】纳税人销售货物、加工修理修配劳务、服务、无形资产或者不动产，适用不同税率或者征收率的，应当分别核算适用不同税率或者征收率的销售额；未分别核算销售额的，从高适用税率或者征收率。

44.【答案】B

【解析】装卸搬运服务，在“营改增”后，按物流辅助服务来征税。

45.【答案】D

【解析】试点实施前已取得增值税一般纳税人资格并兼有应税行为的试点纳税人，不需要重新办理增值税一般纳税人资格登记手续，由主管国税机关制作、送达《税务事项通知书》，告知纳税人。

46.【答案】C

【解析】纳税人购买生产经营用的汽车、摩托车和游艇均可抵扣进项税额。选项A、B、D均适用不可抵扣进项税额的有关规定。

47.【答案】A

【解析】选项A：纳税人提供租赁服务采取预收款方式的，其纳税义务发生时间为收到预收款的当天。

48.【答案】C

49.【答案】B

50.【答案】B

【解析】营改增应税行为年销售额，含免税、减税销售额。

51.【答案】B

【解析】选项A、D适用税率为11%；选项C适用税率为17%。

52.【答案】C

【解析】向境外单位提供的设计服务适用增值税零税率，但不包括对境内不动产提供的设计服务。

53.【答案】C

【解析】选项A、B：代理报关、代理记账属于经纪代理服务；选项D：设计服务属于文化创意服务。

54.【答案】C

【解析】选项C：视同提供应税服务，缴纳增值税。

55.【答案】C

二、多项选择题

1.【答案】BCD

【解析】选项A：纳税人采取直接收款方式销售货物，不论货物是否发出，其增值税纳税义务发生时间均为收到销售款或者取得索取销售款凭据的当天。

2.【答案】ABC

【解析】根据规定，纳税人年应纳税销售额超过财政部、国家税务总局规定标准，且符合有关政策规定，选择按小规模纳税人纳税的，应当向主管税务机关提交书面说明。因此选项D表述错误。

3.【答案】AC

【解析】选项B、D适用17%的税率计征增值税。

4.【答案】ABCD

5.【答案】ABD

6.【答案】ABCD

7.【答案】ABD

【解析】选项A、B、D符合小规模纳税人的标准。

8.【答案】ABCD

9.【答案】BC

10.【答案】ACD

【解析】增值税扣税凭证，是指增值税专用发票（含税控机动车销售统一发票）、海关进口增值税专用缴款书、农产品收购发票、农产品销售发票和完税凭证。选项B：从销售方或者提供方取得的增值税专用发票，可以作为进项税额抵扣凭证，但是增值税普通发票不属于增值税的扣税凭证，不得作为进项税额的扣税凭证。选项A、C、D：都可以作为增值税进项税额的抵扣凭证。

11.【答案】ABC

12.【答案】ABC

【解析】下列纳税人不办理一般纳税人登记：①按照政策规定，选择按照小规模纳税人纳税的；②年应税销售额超过规定标准的其他个人。

13.【答案】ABCD

【解析】一般纳税人凭发票领购簿、IC卡和经办人身份证领购专用发票。有下列行为之一，经税务机关责令限期改正而仍未改正的，不得领购使用专用发票：①虚开增值税专用发票；②私自印制专用发票；③向税务机关以外的单位和个人买取专用发票；④借用他人专用发票；⑤未按《增值税专用发票使用规定》的要求开具专用发票；⑥未按规定保管专用发票和专用设备；⑦未按规定申请办理防伪税控系统变更发行；⑧未按规定接受税务机关检查。

14.【答案】ABCD

15.【答案】ACD

【解析】淀粉不属于初级农产品的范围，应按照17%的税率征收增值税。

16.【答案】ABC

【解析】对属于一般纳税人的自来水公司销售自来水按简易办法依照3%征收率征收增值税，不得抵扣其购进自来水取得增值税扣税凭证上注明的增值税税款。

17.【答案】ABCD

18.【答案】AC

【解析】个人的销售额未达到规定的起征点的，免征增值税；达到或超过起征点的，则应就其销售额全额缴纳增值税。

19.【答案】BCD

【解析】委托其他纳税人代销货物，增值税纳税义务发生时间为收到代销单位的代销清单或者收到全部或者部分货款的当天；未收到代销清单及货款的，为发出代销货物满180天的当天。

20.【答案】AB

【解析】选项C、D：适用免税不退税政策。

21.【答案】ABCD

22.【答案】AD

【解析】选项B、C：属于免税但不予退税的项目。

23.【答案】ABD

【解析】选项C：一般纳税人销售劳保用品可以自行开具增值税专用发票。

24.【答案】ABC

【解析】对于从事货物销售的纳税人，以1个季度为纳税期限的规定仅适用于小规模纳税人。

25.【答案】ACD

26.【答案】AD

27.【答案】ABD

【解析】选项C：将外购的货物用于集体福利，不视同销售货物。

28.【答案】ABCD

【解析】选项A、B、C：销售电力、热力、气体，应缴纳增值税；选项D：销售不动产，现改征增值税。

29.【答案】BCD

【解析】选项A、D：将购进的货物用于集体福利、个人消费（选项A）不视同销售，相应进项税额不得抵扣；将购进的货物用于投资（选项D）、分配、赠送，视同销售。选项B、C：将自产或委托加工的货物用于集体福利（选项C）、个人消费，或者用于投资、分配（选项B）、赠送，均视同销售。

30.【答案】ABCD

【解析】增值税扣税凭证，包括增值税专用发票（含税控机动车销售统一发票）、海关进口增值税专用缴款书、农产品收购发票和农产品销售发票以及税收缴款凭证。

31.【答案】ABD

【解析】选项C：出口企业应将不同退税率的货物分开核算和申报，凡划分不清的，一律从低适用退税率计算退免税。

32.【答案】BCD

【解析】选项A：出口免税并退税；选项B、C、D：出口免税但不退税。

33.【答案】ABC

【解析】铁路运输业于2014年1月1日起营改增。

34.【答案】BCD

【解析】选项B：购进货物用于集体福利，不得抵扣进项税额。选项C：购进的旅客运输服务、贷款服务、餐饮服务、居民日常服务和娱乐服务，不得抵扣进项税额。选项D：非正常损失的不动产，以及该不动产所耗用的购进货物、设计服务和建筑服务，不得抵扣进项税额。

35.【答案】ABCD

36.【答案】ABCD

【解析】2013年8月1日起，将交通运输业（铁路运输业除外）和部分现代服务业营业税改征增值税试点在全国范围内推开；2014年1月1日起，将铁路运输业和邮政服务业纳入“营改增”试点。至此，交通运输业已全部纳入“营改增”范围。自2016年5月1日起，将建筑业、房地产业、金融业、生活服务业4个行业纳入“营改增”试点范围，至此，营业税全部改征增值税。

37.【答案】BCD

【解析】以1个季度为纳税期限的规定适用于小规模纳税人、银行、财务公司、信托投资公司、信用社，以及财政部和国家税务总局规定的其他纳税人。

38.【答案】ABC

【解析】6%、11%、17%均为试点一般纳税人适用税率；3%为征收率。

39.【答案】ABCD

40.【答案】ABC

【解析】选项D：向境外单位提供设计服务适用零税率，但不包括对境内不动产提供的设计服务。

41.【答案】BCD

【解析】选项A应视同提供应税服务，计算销项税额。选项B、C、D的进项税额不得抵扣。

42.【答案】ABCD

43.【答案】ABCD

44.【答案】ABC

45.【答案】ABC

46.【答案】ABD

【解析】选项C：扣缴义务人应当向其机构所在地或居住地主管税务机关申报缴纳其扣缴的税款。

47.【答案】CD

【解析】选项A：属于研发和技术服务；选项B：属于销售无形资产。

48.【答案】CD

【解析】选项A、B：属于免税服务；选项C、D：属于应税服务，应当计算缴纳增值税。

49.【答案】ABCD

50.【答案】ABCD

51.【答案】CD

【解析】选项A、B属于基础电信服务。

52.【答案】BC

【解析】境外单位或者个人向境内单位或者个人提供完全在境外消费的应税服务（选项A），或者境外单位或者个人向境内单位或者个人出租完全在境外使用的有形动产（选项D）不属于在境内提供增值税应税服务的范围。

53.【答案】ABCD

54.【答案】ACD

【解析】选项B：存储地点在境外的仓储服务，免征增值税。

55.【答案】ABC

【解析】打捞救助服务，不可以选择适用简易计税方法计税。

56.【答案】ACD

【解析】选项B：个人转让商标权没有免征增值税的优惠。

57.【答案】AC

【解析】选项B、D：货物本身的进项税额可以抵扣，其运输费用也可以抵扣。

58.【答案】ABC

【解析】选项D属于金融商品转让，按照金融服务征收增值税。

■ 职业能力判断

1.【答案】√

2.【答案】×

【解析】纳税人兼营免税、减税项目的，应当分别核算免税、减税项目的销售额；未分别核算销售额的，不得免税、减税。

3.【答案】×

【解析】根据规定，增值税一般纳税人资格实行登记制，登记事项由增值税纳税人向其主管税务机关办理。

4.【答案】√

5.【答案】×

【解析】营业税改征增值税试点期间，纳税人购进用于生产销售或委托受托加工17%税率货物的农产品维持原扣除力度即13%的扣除率不变。除此以外，增值税一般纳税人购进农产品，可以按照11%的扣除率计算进项税额。

6.【答案】√

7.【答案】√

8.【答案】√

9.【答案】√

【解析】自2014年7月1日起，一般纳税人销售自产的下列货物，可选择按照简易办法，依照3%的征收率计算缴纳增值税：

①县级及县级以下小型水力发电单位生产的电力。小型水力发电单位，是指各类投资主体建设的装机容量为5万千瓦以下（含5万千瓦）的小型水力发电单位。

②建筑用和生产建筑材料所用的砂、土、石料。

③以自己采掘的砂、土、石料或其他矿物连续生产的砖、瓦、石灰（不含黏土实心砖、瓦）。

④用微生物、微生物代谢产物、动物毒素、人或动物的血液或组织制成的生物制品。

⑤自来水。对自来水公司销售自来水按简易办法依照3%的征收率征收增值税时，不得抵扣其购进自来水取得增值税扣税凭证上注明的增值税税款。

⑥商品混凝土（仅限于以水泥为原料生产的水泥混凝土）。

⑦属于增值税一般纳税人的单采血浆站销售的非临床用人体血液（此项一旦选择按照简易办法适用的征收率计税，不得对外开具增值税专用发票）。

应当注意的是，一般纳税人选择简易办法计算缴纳增值税后，36个月内不得变更。

10.【答案】√

11.【答案】√

12.【答案】×

【解析】混合销售的基本特征：一项销售行为同时涉及货物和服务。

13.【答案】√

14.【答案】×

【解析】采取托收承付和委托银行收款方式销售货物的，为发出货物并办妥托收手续的当天。

15.【答案】√

16.【答案】×

【解析】销售货物、提供加工修理修配劳务的销售额，是指纳税人销售货物、提供加工修理修配劳务向购买方收取的全部价款和价外费用。价外费用，包括价外向购买方收取的手续费、补贴、基金、集资费、返还利润、奖励费、违约金、滞纳金、延期付款利息、赔偿金、代收款项、代垫款项、包装费、包装物租金、储备费、优质费、运输装卸费以及其他各种性质的价外收费。

17.【答案】×

【解析】不同退税率的货物应分开核算，凡未分开核算而划分不清适用税率的，一律从低适用税率计算退税。

18.【答案】√

19.【答案】√

20.【答案】√

21.【答案】×

【解析】除国家税务总局另有规定外，纳税人一经登记为一般纳税人后，不得转为小规模纳税人。

22.【答案】√

23.【答案】√

24.【答案】√

25.【答案】√

26.【答案】√

27.【答案】×

【解析】纳税人进口货物取得的海关进口增值税专用缴款书，是计算增值税进项税额的唯一依据。纳税人进口货物报关后，境外供货商向国内进口方退还或返还的资金，或进口货物向境外实际支付的货款低于进口报关价格的差额，不作进项税额转出处理。

28.【答案】√

29.【答案】×

【解析】必须是书面形式，不能是口头形式。

30.【答案】×

【解析】营业税改征增值税试点期间，纳税人购进用于生产销售或委托受托加工17%税率货物的农产品维持原扣除力度即13%的扣除率不变。除此以外，增值税一般纳税人购进农产品，可以按照11%的扣除率计算进项税额。

31.【答案】√

32.【答案】×

【解析】固定业户的总分支机构不在同一县（市），但在同一省（区、市）范围内的，经省（区、市）财政厅（局）、国家税务局审批同意，可以由总机构汇总向总机构所在地的主管税务机关申报缴纳增值税。

33.【答案】×

【解析】粉煤灰（渣）是煤炭燃烧后的残留物，可以用作部分建材产品的生产原料，属于废渣产品，不属于建材产品。对纳税人生产销售的粉煤灰（渣）应当征收增值税，不得免征，也不得按照简易办法征收。

34.【答案】√

35.【答案】×

【解析】对燃煤发电厂及各类工业企业产生的烟气、高硫天然气进行脱硫生产的副产品，实行增值税即征即退50%的政策。

36.【答案】√

37.【答案】×

【解析】外国政府、国际组织无偿援助的进口物资和设备，免征增值税。

38.【答案】√

39.【答案】√

40.【答案】√

41.【答案】√

42.【答案】×

【解析】例如，有形动产租赁服务税率为17%，不动产租赁服务税率为11%。

43.【答案】√

44.【答案】√

45.【答案】×

【解析】境内的单位和个人销售适用增值税零税率的服务或无形资产的，可以放弃适用增值税零税率，选择免税或按规定缴纳增值税。放弃适用增值税零税率后，36个月内不得再申请适用增值税零税率。

46.【答案】×

【解析】试点纳税人应税行为年销售额未超过500万元以及新开业的纳税人，可以向其机构所在地主管税务机关办理一般纳税人资格登记。对提出申请并且同时符合下列条件的纳税人，主管税务机关应当为其办理一般纳税人资格登记：能够按照国家统一的会计制度规定设置账簿，根据合法、有效凭证核算，能够提供准确税务资料。

47.【答案】×

【解析】除国家税务总局另有规定外，纳税人一经登记为一般纳税人后，不得转变为小规模纳税人。

48.【答案】×

【解析】试点纳税人购入应征消费税的汽车、摩托车、游艇用于个人消费的，不得抵扣进项税额。

49.【答案】√

50.【答案】×

【解析】根据规定，实行增值税退（免）税办法的增值税零税率服务或者无形资产不得开具增值税专用发票。

51.【答案】×

【解析】增值税扣缴义务发生时间为纳税人增值税纳税义务发生的当天。

52.【答案】√

53.【答案】√

54.【答案】√

55.【答案】√

56.【答案】√

57.【答案】×

【解析】纳税人销售取得的不动产和其他个人出租不动产的增值税，国家税务局暂委托地方税务局代为征收。

58.【答案】×

【解析】在境外提供的广播影视节目（作品）的播映服务免征增值税。

59.【答案】√

60.【答案】×

【解析】单位或者个人向其他单位或者个人无偿转让不动产的，视同销售不动产，应当征收增值税。

61.【答案】√

62.【答案】√

63.【答案】×

【解析】按照最新营改增的有关规定，除融资性售后回租外，不论是有形动产融资租赁，还是不动产融资租赁，均按“现代服务——租赁服务”征收增值税。

■ 职业能力实训

一、计算题

1.【答案】（1）甲厂当期销项税额=2 000×7 800×17%+200×7 800×17%+400×7 800×17%=3 447 600（元）

（2）甲电视机厂当期准予抵扣的进项税额=595 000+110=595 110（元）

2.【答案】甲企业当期不可抵扣的进项税额=5 100×65 000÷（60 000+65 000）=2 652（元）

注：计算不得抵扣进项税额时，仅对不能准确划分的进项税额进行分摊计算。

3.【答案】（1）将外购的布料用于集体福利，不视同销售货物，无需计算销项税额，其进项税额也不得抵扣；

（2）销售服装时不论是否开具增值税专用发票，均应计算销项税额；

（3）该服装厂当月增值税销项税额=（350+120）÷（1+17%）×17%=68.29（万元）

4.【答案】应纳增值税=10.3÷（1+3%）×3%=0.3（万元）

5.【答案】一般纳税人销售自己使用过的固定资产以外的物品，按照适用税率征收增值税；一般纳税人销售自己使用过的不得抵扣且未抵扣过进项税额的固定资产，按照简易办法依照3%征收率减按2%征收增值税；2013年8月1日以前，购进小汽车不得抵扣进项税额。该企业当期应纳增值税=2 340÷（1+17%）×17%+30 900÷（1+3%）×2%=940（元）。

6.【答案】进口业务的增值税=（100+10）×17%=18.7（万元）

7.【答案】（1）进口原材料的应纳增值税=（120+120×10%）×17%=22.44（万元）

（2）允许抵扣的增值税进项税额=22.44+6×11%=23.1（万元）

（3）当月应纳增值税=300×17%−23.1=27.9（万元）

8.【答案】进口高档化妆品的增值税=关税完税价格×（1+关税税率）÷（1−消费税税率）×增值税税率=50×（1+20%）÷（1−15%）×17%=12（万元）

9.【答案】应纳增值税=763.2÷（1+6%）×6%−280×6%−15=11.4（万元）

10.【答案】小规模纳税人提供应税服务，采用简易办法征税，销售额中含有增值税款的，应换算为不含税销售额，计算应纳税额，购进货物支付的增值税款不允许抵扣。

销售额=（3.09+2.06）÷（1+3%）=5（万元）

应纳增值税税额=5×3%=0.15（万元）

二、综合题

1.【答案】（1）业务（1）：外购货物用于集体福利，不属于增值税视同销售货物行为，相应的货物进项税额不得抵扣。

业务（2）：从增值税小规模纳税人处购进原材料，由于取得的是普通发票，所以不得抵扣原材料的进项税额，但是支付的运费取得了增值税专用发票，可以凭票抵扣进项税额。

准予抵扣的进项税额=16 000×11%=1 760（元）

业务（5）：应转出的进项税额=5 600×17%=952（元）

该企业当月准予抵扣的进项税额=1 760−952=808（元）

（2）销售汽车装饰物品、提供汽车修理劳务、出租汽车，均属于增值税征收范围。

该企业当月的增值税销项税额=（20 000+12 000+6 200）×17%=6 494（元）

（3）业务（4）：应计算缴纳增值税=20 600÷（1+3%）×2%=400（元）

该企业当月应缴纳的增值税=6 494−808+400=6 086（元）

2.【答案】（1）销项税额=［400×60%+10×（1+10%）+（540+160）÷1.17］×17%=144.38（万元）

（2）准予抵扣的进项税额=8+5.1+3.4=16.5（万元）

（3）应纳增值税=144.38−16.5=127.88（万元）

3.【答案】业务（2）：进项税额=200 000×17%=34 000（元）

业务（3）：进项税额=100 000×17%=17 000（元）

业务（4）：销项税额=1 300 000×17%=221 000（元）

业务（5）：进项税额转出=300 000×17%=51 000（元）

业务（6）：销项税额=1 000 000×11%=110 000（元）

进项税额=555 000÷（1+11%）×11%=55 000（元）

业务（7）：销项税额=1 500 000×6%=90 000（元）

进项税额=600 000×6%+309 000÷（1+3%）×3%=45 000（元）

业务（8）：进项税额=300 000×17%=51 000（元）

销项税额合计=221 000+110 000+90 000=421 000（元）

进项税额合计=34 000+17 000+55 000+45 000+51 000=202 000（元）

进项税额转出合计=51 000元

应纳增值税额=421 000−（202 000−51 000）=270 000（元）

其中：本月销售货物应交增值税=221 000−（34 000+17 000+51 000−51 000）=170 000（元）

本月提供服务应交增值税=（110 000+90 000）−（45 000+55 000）=100 000（元）

4.【答案】（1）提供片头、片尾、片花制作服务应纳增值税销项税额=106÷（1+6%）×6%=6（万元）

（2）购入8台计算机可以抵扣的增值税进项税额=4.68÷（1+17%）×17%=0.68（万元）

（3）购入小汽车允许抵扣的进项税额=11.7÷（1+17%）×17%=1.7（万元）

（4）收取的设计服务收入应纳增值税销项税额=53÷（1+6%）×6%=3（万元）

（5）支付影院的上映费用允许抵扣的增值税进项税额=15÷（1+3%）×3%=0.44（万元）

（6）支付税控系统维护费可以全额抵减当期应纳的增值税=660.38+39.62=700（元）=0.07（万元）

该传媒公司当月应纳的增值税额=6+3−0.68−1.7−0.44−0.07=6.11（万元）

第二部分　职业拓展训练

■ 涉税咨询训练

1.答：《中华人民共和国增值税暂行条例》（中华人民共和国国务院令第538号）第10条规定，下列项目的进项税额不得从销项税额中抵扣：

（一）用于非增值税应税项目、免征增值税项目、集体福利或者个人消费的购进货物或者应税劳务；

（二）非正常损失的购进货物及相关的应税劳务；

（三）非正常损失的在产品、产成品所耗用的购进货物或者应税劳务；

（四）国务院财政、税务主管部门规定的纳税人自用消费品；

（五）本条第（一）项至第（四）项规定的货物的运输费用和销售免税货物的运输费用。

另外，《中华人民共和国增值税暂行条例实施细则》（财政部 国家税务总局第50号令）第24条规定，条例第10条第（二）项所称非正常损失，是指因管理不善造成被盗、丢失、霉烂变质的损失。

根据上述政策规定，药品滞销到有效期需要报废，不属于上述不得抵扣的范围的进项税额，不需要转出。

2.答：《中华人民共和国增值税暂行条例》和《国家税务总局关于印发〈增值税部分货物征税范围注

释〉的通知》（国税发〔1993〕151号）规定，自来水是指自来水公司及工矿企业经抽取、过滤、沉淀、消毒等工序后，通过供水系统向用户供应的水。矿泉水、纯净水不属于自来水范围，应按17%的税率征收增值税。

3.答：《中华人民共和国增值税暂行条例》第21条规定，纳税人销售货物或者应税劳务，应当向索取增值税专用发票的购买方开具增值税专用发票，并在增值税专用发票上分别注明销售额和销项税额。属于下列情形之一的，不得开具增值税专用发票：

（1）向消费者个人销售货物或者应税劳务的。

（2）销售货物或者应税劳务适用免税规定的。

（3）小规模纳税人销售货物或者应税劳务的。

《国家税务总局关于修订〈增值税专用发票使用规定〉的通知》（国税发〔2006〕156号）第10条规定，商业企业一般纳税人零售的烟、酒、食品、服装、鞋帽（不包括劳保专用部分）、化妆品等消费品不得开具专用发票。

上述文件只是规定小规模纳税人销售货物或者应税劳务不得开具增值税专用发票（但小规模纳税人可通过税务机关代开增值税专用发票），并没有明确规定一般纳税人不得向小规模纳税人开具增值税专用发票。因此，如果增值税一般纳税人向小规模纳税人销售货物不属于上述规定的不得开具增值税专用发票情形的，在购买方索取的情况下，可以向小规模纳税人开具增值税专用发票。但同时，小规模纳税人取得增值税专用发票和普通发票对自身没有什么影响与不同，因小规模纳税人不能抵扣进项税额，因此一般情况下，一般纳税人都是向小规模纳税人开具普通发票。

4.答：国家税务总局发布的《电力产品增值税征收管理办法》（国家税务总局令第10号）第3条规定，电力产品增值税的计税销售额为纳税人销售电力产品向购买方收取的全部价款和价外费用，但不包括收取的销项税额。价外费用是指纳税人销售电力产品在目录电价或上网电价之外向购买方收取的各种性质的费用。供电企业收取的电费保证金，凡逾期（超过合同约定时间）未退还的，一律并入价外费用计算缴纳增值税。

5.答：《中华人民共和国增值税暂行条例实施细则》第4条规定，单位或者个体工商户将自产、委托加工或者购进的货物无偿赠送其他单位或者个人的行为，视同销售货物，需计算销项税额，因此，你公司购进货物的进项税额相应地可以抵扣。

6.答：《国家税务总局关于修订〈增值税专用发票使用规定〉的通知》（国税发〔2006〕156号）第12条规定，一般纳税人销售货物或者提供应税劳务可汇总开具专用发票。汇总开具专用发票的，同时使用防伪税控系统开具"销售货物或者提供应税劳务清单"，并加盖财务专用章或者发票专用章。因此汇总开具的专用发票若未附发票清单，不能抵扣进项税额。

7.答：《国家税务总局关于加强增值税征收管理若干问题的通知》（国税发〔1995〕192号）第1条规定，纳税人购进货物或应税劳务，支付运输费用，所支付款项的单位，必须与开具抵扣凭证的销货单位、提供劳务的单位一致，才能申报抵扣进项税额，否则不予抵扣。

8.答：《中华人民共和国增值税暂行条例》第10条规定，用于非增值税应税项目①、免征增值税项目、集体福利或者个人消费的购进货物或者应税劳务的进项税额不得从销项税额中抵扣。

《中华人民共和国增值税暂行条例实施细则》第4条规定："单位或个体经营者的下列行为，视同销售货物：（一）将货物交付他人代销；（二）销售代销货物；（三）设有两个以上机构并实行统一核算的纳税人，将货物从一个机构移送其他机构用于销售，但相关机构设在同一县（市）的除外；（四）将自产或委托加工的货物用于非增值税应税项目②；（五）将自产、委托加工或购买的货物作为投资，提供给其他单位或个体经营者；（六）将自产、委托加工或购买的货物分配给股东或投资者；（七）将自产、委托加

① 由于自2016年5月1日起全面营改增，因此营业税退出了历史舞台，此处的"非增值税应税项目"已经失去了意义。根据财税〔2016〕36号文件精神及增值税相关原理，本条失效。

② 由于自2016年5月1日起全面营改增，因此营业税退出了历史舞台，此处的"非增值税应税项目"已经失去了意义。根据财税〔2016〕36号文件精神及增值税相关原理，本条失效。

工的货物用于集体福利或个人消费；（八）将自产、委托加工或购买的货物无偿赠送他人。”

根据上述规定，该公司的产品在保修期内出现问题，进行免费维修消耗的材料或免费更换的配件，属于用于增值税应税项目，无需作进项税额转出处理。另外，由于保修期内免费保修业务是作为销售合同的一部分，有关收入实际已经在销售时取得，你公司也已就销售额缴纳了增值税，免费保修时也无需再缴纳增值税，维修时领用零件也无需视同销售缴纳增值税。

9.答:《国家税务总局关于调整增值税扣税凭证抵扣期限有关问题的通知》（国税函〔2009〕617号）规定，增值税一般纳税人取得2010年1月1日以后开具的增值税专用发票、公路内河货物运输业统一发票和机动车销售统一发票，应在开具之日起180日内到税务机关办理认证，并在认证通过的次月申报期内，向主管税务机关申报抵扣进项税额，否则不予抵扣进项税额。根据上述规定，增值税专用发票的认证期限是180日而不是180个工作日，因此节假日不能顺延。

10.答：关于转租不动产如何纳税的问题，总局明确按照纳税人出租不动产来确定。一般纳税人将2016年4月30日之前租入的不动产对外转租的，可选择简易办法征税；将5月1日之后租入的不动产对外转租的，不能选择简易办法征税。

11.答：不可以。同一房地产项目只能选择适用一种计税方法。

12.答：根据相关营业税改征增值税政策，上述情况，如果挂靠车辆以运输企业名义对外提供运输劳务，且由该运输企业承担相关法律责任，则该运输企业为纳税人，否则提供运输劳务的车辆所有人为纳税人。

13.答:《财政部　国家税务总局关于全面推开营业税改征增值税试点的通知》（财税〔2016〕36号）附件1:《营业税改征增值税试点实施办法》规定，从事货物的生产、批发或者零售的单位和个体工商户的混合销售行为，按照销售货物缴纳增值税；其他单位和个体工商户的混合销售行为，按照销售服务缴纳增值税。本条所称从事货物的生产、批发或者零售的单位和个体工商户，包括以从事货物的生产、批发或者零售为主，并兼营销售服务的单位和个体工商户在内。

餐饮企业提供餐食的同时售卖烟酒，属于混合销售的餐饮服务，顾客消费的烟酒加上厨师和服务人员的劳动，共同形成了餐饮服务。因此，酒店应按照销售服务缴纳增值税，为顾客开具发票的税率为6%。

14.答：房地产开发企业开发产品，无论是持有还是出租，其发生的进项税均可抵扣。只有房地产企业销售老项目选择按简易计税办法征税时，其进项税不得抵扣。

15.答:《财政部　国家税务总局关于全面推开营业税改征增值税试点的通知》（财税〔2016〕36号）附件1:《营业税改征增值税试点实施办法》规定，属于下列情形之一的，不得开具增值税专用发票:

（1）向消费者个人销售服务、无形资产或者不动产。

（2）适用免征增值税规定的应税行为。

除规定不得开具增值税专用发票的情形外，选择简易计税办法可以开具增值税专用发票。

■ 纳税筹划训练

1.【答案】

方案一：设立一个增值税一般纳税人企业。

应纳增值税额=90×17%−3=13.6−3=10.6（万元）

方案二：设立两个小规模纳税人企业。

应纳增值税额=45×3%+45×3%=1.35+1.35=2.7（万元）

由此可见，设立两个小规模纳税人企业，比设立一个一般纳税人企业少缴纳增值税7.9万元（10.6−2.7），因此，应当选择方案二。

2.【答案】《国家税务总局关于折扣额抵减增值税应税销售额问题通知》（国税函〔2010〕56号）规定，纳税人采取折扣方式销售货物，销售额和折扣额在同一张发票上分别注明，是指销售额和折扣额在同一张发票上的“金额”栏分别注明的，可按折扣后的销售额征收增值税；未在同一张发票“金额”栏注明折扣额，而仅在发票的“备注”栏注明折扣额的，折扣额不得从销售额中减除。

方案一：甲公司未将销售额和折扣额在同一张发票的“金额”栏中分别注明，而仅在发票的“备注”栏注明折扣额。

增值税销项税=10×17%=1.7（万元）

方案二：甲公司将销售额和折扣额在同一张发票的“金额”栏中分别注明。

增值税销项税=10×（1−5%）×17%=1.615（万元）

由此可见，方案二比方案一少缴纳增值税0.085万元（1.7−1.615），因此，应当选择方案二。

3.【答案】《财政部　国家税务总局关于全面推开营业税改征增值税试点的通知》（财税〔2016〕36号）的附件1：《营业税改征增值税试点实施办法》规定，纳税人兼营销售货物、劳务、服务、无形资产或者不动产，适用不同税率或者征收率的，应当分别核算适用不同税率或者征收率的销售额；未分别核算的，从高适用税率。

方案一：未分别核算销售额。

该公司应纳增值税=600÷（1+17%）×17%−30=57.18（万元）

方案二：分别核算销售额。

该公司应纳增值税=400÷（1+17%）×17%+200÷（1+6%）×6%−30=39.44（万元）

由此可见，方案二比方案一少缴纳增值税17.74万元（57.18−39.44），因此，应当选择方案二。

项目三　消费税法

第一部分　职业技能训练

■ 职业能力选择

一、单项选择题

1.【答案】B

【解析】在委托加工应税消费品业务中，消费税的纳税人是委托方，受托方（个人除外）只是消费税的代收代缴义务人，不是纳税义务人。

2.【答案】D

【解析】目前征收消费税的应税消费品主要有烟，酒，高档化妆品，成品油，贵重首饰和珠宝玉石，鞭炮、焰火，高尔夫球及球具，高档手表，游艇，木制一次性筷子，实木地板，小汽车，摩托车，电池，涂料共15种。

3.【答案】D

【解析】选项A、B、C：环节不是消费税的纳税环节，只缴纳增值税。酒类、珍珠饰品是在生产环节征收消费税；金银饰品是在零售生产环节征收消费税。

4.【答案】B

【解析】纳税人用于换取生产资料和消费资料、投资入股和抵偿债务的应税消费品，应按纳税人同类应税消费品的最高销售价格作为计税依据计算消费税。应纳税额=（300×500+600×550+300×550）×15%=96 750（元）

5.【答案】B

6.【答案】A

【解析】选项B：纳税人进口应税消费品，其纳税义务发生时间为报关进口的当天；选项C：纳税人采取托收承付和委托银行收款方式销售的应税消费品，其纳税义务发生时间为发出应税消费品并办妥托收手续的当天；选项D：纳税人采取预收货款结算方式的，其纳税义务发生时间为发出应税消费品的当天。

7.【答案】D

【解析】选项A、B、C均在移送使用时缴纳消费税。

8.【答案】A

【解析】委托加工的应税消费品，是指由委托方提供原料和主要材料，受托方只收取加工费和代垫部分辅助材料加工的应税消费品。

9.【答案】C

【解析】该批小轿车进口环节应纳消费税=500×（1+25%）÷（1−9%）×9%=61.81（万元）。

10.【答案】A

11.【答案】D

【解析】委托个人加工的应税消费品，由委托方向其机构所在地或者居住地主管税务机关申报纳税。除此之外，由受托方向所在地主管税务机关代收代缴消费税税款。

12.【答案】B

【解析】卷烟消费税在生产和批发两个环节征收。

13.【答案】A

【解析】“酒”、“小汽车”、“高档手表”和“游艇”等税目不涉及消费税抵扣的问题。

14.【答案】B

【解析】计征消费税的不含税销售额=（4 000×150+60 000+100×20）÷（1+17%）=565 811.97（元）；应缴纳消费税=565 811.97×5%=28 290.60（元）。

15.【答案】D

【解析】纳税人通过自设非独立核算门市部销售的自产应税消费品，应按该门市部的“对外销售额”（而非组成计税价格）计征消费税。应纳消费税=128.7÷（1+17%）×10% =11（万元）。

16.【答案】D

【解析】从量税=1×2 000×0.5=1 000（元）；从价税=［1×60 000×（1+10%）+1 000］÷（1−20%）×20%=16 750（元）；该酒厂当月应缴纳的消费税=1 000+16 750=17 750（元）。

17.【答案】B

二、多项选择题

1.【答案】BCD

【解析】选项A：纳税人采取以旧换新方式销售的金银首饰，应按实际收取的不含增值税的全部价款确定计税依据征收消费税。

2.【答案】ABCD

【解析】木制卫生筷子即为木制一次性筷子。

3.【答案】BCD

【解析】自2014年12月1日起，调整现行消费税政策，取消气缸容量250毫升（不含）以下的小排量摩托车消费税。自2015年2月1日起对电池、涂料征收消费税。

4.【答案】ABC

【解析】高档化妆品包括高档美容、修饰类化妆品，高档护肤类化妆品和成套化妆品。选项D：舞台、戏剧、影视演员化妆用的上妆油、卸妆油、油彩，不属于本税目的征收范围。

5.【答案】ABCD

6.【答案】ACD

【解析】消费税的征收范围有：烟，酒，鞭炮、焰火，高档化妆品，贵重首饰及珠宝玉石，高尔夫球及球具，高档手表，游艇，木制一次性筷子，实木地板，成品油，摩托车，小汽车，电池，涂料等。

7.【答案】AD

【解析】纳税人销售的应税消费品，以及自产自用的应税消费品，除国务院财政、税务主管部门另有规定外，应当向纳税人机构所在地或者居住地的主管税务机关申报纳税。

8.【答案】AC

【解析】啤酒、黄酒、成品油（包括柴油）采用定额税率征收消费税。葡萄酒、烟丝采用比例税率计算消费税。

9.【答案】ACD

【解析】选项B的小货车不属于消费税的征税范围，不涉及代收代缴消费税。

10.【答案】ABCD

11.【答案】BD

【解析】选项A：纳税人采取赊销和分期收款结算方式销售应税消费品的，其纳税义务发生时间为销售合同规定的收款日期的当天；选项C：纳税人委托加工应税消费品，其纳税义务发生时间为纳税人提货的当天。

12.【答案】ACD

【解析】纳税人将应税消费品与非应税消费品以及适用税率不同的应税消费品组成成套消费品销售的，按应税消费品的最高税率计征消费税。

13.【答案】ABD

【解析】选项C：进口的应税消费品，由进口人或代理人向报关地海关申报纳税。

14.【答案】ABCD

15.【答案】ABCD

■ 职业能力判断

1.【答案】√

2.【答案】×

【解析】纳税人兼营不同税率的应税消费品，应当分别核算不同税率应税消费品的销售额、销售数量；未分别核算的，从高适用税率。

3.【答案】√

4.【答案】√

5.【答案】√

6.【答案】×

【解析】纳税人进口应税消费品的，纳税义务发生时间为报关进口的当天。

7.【答案】√

8.【答案】√

9.【答案】√

10.【答案】√

11.【答案】√

12.【答案】√

13.【答案】√

14.【答案】√

15.【答案】√

16.【答案】×

【解析】委托个人加工的应税消费品，由委托方向其机构所在地或者居住地主管税务机关申报纳税。除此之外，由受托方向其机构所在地主管税务机关代收代缴消费税税款。

17.【答案】√

18.【答案】√

19.【答案】√

■ 职业能力实训

一、计算题

1.【答案】（1）高档化妆品的应税销售额=30+3.51÷（1+17%）=33（万元）

（2）增值税销项税额=33×17%=5.61（万元）

（3）应缴纳的消费税=33×15%=4.95（万元）

2.【答案】应纳消费税=［30 000+1 170÷（1+17%）］×20%+200×20×2×0.5=10 200（元）

3.【答案】（1）组成计税价格=11 000×（1+5%）÷（1−15%）=13 588.24（元）

（2）应纳消费税=13 588.24×15%=2 038.24（元）

4.【答案】（1）应纳关税=12 000×30%=3 600（万元）

（2）组成计税价格=（12 000+3 600+1 800×1 000×2×0.5÷10 000）÷（1−20%）=19 725（万元）

（3）应纳消费税=19 725×20%+1 800×1 000×2×0.5÷10 000=4 125（万元）

（4）应纳增值税=（12 000+3 600+4 125）×17%=19 725×17%=3 353.25（万元）

5.【答案】应纳消费税=销售数量×定额税率=280×220=61 600（元）

6.【答案】应纳消费税=18 720÷（1+17%）×20%+2 200×0.5=4 300（元）

二、综合题

1.【答案】（1）乙企业应代收代缴的消费税=460×20×10%=920（元）

（2）准予抵扣的高尔夫球杆的杆头、杆身和握把的已纳消费税=（16 000+23 600+1 040）×80%×10%=3 251.2（元）

甲企业应自行向税务机关缴纳的消费税=12 000÷2×（2+5）×10%+23 500÷（1+17%）×10%−3 251.2=2 957.35（元）

2.【答案】（1）准予抵扣进项税额=(烟叶收购金额+烟叶税应纳税额)×扣除率=[烟叶收购价款×（1+10%）+烟叶收购价款×(1+10%）×20%]×扣除率=烟叶收购价款×（1+10%）×（1+20%）×扣除率=烟叶收购价款×1.1×1.2×扣除率。

营业税改征增值税试点期间，纳税人购进用于生产销售或委托受托加工17%税率货物的农产品维持原扣除力度即13%的扣除率不变。除此以外，增值税一般纳税人购进农产品，可以按照11%的扣除率计算进项税额。

当月A企业应代收代缴的消费税=[110×（1+10%）×（1+20%）×（1−13%）+10]÷（1−30%）×30%=58.42（万元）

（2）关税=（300+12）×10%=31.2（万元）

进口烟丝应纳增值税=（300+12）×（1+10%）÷（1−30%）×17%=83.35（万元）

进口烟丝应缴纳的消费税=（300+12）×（1+10%）÷（1−30%）×30%=147.09（万元）

当月卷烟厂进口烟丝应缴纳税金合计=31.2+83.35+147.09=261.64（万元）

（3）领用烟丝生产烟叶，属于将外购的货物连续生产应税消费品，不征收消费税。

（4）当月准予扣除外购烟丝已纳消费税=［32+400+280+（300+12）×（1+10%）÷（1−30%）−70］×30%=339.69（万元）

（5）当月该卷烟厂国内销售环节应缴纳的消费税=（600+9.36÷1.17）×36%+400×250×100÷10 000×56%+150×400÷10 000−339.69=445.19（万元）

第二部分　职业拓展训练

■ 涉税咨询训练

1.答：根据《中华人民共和国消费税暂行条例》、《财政部　国家税务总局关于调整金银首饰消费税纳税环节有关问题的通知》(财税字〔1994〕095号)的规定，黄金摆件和金条不属于金银首饰范围，在零售环节不征收消费税。

2.答：根据《中华人民共和国消费税暂行条例》第1条的规定，在中华人民共和国境内生产、委托加工和进口本条例规定的消费品的单位和个人，以及国务院确定的销售本条例规定的消费品的其他单位和个人，为消费税的纳税人，应当依照本条例缴纳消费税。因小汽车零部件不属于消费税的税目，因此，纳税人进口汽车零部件不需要缴纳消费税。另外，小汽车属于消费税的税目，组装成的小汽车属于消费税的应税范围，需要在生产环节（于出厂销售时）缴纳消费税。

3.答：纳税人通过自设非独立核算门市部销售自产应税消费品，应当按照门市部对外销售数额计算征收消费税。而税法对独立核算的门市部则没有限制。一般情况下，消费税的纳税行为发生在生产领域(包括生产、委托加工和进口)，而非流通领域或终极消费环节。因而，关联企业中生产（委托加工、进口）应税消费品的企业，如果以较低的销售价格将应税消费品销售给其独立核算的销售部门，则可以降低销售额，从而减少应纳消费税税额。而独立核算的销售部门，由于处在销售环节，只缴纳增值税，不缴纳消费税，可使集团的整体消费税税负下降，但增值税税负不变。因此，纳税人通过自设独立核算门市部销售自产应税消费品，可以降低消费税税负。

4.答：关于《中华人民共和国消费税暂行条例实施细则》有关条款解释的通知（财法〔2012〕8号）规定如下：

各省、自治区、直辖市、计划单列市财政厅（局）、国家税务局，新疆生产建设兵团财务局：

《中华人民共和国消费税暂行条例实施细则》(财政部令第51号）规定："委托加工的应税消费品直接出售的，不再缴纳消费税"。现将这一规定的含义解释如下：

委托方将收回的应税消费品，以不高于受托方的计税价格出售的，为直接出售，不再缴纳消费税；委托方以高于受托方的计税价格出售的，不属于直接出售，需按照规定申报缴纳消费税，在计税时准予扣除受托方已代收代缴的消费税。本规定自2012年9月1日起施行。

■ 纳税筹划训练

【答案】

每吨啤酒出厂不含增值税价格（含包装物及包装物押金）在3 000元（含3 000元）以上的，单位税额为250元／吨；每吨啤酒出厂价格在3 000元（不含3 000元，不含增值税）以下的，单位税额为220元／吨。

方案一：将啤酒的价格仍然定为3 010元，则：

每吨啤酒应纳增值税=3 010×17%−300=211.7（元）

每吨啤酒应纳消费税=250元

应纳城建税和教育费附加=（211.7+250）×（7%+3%）=46.17（元）

每吨啤酒的利润=3 010−2 500−250−46.17=213.83（元）

方案二：将啤酒的价格降至2 990元，则：

每吨啤酒应纳增值税=2 990×17%−300=208.3（元）

每吨啤酒应纳消费税=220元

应纳城建税和教育费附加=（208.3+220）×（7%+3%）=42.83（元）

每吨啤酒的利润=2 990−2 500−220−42.83=227.17（元）

由此可见，方案二比方案一每吨啤酒少缴纳消费税30元（250−220），少缴纳城建税和教育费附加3.34元（46.17−42.83），多获取利润13.34元（227.17−213.83），因此，应当选择方案二。

项目四　企业所得税法

第一部分　职业技能训练

■ 职业能力选择

一、单项选择题

1.【答案】A

【解析】选项A：非居民企业在中国境内设立机构、场所但取得的所得与其所设机构、场所没有实际联系的，应当就其来源于中国境内的所得缴纳企业所得税，来源于境外韩国的所得不需要在我国缴纳企业所得税；选项B、C、D：非居民企业在中国境内设立机构、场所的，应当就其取得的来源于中国境内的所得（无论境内取得的所得是否与所设机构、场所有实际联系），以及发生在境外但与其所设机构场所有实际联系的所得（日本的所得），缴纳企业所得税。

2.【答案】A

【解析】企业发生的与其生产、经营活动有关的业务招待费支出，按照实际发生额的60%在企业所得税前扣除，但最高不得超过当年销售（营业）收入的5‰。销售（营业）收入包括主营业务收入、其他业务收入（租金收入属于此类）和视同销售收入，不包括营业外收入和投资收益（股息收入属于此类）。实际发生额的60%=80×60%=48（万元）＞销售（营业）收入×5‰=（2 000+200）×5‰=11（万元）。当年准予在企业所得税前扣除的业务招待费为11万元。

3.【答案】C

【解析】企业发生的与其生产、经营活动有关的业务招待费支出，按照实际发生额的60%在企业所得税前扣除，但最高不得超过当年销售（营业）收入的5‰。5 000×5‰=25（万元）＜50×60%=30（万元）。业务招待费可以税前扣除的金额是25万元。

4.【答案】C

【解析】在中国境内设立机构、场所，且取得所得与其机构、场所有实际联系的非居民企业，适用25%的税率。

5.【答案】C

【解析】企业当年的广告费扣除标准为不超过当年销售（营业）收入的15%，超过部分可以结转以后年度扣除。当年准予扣除的广告费=500×15%=75（万元），小于实际发生额100万元，按75万元扣除。

6.【答案】C

【解析】企业所得税的纳税人不包括个人独资企业、合伙企业，它们是个人所得税的纳税人。

7.【答案】B

【解析】企业发生的公益性捐赠支出，在年度利润总额12%以内的部分，准予在计算应纳税所得额时扣除；超过年度利润总额12%的部分，准予结转以后三年内在计算应纳税所得额时扣除。公益捐赠的扣除限额=利润总额×12% =40×12%=4.8（万元），实际公益救济性捐赠为5万元，税前准予扣除的公益捐赠=4.8万元，纳税调增额=5−4.8=0.2（万元）。应纳税额=（45+0.2）×25%=11.3（万元）。

8.【答案】C

【解析】企业为开发新技术、新产品、新工艺发生的研究开发费用，未形成无形资产计入当期损益的，在按照规定在税前据实扣除的基础上，按照研究开发费用的50%加计扣除。

9.【答案】A

【解析】对企业发生的超限额标准的职工福利和工会经费支出，在计算应纳税所得额时，应调增应纳税所得额。

10.【答案】C

【解析】可以税前扣除的损失=60×（1+17%）−20=50.2（万元）。

11.【答案】C

12.【答案】C

【解析】居民企业在中国境内设立的不具有法人资格的分支或营业机构，由该居民企业汇总计算并缴纳企业所得税。

13.【答案】D

【解析】企业安置残疾人员的，在按照支付给残疾职工工资据实扣除的基础上，按照支付给上述人员工资的100%加计扣除。

14.【答案】A

15.【答案】C

【解析】创业投资企业优惠，是指创业投资企业采取股权投资方式投资于未上市的中小高新技术企业2年以上的，可以按照其投资额的70%在股权持有满2年的当年抵扣该创业投资企业的应纳税所得额；当年不足抵扣的，可以在以后纳税年度结转抵扣。该企业可抵扣的应纳税所得额=300×70%=210（万元），则该企业当年应纳税所得额=500−210=290（万元）。

16.【答案】B

【解析】按照企业所得税法的有关规定，通过支付现金以外的方式取得的投资资产，以该资产的公允价值和支付的相关税费为成本。

17.【答案】C

18.【答案】A

19.【答案】B

20.【答案】B

【解析】纳税人通过国内非营利的社会团体、国家机关的公益、救济性捐赠，在年度利润总额12%以内的部分准予扣除。

21.【答案】D

22.【答案】B

【解析】企业发生的公益性捐赠支出，不超过年度利润总额的12%部分，准予税前扣除；超过年度利润总额12%的部分，准予结转以后三年内在计算应纳税所得额时扣除。扣除限额=（50 000+800−41 000−7 000−600）×12%=2 200×12%=264（万元）；当年应纳税所得额=2 200+（500−264）−300=2 136（万元），当年应纳企业所得税额=2 136×25%=534（万元）。

23.【答案】B

【解析】企业应当自年度终了之日起5个月内，向税务机关报送年度企业所得税纳税申报表，并汇算清缴，结清应缴应退税款。

24.【答案】D

【解析】企业每一纳税年度发生的广告费和业务宣传费用不超过当年销售（营业）收入15%的部分，准予扣除；超过部分，准予在以后纳税年度结转扣除。当年准予扣除的最高额=136 000×15%=20 400（元）。

25.【答案】C

26.【答案】D

27.【答案】A

【解析】选项B、C：非居民企业，是指依照外国法律成立且实际管理机构不在中国境内，但在中国境内设立机构、场所的，或者在中国境内未设立机构、场所，但有来源于中国境内所得的企业；选项D：依法在我国境内成立的企业，无论实际管理机构是否在境内，都属于我国的居民企业。

28.【答案】C

【解析】财产保险企业发生的与生产经营有关的手续费及佣金支出，按当年全部保费收入扣除退保金等后余额的15%计算税前扣除限额。

29.【答案】B

【解析】企业清查出的现金短缺扣除责任人赔偿后的余额，确认为现金损失。

30.【答案】D

【解析】在中国境内未设立机构、场所的非居民企业取得的来源于中国境内的转让财产所得，以收入全额减除财产净值后的余额为企业所得税应纳税所得额。

31.【答案】A

【解析】选项B：企业为职工缴纳的补充养老保险，在不超过职工工资总额5%标准内的部分，准予扣除；选项C、D：企业为投资者或者职工支付的商业保险费，不得扣除。

32.【答案】C

【解析】企业内营业机构之间支付的租金和特许权使用费，以及非银行企业内营业机构之间支付的利息，均不得在企业所得税前扣除；银行内营业机构之间支付的利息可以在企业所得税前扣除。

33.【答案】D

【解析】选项A、B：不得计算折旧在税前扣除；选项C：不得计算摊销费用在税前扣除。

34.【答案】D

【解析】选项A、C：依照外国（地区）法律成立但实际管理机构在中国境内的企业，属于“居民企业”；选项B：在境内成立的企业属于“居民企业”。

35.【答案】C

【解析】销售商品采取预收款方式的，在发出商品时确认收入；2017年5月20日应确认销售收入12万元，2017年6月25日应确认销售收入8万元。

36.【答案】A

【解析】（1）选项B、C属于“应税收入”；（2）选项D属于“免税收入”。

37.【答案】C

【解析】（1）选项A属于“不征税收入”；（2）选项B、D属于“免税收入”。

38.【答案】D

39.【答案】B

【解析】创业投资企业优惠，是指创业投资企业采取股权投资方式投资于未上市的中小高新技术企业2年以上的，可以按照其投资额的70%在股权持有满2年的当年抵扣该创业投资企业的应纳税所得额；当年不足抵扣的，可以在以后纳税年度结转抵扣。甲创业投资企业2017年度计算应纳税所得额时，对乙公司的投资额可以抵免的数额=120×70%=84（万元）。

40.【答案】C

【解析】选项A：企业发生的与生产经营活动无关的各种非广告性质的赞助支出，属于“禁止扣除项目”；选项B：享受“加计扣除”（而非税额抵免）的优惠政策；选项C：享受“税额抵免”的优惠政策；选项D：享受“抵扣应纳税所得额”（而非税额抵免）的优惠政策。

41.【答案】C

【解析】选项C：通过捐赠取得的固定资产，以该资产的公允价值和支付的相关税费为计税基础。

42.【答案】D

二、多项选择题

1.【答案】ABC

【解析】选项D：企业参加财产保险，按照有关规定缴纳的保险费，准予在税前扣除。

2.【答案】ABCD

3.【答案】ABC

【解析】选项D：接受捐赠收入，按照实际收到捐赠资产的日期确定收入。

4.【答案】BCD

【解析】企业之间支付的管理费、企业内营业机构之间支付的租金和特许权使用费，以及非银行企业内营业机构之间支付的利息，不得扣除。

5.【答案】BD

【解析】非居民企业在中国境内设立机构、场所的，应当就其所设机构、场所取得的来源于中国境内的所得，以及发生在中国境外但与其所设机构、场所有实际联系的所得，以机构、场所所在地为纳税地点；非居民企业在中国境内未设立机构、场所的，或者虽设立机构、场所但取得的所得与其所设机构、场所没有实际联系的所得，以扣缴义务人所在地为纳税地点；非居民企业在中国境内设立两个或者两个以上机构、场所的，经税务机关审核批准，可以选择由其主要机构、场所汇总申报缴纳企业所得税。

6.【答案】BCD

【解析】自行开发无形资产，开发过程中发生的不符合资本化条件的支出记入“管理费用”科目核算。企业发生的下列支出应作为长期待摊费用：已足额提取折旧的固定资产的改建支出；租入固定资产的改建支出；固定资产的大修理支出；其他应当作为长期待摊费用的支出。

7.【答案】ACD

【解析】对企业发生的“三新”开发支出，在计算应纳税所得额时，费用化的部分可以在据实扣除的基础上加计扣除50%，加计部分应调减应纳税所得额。

8.【答案】CD

【解析】为雇员缴纳社会保险的支出属于社会保险费支出，选项A、B都属于企业工资、薪金支出的范围。

9.【答案】BC

【解析】固定资产的大修理支出，是指同时符合下列条件的支出：一是修理支出达到取得固定资产时的计税基础50%以上；二是修理后固定资产的使用年限延长2年以上。

10.【答案】ABCD

11.【答案】BD

【解析】个人独资企业和合伙企业不适用《企业所得税法》，不作为企业所得税的纳税人。

12.【答案】ABCD

【解析】根据《企业所得税法》第8条的规定，企业实际发生的与取得收入有关的、合理的支出，包括成本、费用、税金、损失和其他支出，准予在计算应纳税所得额时扣除。

13.【答案】AB

【解析】选项C、D为免征企业所得税项目。

14.【答案】ABD

【解析】利息收入是指企业将资金提供给他人使用但不构成权益性投资，或者因他人占用本企业资金取得的收入，包括存款利息、贷款利息、债券利息、欠款利息等收入。

15.【答案】ABCD

【解析】因违法经营的罚没支出、损失、滞纳金都不得在税前扣除；按会计制度计提的固定资产减值准备不得在所得税前列支。

16.【答案】ABD

【解析】选项C：盘盈的固定资产，以同类固定资产的重置完全价值为计税基础。

17.【答案】ABCD

18.【答案】ABCD

19.【答案】ABCD

20.【答案】ABCD

21.【答案】ABD

【解析】选项C：销售商品采用支付手续费方式委托代销的，在收到代销清单时确认收入。

22.【答案】ABCD

23.【答案】ABCD

24.【答案】ABCD

25.【答案】ABCD

26.【答案】ABD

【解析】企业所得税税率包括：基本税率25%，低税率20%，优惠税率减按20%和15%。

27.【答案】ABCD

28.【答案】ABCD

【解析】生产性生物资产，是指为农产品、提供劳务或出租等目的持有的生物资产，包括经济林、薪炭林、产畜、役畜等。

29.【答案】ABC

30.【答案】ABC

31.【答案】ABCD

32.【答案】BCD

【解析】选项A：非居民企业在中国境内设立机构、场所但取得的所得与其所设机构、场所没有实际联系的，应当就其来源于中国境内的所得缴纳企业所得税，来源于境外美国的所得不需要在我国缴纳企业所得税；选项B、C、D：非居民企业在中国境内设立机构、场所的，应当就其取得的来源于中国境内的所得，以及发生在境外但与其所设机构、场所有实际联系的所得（韩国的所得），缴纳企业所得税。

33.【答案】BC

【解析】选项A：销售商品采用托收承付方式的，在办妥托收手续时确认收入；选项D：销售商品涉及现金折扣的，应当按照扣除现金折扣前的金额确定销售商品收入金额。

34.【答案】BD

【解析】选项A、C：超过扣除限额的部分不得在企业所得税前扣除，也不得结转以后纳税年度扣除。

35.【答案】AD

【解析】选项B、C计入营业外收入，不属于销售（营业）收入，不作为广告费、业务宣传费税前扣除限额的计算基数。

36.【答案】ABC

【解析】选项D：金融企业的委托贷款、代理贷款、国债投资、应收股利、上交央行准备金以及金融企业剥离的债权和股权、应收财政贴息、央行款项等不承担风险和损失的资产，不得提取贷款损失准备金在税前扣除。

37.【答案】AC

【解析】选项B：盘盈的固定资产，以同类固定资产的重置完全价值为计税基础；选项D：通过捐赠取得的固定资产，以该固定资产的公允价值和支付的相关税费为计税基础。

38.【答案】ACD

【解析】选项A：自创商誉，不得计算摊销费用在企业所得税税前扣除；选项B：外购商誉的支出，在企业整体转让或者清算时，准予扣除；选项C、D：以融资租赁方式租出的固定资产计提的折旧、以经营租赁方式租入的固定资产计提的折旧，均不得在税前扣除。

39.【答案】ABCD

40.【答案】ABD

【解析】选项C：100%直接控制的母子公司之间，母公司向子公司按账面净值划转其持有的股权或资产，母公司没有获得任何股权或非股权支付的，母公司按冲减实收资本处理，子公司按接受投资处理。

41.【答案】BD

【解析】选项A、C属于免征企业所得税的项目。

42.【答案】AC

【解析】选项B：集成电路生产企业的生产性设备，其折旧年限可以适当缩短，最短可为"3年"；选项D：在中国境内未设立机构、场所的非居民企业从居民企业取得的股息、红利等权益性投资收益，没有免税优惠的规定，应照章征收企业所得税。

43.【答案】BD

【解析】选项A：企业以《资源综合利用企业所得税优惠目录》规定的资源作为主要原材料，生产国家非限制和禁止并符合国家和行业相关标准的产品取得的收入，减按90%计入收入总额；选项C：软件生产企业的职工培训费用，可按实际发生额在计算应纳税所得额时扣除。

44.【答案】ABD

【解析】选项C：企业应当自年度终了之日起5个月内，向税务机关报送年度企业所得税纳税申报表，并汇算清缴，结清应缴应退税款。

45.【答案】ACD

46.【答案】BD

【解析】选项A：已足额提取折旧的固定资产的改建支出，作为长期待摊费用，可以按照规定摊销，在税前扣除；选项B：单独估价作为固定资产入账的土地，不得计提折旧在税前扣除；选项C：以融资租赁方式租入的固定资产，可以计提折旧在税前扣除；选项D：除房屋、建筑物以外未投入使用的固定资产，不得计提折旧在税前扣除。

47.【答案】BCD

48.【答案】AC

【解析】采取缩短折旧年限的，最低折旧年限不得低于规定折旧年限的60%。采取加速折旧方法的，可以采取双倍余额递减法或年数总和法。

49.【答案】ABCD

50.【答案】ABC

■ 职业能力判断

1.【答案】×

【解析】企业在汇总计算缴纳企业所得税的时候，其境外营业机构的亏损不得抵减境内营业机构的盈利。

2.【答案】√

3.【答案】√

【解析】母公司以管理费形式向子公司提取费用，子公司因此支付给母公司的管理费，不得在税前扣除。

4.【答案】×

【解析】投资者兴办两个或两个以上企业的，应分别向企业实际经营管理所在地主管税务机关预缴税款。

5.【答案】√

【解析】非居民企业在中国境内未设立机构、场所的，或者虽设立机构、场所，但取得的所得与其所设机构、场所没有实际联系的，其来源于中国境内的所得缴纳企业所得税时，适用税率为20%。

6.【答案】×

【解析】税务机关根据规定对企业做出特别纳税调整的，应当对补征的税款，自税款所属纳税年度的次年6月1日起至补缴税款之日止的期间，按日加收利息，该利息“不得”在计算应纳税所得额时扣除。

7.【答案】×

【解析】企业所得税纳税人按照国际惯例一般分为居民企业和非居民企业。在外国成立且实际管理机构不在中国境内的企业，是企业所得税的非居民纳税义务人。

8.【答案】×

【解析】非居民企业在中国境内未设立机构、场所的，或者虽设立机构、场所但取得的所得与其所设机构、场所没有实际联系的，应当就其来源于中国境内的所得缴纳企业所得税。境外所得不需在境内缴纳企业所得税。

9.【答案】×

【解析】企业所得税是对我国境内的企业和其他取得收入的组织的生产经营所得和其他所得征收的一种直接税。

10.【答案】√

11.【答案】×

【解析】大修理支出，按照固定资产尚可使用年限分期摊销。

12.【答案】√

13.【答案】√

14.【答案】√

15.【答案】√

16.【答案】×

【解析】对国家需要重点扶持的高新技术企业减按15%的税率征收企业所得税。

17.【答案】×

【解析】对国家需要重点扶持的高新技术企业减按15%的税率征收企业所得税。

18.【答案】×

【解析】企业所得税低税率为20%，实际征税时适用10%的税率。

19.【答案】√

20.【答案】×

【解析】企业使用或者销售的存货的成本计算方法，可以在先进先出法、加权平均法、个别计价法中选用一种。计价方法一经选用，不得随意变更。

21.【答案】√

22.【答案】√

23.【答案】√

24.【答案】×

【解析】我国境内新办的集成电路设计企业和符合条件的软件企业，经认定后，在2017年底前自获利年度起计算优惠期，第1年和第2年免征企业所得税，第3年至第5年按照25%的法定税率减半征收企业所得税，并享受到期满为止。

25.【答案】√

26.【答案】√

27.【答案】√

28.【答案】×

【解析】企业对外投资期间，投资资产的成本在计算应纳税所得额时不得扣除，企业在转让或者处置投资资产时，投资资产的成本准予扣除。

29.【答案】×

【解析】企业在重组发生前后连续12个月内，分步对其资产、股权进行交易，应根据实质重于形式原则将上述交易作为一项企业重组交易进行处理。

30.【答案】×

【解析】间接控制，是指居民企业以间接持股方式持有外国企业20%以上股份。

31.【答案】√

32.【答案】×

【解析】依照企业所得税法缴纳的企业所得税，以人民币计算。所得以人民币以外的货币计算的，应当折合成人民币计算并缴纳税款。

33.【答案】×

【解析】依照外国（地区）法律成立但实际管理机构在中国境内的企业，也属于居民企业。

34.【答案】√

35.【答案】√

36.【答案】√

37.【答案】×

【解析】纳税调整项目金额包括两方面的内容：一是企业的财务会计处理与税收规定不一致的应予以调整的金额；二是企业按税法规定准予扣除的税收金额。

38.【答案】√

39.【答案】×

【解析】企业委托给外单位进行开发新技术、新产品、新工艺的研发费用，凡符合加计扣除条件的，由“委托方”按照规定计算加计扣除，“受托方”不得再进行加计扣除。

40.【答案】×

【解析】不动产转让所得，按照不动产所在地确定所得来源地。

41.【答案】√

42.【答案】√

43.【答案】×

【解析】金融企业发生的符合条件的贷款损失，应先冲减已在税前扣除的贷款损失准备金，不足冲减部分可据实在计算当年应纳税所得额时扣除。

44.【答案】√

■ 职业能力实训

一、计算题

1.【答案】职工福利费不超过工资、薪金的14%的部分准予扣除。

职工福利费应调增所得额=38−180×14%=12.8（万元）

软件企业职工培训费可以全额扣除，扣除职工培训费后的职工教育经费的余额不超过工资、薪金的2.5%的部分准予扣除。

职工教育经费应调增应纳税所得额=15−10−180×2.5%=0.5（万元）

合计应调增应纳税所得额=12.8+0.5=13.3（万元）

2.【答案】可在所得税前列支的业务招待费的扣除基数=1 500+200+50+400=2 150（万元）

转让商标所有权收入、接受捐赠收入、债务重组收益均属于营业外收入范畴，不能作为计算业务招待费的基数。

第一标准为发生额的60%：50×60%=30（万元）

第二标准为限额计算：2 150×5‰=10.75（万元）

两数据比较大小后择其小者，所以，其当年可在所得税前列支的业务招待费金额为10.75万元。

3.【答案】销售商品涉及现金折扣，应按照扣除现金折扣前的金额确定销售收入。业务招待费按发生额的60%扣除，但不得超过当年销售收入的5‰。

可扣除业务招待费=2 800×5‰=14（万元）>15×60%=9（万元）

广告费和业务宣传费不超过当年销售收入的15%的部分准予扣除。

可扣除广告费、业务宣传费=2 800×15%=420（万元）<420+40=460（万元）

合计可扣除金额=9+420=429（万元）

4.【答案】根据规定，投资者在规定期限内未缴足其应缴资本的，该企业对外借款利息，相当于投资者实缴资本额与在规定期限内应缴资本额的差额应计付的利息，不属于企业合理支出，不得扣除，即：

不得扣除金额=60×10%×6÷12=3（万元）

可以税前扣除的借款利息为10−3=7（万元）

5.【答案】广告宣传费实际发生额=2 800（万元），扣除限额=（12 000+320）×15%=1 848（万元），当年可扣除1 848万元。

业务招待费实际发生额的60%=90×60%=54（万元），扣除限额=（12 000+320）×5‰=61.6（万元），可扣除54万元。

6.【答案】对所有行业企业持有的单位价值不超过5 000元的固定资产，允许一次性计入当期成本费用，在计算应纳税所得额时扣除，不再分年度计算折旧。

应纳税所得额=会计利润±纳税调整事项=10+0=10（万元）

适用20%税率，其所得减计50%。

应纳税额=10×20%×50%=1（万元）

二、综合题

1.【答案】（1）业务招待费税前扣除限额=5 600×5‰=28（万元），实际发生额的60%=120×60%=72（万元）>28万元，所以准予在税前扣除的业务招待费为28万元。

（2）广告费和业务宣传费税前扣除限额=5 600×15%=840（万元），实际发生广告费和业务宣传费=800+300=1 100（万元）>840万元，当年准予在企业所得税前扣除的广告费和业务宣传费为840万元。

（3）支付给银行的60万元利息可以税前扣除。银行同期同类贷款年利率=60÷1 000×100%=6%。

支付给关联方的利息支出：1 000÷400=2.5>2，可以在税前扣除的支付给关联方的利息支出=400×2×6%=48（万元）。

准予在企业所得税前扣除的利息费用=60+48=108（万元）

（4）购买安全生产专用设备的支出，应计入固定资产的成本并分期折旧在税前扣除；当月购进次月开始计提折旧，所以2017年不需计提折旧在税前扣除，也不能一次性在成本中列支，利润总额要调增30万元。公益性捐赠支出税前扣除限额=（270+30）×12%=36（万元），实际发生公益性捐赠支出65万元>36万元，准予在税前扣除的公益性捐赠支出为36万元。

因违反合同约定支付给其他企业的违约金，可以在税前扣除。

违反工商管理规定被工商局处以的罚款，属于行政性质的罚款，不得在税前扣除。

准予在税前扣除的营业外支出金额=100−65+36−7=64（万元）

（5）企业实际发生的合理的工资允许在税前据实扣除。

工会经费税前扣除限额=400×2%=8（万元），实际拨缴的6万元没有超过限额，可以在税前据实扣除。

职工福利费税前扣除限额=400×14%=56（万元）<实际发生的60万元，只能在税前扣除56万元，应调增应纳税所得额=60−56=4（万元）。

职工教育经费税前扣除限额=400×8%=32（万元）>实际发生的15万元，不需要调整。（注：高新技术企业发生的职工教育经费支出按照工资、薪金总额8%的限额税前扣除）

工资总额、工会经费、职工福利费和职工教育经费共应调增应纳税所得额=4万元

(6) 国债利息收入免征企业所得税，应调减应纳税所得额10万元。

该居民企业2017年度境内应纳税所得额=270+30+（120−28）+（1 100−840）+（60−48）+（100−64）+4−10−32−25=637（万元）

(7) 境外A国所得的抵免限额=32÷（1−20%）×15%=6（万元），实际在A国缴纳的税额=32÷（1−20%）×20%=8（万元），由于在境外A国实际缴纳的税额超过了抵免限额，所以可以全额抵免，不需要在我国补税；境外B国所得的抵免限额=25÷（1−10%）×15%=4.17（万元），实际在B国缴纳的税额=25÷（1−10%）×10%=2.78（万元），需要在我国补税=4.17−2.78=1.39（万元）。

该居民企业境外所得应在我国补缴的企业所得税=1.39万元

(8) 企业购置并实际使用符合《安全生产专用设备企业所得税优惠目录》规定的安全生产专用设备的，该专用设备的投资额的10%可以从企业当年的应纳税额中抵免，当年不足抵免的，可以在以后5个纳税年度结转抵免；可抵免的应纳税额=30×10%=3（万元）。

该居民企业应补缴企业所得税税额=637×15%+1.39−3−40.5=53.44（万元）

2.【答案】(1) ①将自产设备捐赠给受灾地区，企业所得税应视同销售，确认视同销售收入100万元，应确认视同销售成本80万元，视同销售业务应调增应纳税所得额=100−80=20（万元）。②企业发生的公益性捐赠支出，不超过年度利润总额12%的部分，准予扣除。年度利润总额=5 000+1 200+500−3 000−1 000−300−260−1200−800−120+1 000=1 020（万元），公益性捐赠支出税前扣除限额=1 020×12%=122.4（万元），实际捐赠97万元，未超过税前扣除限额，准予全额税前扣除，无需纳税调整。则业务(1) 整体应调增应纳税所得额20万元。

(2) ①职工福利费税前扣除限额=680×14%=95.2（万元），实际发生职工福利费120万元，应调增应纳税所得额=120−95.2=24.8（万元）；②工会经费税前扣除限额=680×2%=13.6（万元），实际发生额为20万元，应调增应纳税所得额=20−13.6=6.4（万元）；③职工教育经费税前扣除限额=680×2.5%=17（万元），实际发生额为15万元，未超过扣除限额，无需纳税调整；④残疾人员工资可以在税前加计扣除100%，应调减应纳税所得额50万元。业务(2) 整体应调减应纳税所得额=50−24.8−6.4=18.8（万元）。

(3) ①广告费、业务宣传费税前扣除限额=（5 000+1 200+100）×15%=945（万元），实际发生额为900万元，未超过扣除限额，无需纳税调整；②业务招待费实际发生额的60%=260×60%=156（万元），销售（营业）收入的5‰=（5 000+1 200+100）×5‰=31.5（万元），准予在税前扣除的业务招待费为31.5万元，应调增应纳税所得额=260−31.5=228.5（万元）；③企业为开发新技术、新产品、新工艺发生的研究开发费用，未形成无形资产计入当期损益的，在按照规定据实扣除的基础上，按照研究开发费用的50%加计扣除，应加计扣除的金额=80×50%=40（万元），应调减应纳税所得额40万元。业务(3) 整体应调增应纳税所得额=228.5−40=188.5（万元）。

(4) 企业从关联企业借款允许税前扣除的利息限额=480×2×5.8%=55.68（万元），应调增应纳税所得额=90−55.68=34.32（万元）。(注：企业实际支付给关联方的利息支出，如果能够按照企业所得税法及其实施条例的有关规定提供相关资料，并证明相关交易活动符合独立交易原则的，或者该企业的实际税负不高于境内关联方的，其实际支付给境内关联方的利息支出，在计算应纳税所得额时准予扣除。除此之外，企业在计算应纳税所得额时，实际支付给关联方的利息支出，不超过规定比例（接受关联方债权性投资与权益性投资的比例为：金融企业为5∶1；其他企业为2∶1）和企业所得税法及其实施条例有关规定计算的部分，准予扣除；超过部分，不得在发生当期和以后年度扣除)

(5) 国债利息收入免税，应调减应纳税所得额100万元。

(6) 支付给交通管理部门罚款10万元不得税前扣除，应调增应纳税所得额10万元。

(7) 该企业当年的应纳税所得额=1 020+20−18.8+188.5+34.32−100+10=1 154.02（万元）。可以抵免应纳税额=300×10%=30（万元）。则该企业2017年应纳企业所得税=1 154.02×25%−30=258.51（万元）。

第二部分 职业拓展训练

■ 涉税咨询训练

1. 答：根据《财政部 国家税务总局 科技部关于完善研究开发费用税前加计扣除政策的通知》（财税〔2015〕119号）的规定，企业开展研发活动中实际发生的研发费用，未形成无形资产计入当期损益的，在按规定据实扣除的基础上，按照本年度实际发生额的50%，从本年度应纳税所得额中扣除；形成无形资产的，按照无形资产成本的150%在税前摊销。研发费用的具体范围包括：

（1）人员人工费用。

直接从事研发活动人员的工资薪金、基本养老保险费、基本医疗保险费、失业保险费、工伤保险费、生育保险费和住房公积金，以及外聘研发人员的劳务费用。

（2）直接投入费用。

①研发活动直接消耗的材料、燃料和动力费用。

②用于中间试验和产品试制的模具、工艺装备开发及制造费，不构成固定资产的样品、样机及一般测试手段购置费，试制产品的检验费。

③用于研发活动的仪器、设备的运行维护、调整、检验、维修等费用，以及通过经营租赁方式租入的用于研发活动的仪器、设备租赁费。

（3）折旧费用。

用于研发活动的仪器、设备的折旧费。

（4）无形资产摊销。

用于研发活动的软件、专利权、非专利技术（包括许可证、专有技术、设计和计算方法等）的摊销费用。

（5）新产品设计费、新工艺规程制定费、新药研制的临床试验费、勘探开发技术的现场试验费。

（6）其他相关费用。

与研发活动直接相关的其他费用，如技术图书资料费、资料翻译费、专家咨询费、高新科技研发保险费，研发成果的检索、分析、评议、论证、鉴定、评审、评估、验收费用，知识产权的申请费、注册费、代理费，差旅费、会议费等。此项费用总额不得超过可加计扣除研发费用总额的10%。

（7）财政部和国家税务总局规定的其他费用。

因此，与研发活动直接相关的其他费用（含差旅费）可以加计扣除，与研发活动直接相关的其他费用总额不得超过可加计扣除研发费用总额的10%。

2. 答：《财政部 国家税务总局关于执行企业所得税优惠政策若干问题的通知》（财税〔2009〕69号）第1条规定："执行《国务院关于实施企业所得税过渡优惠政策的通知》（国发〔2007〕39号）规定的过渡优惠政策及西部大开发优惠政策的企业，在定期减免税的减半期内，可以按照企业适用税率计算的应纳税额减半征税。其他各类情形的定期减免税，均应按照企业所得税25%的法定税率计算的应纳税额减半征税。"因此，你公司在软件企业和高新技术企业的企业所得税优惠政策重叠享受时，只能按25%减半，即按12.5%的优惠税率征收。

3. 答：《国家税务总局关于贯彻落实企业所得税法若干税收问题的通知》（国税函〔2010〕79号）规定："一、关于租金收入确定问题：《企业所得税法实施条例》第19条规定，企业提供固定资产、包装物或者其他有形资产的使用权取得的租金收入，应按交易合同或协议规定的承租人应付租金的日期确认收入的实现。其中，对于交易合同或协议中规定租赁期限跨年度，且租金提前一次性支付的，根据《企业所得税法实施条例》第9条规定的收入与费用配比原则，出租人可对上述已确认的收入，在租赁期内，分期均匀计入相关年度收入。出租方如为在我国境内设有机构场所，且采取据实申报缴纳企业所得税的非居民企业，也按本条规定执行。”你公司可参照上述规定执行。

4.答：《财政部 国家税务总局关于财政性资金 行政事业性收费 政府性基金有关企业所得税政策问题的通知》（财税〔2008〕151号）规定：①企业取得的各类财政性资金，除属于国家投资和资金使用后要求归还本金的以外，均应计入企业当年收入总额；②对企业取得的由国务院财政、税务主管部门规定专项用途并经国务院批准的财政性资金，准予作为不征税收入，在计算应纳税所得额时从收入总额中减除。本条所称财政性资金，是指企业取得的来源于政府及其有关部门的财政补助、补贴、贷款贴息，以及其他各类财政专项资金，包括直接减免的增值税和即征即退、先征后退、先征后返的各种税收，但不包括企业按规定取得的出口退税款。

因此，先征后返的增值税是否应征收企业所得税主要看是否有专项用途，且是否为经国务院批准资金，如果不是，则应并入收入计征企业所得税；如果是，则作为不征税收入，不予缴纳企业所得税。

5.答：根据《企业所得税法》及其实施条例规定，建筑公司应将从工程发包方取得的承包收入按规定确认为企业所得税的应税收入，将支付给分包单位的支出在企业所得税前作为成本扣除。但需要企业注意的是，《中华人民共和国建筑法》第28条规定，禁止承包单位将其承包的全部建筑工程转包给他人，禁止承包单位将其承包的全部建筑工程肢解以后以分包的名义分别转包给别人。

6.答：《国家税务总局关于印发〈企业资产损失税前扣除管理办法〉的通知》（国税发〔2009〕88号）（以下简称《通知》）第14条规定：“企业清查出的现金短缺扣除责任人赔偿后的余额，确认为现金损失。现金损失确认应提供以下证据：

（一）现金保管人确认的现金盘点表（包括倒推至基准日的记录）；

（二）现金保管人对于短款的说明及相关核准文件；

（三）对责任人由于管理责任造成损失的责任认定及赔偿情况的说明；

（四）涉及刑事犯罪的，应提供司法机关的涉案材料。”

你公司发生的因内部职工挪用资金所造成的损失，符合以上政策规定，并能够提供上述证据资料的，按照《通知》规定的程序在企业所得税前扣除。

7.答：《企业所得税法》第8条规定，企业实际发生的与取得收入有关的、合理的支出，包括成本、费用、税金、损失和其他支出，准予在计算应纳税所得额时扣除。另《中华人民共和国发票管理办法》第34条规定，单位和个人从境外取得的与纳税有关的发票或者凭证，税务机关在纳税审查时有疑义的，可以要求其提供境外公证机构或者注册会计师的确认证明，经税务机关审核认可后，方可作为记账核算的凭证。

8.答：《企业所得税法实施条例》第34条规定，企业的工资薪金扣除时间为实际发放的纳税年度。因此，企业计提了职工的工资，但是没有发放，不可以在企业所得税税前扣除。

9.答：《企业所得税法实施条例》第40条规定：“企业发生的职工福利费支出，不超过工资薪金总额14%的部分，准予扣除。”《国家税务总局关于企业工资薪金及职工福利费扣除问题的通知》（国税函〔2009〕3号）第3条规定：“《企业所得税法实施条例》第40条规定的企业职工福利费包括以下内容：……（二）为职工卫生保健、生活、住房、交通等所发放的各项补贴和非货币性福利，包括企业向职工发放的因公外地就医费用、未实行医疗统筹企业职工医疗费用、职工供养直系亲属医疗补贴、供暖费补贴、职工防暑降温费、职工困难补贴、救济费、职工食堂经费补贴、职工交通补贴等。”因此，职工食堂支出可以作为企业职工福利费，按照规定在计算企业应纳税所得额时扣除。

《国家税务总局关于进一步加强普通发票管理工作的通知》（国税发〔2008〕80号）规定，在日常检查中发现纳税人使用不符合规定的发票，特别是没有填开付款方全称的发票，不得允许纳税人用于税前扣除、抵扣税款、出口退税和财务报销。因此公司的“白条”是不能入账在税前扣除的。

10.答：企业申报扣除的广告费支出，必须符合下列条件：广告是通过工商部门批准的专门机构制作的；已实际支付费用、取得相应发票；通过一定的媒体传播。

11.答：《企业所得税法》第6条规定："企业以货币形式和非货币形式从各种来源取得的收入，为收入总额，包括：（一）销售货物收入；（二）提供劳务收入；（三）转让财产收入；（四）股息、红利等权益性投资收益；（五）利息收入；（六）租金收入；（七）特许权使用费收入；（八）接受捐赠收入；（九）其他收入。"

《企业所得税法实施条例》第22条规定，企业所得税法第6条第（九）项所称其他收入，是指企业取得的除企业所得税法第6条第（一）项至第（八）项规定的收入外的其他收入，包括企业资产溢余收入、逾期未退包装物押金收入、确实无法偿付的应付款项、已作坏账损失处理后又收回的应收款项、债务重组收入、补贴收入、违约金收入、汇兑收益等。

因此，取得的违约金收入应计入收入总额，计征企业所得税。

12.答：根据《企业所得税法》及其实施条例的规定，企业实际发生的与取得收入有关的、合理的支出，包括成本、费用、税金、损失和其他支出，准予在计算应纳税所得额时扣除。有关的支出，是指与取得收入直接相关的支出。合理的支出，是指符合生产经营活动常规，应当计入当期损益或者有关资产成本的必要和正常的支出。因此，企业支付给员工个人的电动车赔偿款不属于与生产经营有关的支出，不可以在企业所得税税前扣除。

13.答：《国家税务总局关于企业工资薪金和职工福利费等支出税前扣除问题的公告》（国家税务总局公告2015年第34号）规定，列入企业员工工资薪金制度、固定与工资薪金一起发放的福利性补贴，符合《国家税务总局关于企业工资薪金及职工福利费扣除问题的通知》（国税函〔2009〕3号）第1条规定的，可作为企业发生的工资薪金支出，按规定在税前扣除。不能同时符合上述条件的福利性补贴，应作为国税函〔2009〕3号文件第3条规定的职工福利费，按规定计算限额税前扣除。

因此，企业随同工资薪金一并发放的住房补贴，可作为工资薪金支出，据实在税前扣除；若单独发放的，则作为职工福利费，按规定计算限额税前扣除。

14.答：《企业所得税法实施条例》第36条规定："除企业依照国家有关规定为特殊工种职工支付的人身安全保险费和国务院财政、税务主管部门规定可以扣除的其他商业保险费外，企业为投资者或者职工支付的商业保险费，不得扣除。"

因此，企业为员工支付的团体意外伤害保险若属于为特殊工种职工支付的人身安全保险，则可以税前扣除，否则不能税前扣除。

15.答：根据《财政部　国家税务总局　民政部关于公益性捐赠税前扣除有关问题的通知》（财税〔2008〕160号）第8条、《财政部　国家税务总局关于通过公益性群众团体的公益性捐赠税前扣除有关问题的通知》（财税〔2009〕124号）第7条和《财政部　国家税务总局　民政部关于公益性捐赠税前扣除有关问题的补充通知》（财税〔2010〕45号）第5条的规定，对通过县级以上人民政府及其组成部门和直属机构公益性捐赠支出，你单位应取得由财政部或省、自治区、直辖市财政部门印制并加盖接受捐赠单位印章的公益性捐赠票据，方可按规定进行税前扣除；对于通过具有公益性捐赠税前扣除资格的公益性社会团体和公益性群众团体发生的公益性捐赠支出，你单位应取得由财政部或省、自治区、直辖市财政部门印制并加盖接受捐赠单位印章的公益性捐赠票据，或加盖接受捐赠单位印章的"非税收入一般缴款书"收据联，方可按规定进行税前扣除。

■ 纳税筹划训练

1.【答案】

分公司（不具有法人资格）与母公司汇总缴纳企业所得税，子公司（具有法人资格）单独缴纳企业所得税。

方案一：将乙公司设立为子公司。

甲公司应纳企业所得税=100×25%=25（万元）

乙公司不纳税，其亏损额50万元待以后年度弥补。

整个集团应纳企业所得税=25万元

方案二：将乙公司设立为分公司。

此时，乙公司汇总到甲公司统一纳税。

整个集团应纳企业所得税=（100-50）×25%=12.5（万元）

由此可见，方案二比方案一当年少缴纳企业所得税12.5万元（25-12.5），因此，应当选择方案二。

2.【答案】

方案一：通过公益性捐赠6万元，直接捐赠6万元。

税前可扣除公益性捐赠限额=100×12%=12（万元）

公益性捐赠6万元可全额税前扣除，直接捐赠6万元需要调增应纳税所得额。

应交企业所得税=（100+6）×25%=26.5（万元）

方案二：将6万元的直接捐赠变为公益性捐赠。

公益性捐赠可税前扣除限额=100×12%=12（万元）

公益性捐赠12万元可全额扣除。

应交企业所得税=100×25%=25（万元）

由此可见，方案二比方案一少缴纳企业所得税1.5万元（26.5-25），因此，应当选择方案二。

项目五　个人所得税法

第一部分　职业技能训练

■ 职业能力选择

一、单项选择题

1.【答案】D

【解析】选项D：偶然所得，以每次取得的收入为一次，计征个人所得税。

2.【答案】B

【解析】张先生进行产品设计所得为劳务报酬所得。对属于一次性的劳务报酬，应以取得该项收入为一次，即预付的20 000元和后来得到的60 000元，属一次性报酬，扣除费用后所得额为64 000元，适用加成征收。应纳税额=（20 000+60 000）×（1-20%）×40%-7 000=18 600（元）。

3.【答案】D

【解析】外籍个人以非现金形式取得的住房补贴免征个人所得税；以现金形式取得的住房补贴需要征收个人所得税。

4.【答案】A

【解析】个人取得的国债利息收入免税。取得股息收入应缴纳个人所得税=8 000×20%=1 600（元）。

5.【答案】A

【解析】公司职工取得的用于购买企业国有股权的劳动分红，按“工资、薪金所得”项目计征个人所得税。

6.【答案】C

【解析】个体工商户每一纳税年度发生的广告费和业务宣传费不超过当年销售（营业）收入15%的部分，可据实扣除；超过部分，准予在以后纳税年度结转扣除。该个体工商户该年广告费和业务宣传费用的扣除限额=600×15%=90（万元）；实际支出80万元；在计算该年的应纳税所得额时允许扣除的广告费和业务宣传费为80万元。

7.【答案】B

【解析】财产转让所得，以转让财产的收入额减除财产原值和合理费用后的余额，为应纳税所得额。财产原值是指：有价证券，为买入价以及买入时按照规定交纳的有关费用。则闫某转让有价证券应缴纳的个人所得税=（80 000−48 000−7 000）×20%=5 000（元）。

8.【答案】D

【解析】纳税人在中国境内两处或两处以上取得工资、薪金的，可选择并固定在其中一地税务机关申报纳税。

9.【答案】B

【解析】同一作品再版取得的所得，应视为另一次稿酬所得计征个人所得税。

10.【答案】C

【解析】个人现场作画取得的作画所得属于劳务报酬所得。

11.【答案】C

【解析】退休工资免征个人所得税；退休人员再任职取得的收入，按照“工资、薪金所得”缴纳个人所得税。李先生应缴纳个人所得税=（4 500−3 500）×3%=30（元）。

12.【答案】A

【解析】税务机关应根据扣缴义务人所扣缴的税款，提取2%的手续费，由扣缴义务人用于代扣代缴费用开支和奖励代扣代缴工作做得较好的办税人员。

13.【答案】B

【解析】下列各项所得，免征个人所得税：①省级人民政府、国务院部委和中国人民解放军以上单位，以及外国组织、国际组织颁发的科学、教育、技术、文化、卫生、体育、环境保护等方面的奖金；②国债和国家发行的金融债券利息；③按照国家统一规定发给的补贴、津贴；④福利费、抚恤金、救济金；⑤保险赔款；⑥军人的转业费、复员费；⑦按照国家统一规定发给干部、职工的安家费、退职费、退休工资、离休工资、离休生活补助费；⑧依照我国有关法律规定应予免税的各国驻华使馆、领事馆的外交代表、领事官员和其他人员的所得；⑨中国政府参加的国际公约、签订的协议中规定免税的所得；⑩经国务院财政部门批准免税的所得。选项A、C、D属于个人所得税的免税项目。选项B属于个人所得税的减税项目。

14.【答案】C

【解析】财产转让所得应纳税额的计算公式为：应纳税额=应纳税所得额×适用税率=（收入总额−财产原值−合理税费）×适用税率。

15.【答案】B

【解析】选项A、D是个人所得税不予征税的项目；选项C属于利息、股息、红利所得。

16.【答案】B

【解析】选项B：公开拍卖文学作品手稿原件的所得属于特许权使用费所得。

17.【答案】D

【解析】如果纳税人未能提供完整、真实的限售股原值凭证，不能准确计算限售股原值的，主管税务机关一律按限售股转让收入的15%核定限售股原值及合理税费。王某应缴纳个人所得税=50 000×（1−15%）×20%=8 500（元）。

18.【答案】C

19.【答案】C

【解析】选项A属于工资、薪金所得；选项B属于特许权使用费所得；选项D属于利息、股息、红利所得。

20.【答案】B

【解析】出版稿酬应纳个人所得税=5 000×（1−20%）×20%×（1−30%）=560（元）；连载稿酬应纳个

人所得税=（3 000−800）×20%×（1−30%）=308（元）；合计应纳个人所得税=560+308=868（元）。

21.【答案】D

【解析】选项A、B属于超额累进税率；选项C不征个人所得税。

22.【答案】D

【解析】利息、股息、红利所得，偶然所得和其他所得，以每次收入额（全额）为应纳税所得额，不扣除任何费用。

23.【答案】C

【解析】同一作品在报刊上连载取得收入，以连载完成后取得的所有收入合并为一次，计征个人所得税。该作家应纳个人所得税=（6 000+8 000+10 000）×（1−20%）×20%×（1−30%）=2 688（元）。

二、多项选择题

1.【答案】ABC

【解析】选项A、B、C：企业在销售商品（产品）和提供服务过程中向个人赠送礼品，属于下列情形之一的，不征收个人所得税：（1）企业通过价格折扣、折让方式向个人销售商品（产品）和提供服务；（2）企业在向个人销售商品（产品）和提供服务的同时给予赠品，如通信企业对个人购买手机赠话费、入网费，或者购话费赠手机等；（3）企业对累计消费达到一定额度的个人按消费积分反馈礼品。选项D：企业对累计消费达到一定额度的顾客，给予额外抽奖机会，个人的获奖所得，按照"偶然所得"项目，全额适用20%的税率缴纳个人所得税。

2.【答案】CD

【解析】劳务报酬所得有加成征收的规定，稿酬所得按应纳税额减征30%。

3.【答案】ABD

【解析】选项C：同一作品先在报刊上连载，然后再出版，或先出版，再在报刊上连载的，应视为两次稿酬所得征税，即连载作为一次，出版作为另一次。

4.【答案】ABCD

【解析】上述项目都属于独立从事某种技艺取得的收入。注意审稿和书画收入不属于稿酬所得。

5.【答案】ABC

【解析】选项D：工会经费在规定的限额内可以扣除。其他三项不得扣除。

6.【答案】ABCD

7.【答案】ABCD

【解析】甲、乙、丁三人的年所得税均超过12万元，丙从中国境外取得所得，均需要自行申报。

8.【答案】ABCD

9.【答案】ABCD

【解析】选项A、C免征个人所得税，选项B、D暂免征收个人所得税。

10.【答案】ABCD

【解析】计算个人转让住房应缴纳的个人所得税时，允许扣除的合理费用有：住房装修费用、住房贷款利息、手续费、公证费等费用。

11.【答案】ACD

12.【答案】AC

13.【答案】ABCD

14.【答案】AC

【解析】个人所得税的纳税义务人，依据住所和居住时间两个标准可分为居民纳税义务人和非居民纳税义务人。

15.【答案】BC

【解析】利息、股息、红利所得，偶然所得和其他所得，以每次收入额为应纳税所得额，不扣除任何费用。

16.【答案】ABCD

■ 职业能力判断

1.【答案】×

【解析】在劳务报酬所得中，属于同一事项连续取得收入的，以1个月内取得的收入为一次。

2.【答案】√

3.【答案】√

【解析】根据规定，利息、股息、红利所得，偶然所得和其他所得，以每次收入额为应纳税所得额，不得扣除任何费用。计算过程：应缴纳的个人所得税=1 000×20％=200（元）。

4.【答案】×

【解析】在商品营销活动中，企业和单位对营销成绩突出的雇员以培训班、研讨会、工作考察等名义组织旅游活动，通过免收差旅费、旅游费对个人实行的营销业绩奖励（包括实物、有价证券等），应根据所发生费用的全额并入营销人员当期的工资、薪金所得，按照“工资、薪金所得”项目征收个人所得税，并由提供上述费用的企业和单位代扣代缴。

5.【答案】×

【解析】符合《国务院关于工人退休、退职的暂行办法》规定的退职条件并按该办法规定的退职费标准所领取的退职费，免征个人所得税。

6.【答案】√

7.【答案】√

8.【答案】×

【解析】个人在同一活动中兼有不同劳务报酬所得的，应分别计征个人所得税。

9.【答案】×

【解析】对于个人所得税的居民纳税人，就来源于中国境内和境外的全部所得征税；对于非居民纳税人，就来源于中国境内所得部分征税。

10.【答案】×

【解析】个人取得的财产转租收入按“财产租赁所得”计征个人所得税。

11.【答案】√

12.【答案】√

13.【答案】√

14.【答案】×

【解析】在中国境内有两处或者两处以上任职、受雇单位的，选择并固定向其中一处单位所在地主管税务机关申报。

15.【答案】×

【解析】个体工商户和个人独资、合伙企业投资者取得的生产、经营所得应纳的税款，分月预缴的，纳税人在每月终了后15日内办理纳税申报；分季预缴的，纳税人在每个季度终了后15日内办理纳税申报；纳税年度终了后，纳税人在3个月内进行汇算清缴。

16.【答案】×

【解析】从中国境外取得所得的纳税人，在纳税年度终了后30日内向中国境内主管税务机关办理纳税申报。

17.【答案】√

【解析】甲先生2015年和2016年两个纳税年度中都未在我国居住满365日，因此甲先生为我国的非居民纳税人。

18.【答案】√

【解析】年所得12万元以上的纳税人，无论取得的各项所得是否已足额缴纳了个人所得税，均应当于纳税年度终了后向主管税务机关办理纳税申报。

■ 职业能力实训

一、计算题

1.【答案】2月份在杂志上出版小说又在晚报上连载应纳的个人所得税=（3 800−800）×20%×（1−30%）+（200×10−800）×20%×（1−30%）=588（元）

在人民出版社出版专著应纳的个人所得税=（18 000+8 000）×（1−20%）×20%×（1−30%）=2 912（元）

12月份专著再版应纳的个人所得税=（3 000−800）×20%×（1−30%）=308（元）

李某2016年应纳的个人所得税=588+2 912+308=3 808（元）

2.【答案】应纳税额=［（4 200−200−800）−800］×10%=240（元）

3.【答案】年终一次性奖金应单独作为一个月的工资薪金所得纳税。24 000÷12=2 000（元），适用税率10%、速算扣除数105元，因为月工资4 200元高于费用扣除额（3 500元），所以：

一次性奖金应纳个人所得税=24 000×10%−105=2 295（元）

4.【答案】特许权使用费收入“按次征收”。

应纳个人所得税=（980−800）×20%+4 500×（1−20%）×20%=756（元）

二、综合题

1.【答案】(1) 甲先生每月取得的住房补贴免交个人所得税，但现金形式的伙食补贴应计入工资、薪金总额计缴个人所得税。

因为外籍个人以非现金形式或实报实销形式取得的住房补贴、伙食补贴可以免征个人所得税。

(2) 甲先生8月从境外取得的特许权使用费在国内不交个人所得税。

因为甲先生在中国境内无住所，且居住未满5年，其来源于中国境外的所得仅就由中国境内公司、企业以及其他经济组织或者个人支付的部分缴纳个人所得税。

特许权在中国境内使用取得的所得为境内所得。

(3) 转租住房应缴纳的个人所得税=（6 500−4 500−500−800）×10%=70（元）

(4) 转让受赠房产的应纳税所得额=1 500 000−100 000−850 000=550 000（元）

受赠人转让受赠房屋的，以其转让受赠房屋的收入减除原捐赠人取得该房屋的实际购置成本以及赠予和转让过程中受赠人支付的相关税费后的余额，为受赠人的应纳税所得额，依法计征个人所得税。

(5) 抽奖所得应缴纳的个人所得税=6 820×20%=1 364（元）

取得的商场所馈礼品不征收个人所得税。

(6) 捐赠允许扣除的限额=40 000×（1−20%）×30%=9 600（元）；实际捐赠额8 400元全部准予扣除。捐赠给农村义务教育的14 000元，准予全部扣除。

应缴纳的个人所得税=［40 000×（1−20%）−8 400−14 000］×20%=1 920（元）

2.【答案】(1) 独生子女补贴不属于应税的工资、薪金所得，不缴纳个人所得税。李某从任职单位取得的全年工资和独生子女补贴共计应缴纳的个人所得税=［（7 500−3 500）×10%−105］×12=3 540（元）。

(2) 针对李某取得的兼职收入，支付报酬的单位应该为李某负担的个人所得税=［（不含税收入额−速算扣除数）×（1−20%）］÷［1−适用税率×（1−20%）］×适用税率−速算扣除数=［（3 600−0）×（1−20%）］÷［1−20%×（1−20%）］×20%−0=685.71（元）。

(3) 保险赔款免征个人所得税。

李某取得的福利彩票中奖收入和保险赔款应缴纳的个人所得税=28 000×20%=5 600（元）

(4) 自2015年9月8日起，个人从公开发行和转让市场取得的上市公司股票，持股期限在1个月以内

（含1个月）的，其股息红利所得全额计入应纳税所得额；持股期限在1个月以上至1年（含1年）的，暂减按50%计入应纳税所得额；持股期限超过1年的，暂免征收个人所得税。李某取得的红利所得应缴纳的个人所得税为0。

（5）单位按低于购置或建造成本价格出售住房给职工，职工因此而少支出的差价部分，属于个人所得税应税所得，应按照“工资、薪金所得”项目计算缴纳个人所得税。对职工取得的上述应税所得，比照全年一次性奖金的征税办法，计算缴纳个人所得税。李某少支出的差价金额=600 000-400 000=200 000（元），200 000÷12=16 666.67（元），适用税率为25%、速算扣除数为1 005元，则李某低价从单位购房应缴纳的个人所得税=200 000×25%-1 005=48 995（元）。

（6）李某出售住房应缴纳的个人所得税=（200 000-120 000-8 000）×20%=14 400（元）

（7）企业为股东购买车辆并将车辆所有权归到股东个人名下，应按照“利息、股息、红利所得”项目征收个人所得税，考虑到该股东个人名下的车辆同时也为企业经营使用的实际情况，允许合理减除部分所得。

乙企业为李某购车应代扣代缴的个人所得税=（300 000-100 000）×20%=40 000（元）

第二部分　职业拓展训练

■ 涉税咨询训练

1. 答：根据《个人所得税法实施条例》的规定，工资、薪金所得，是指个人因任职或者受雇而取得的工资、薪金、奖金、年终加薪、劳动分红、津贴、补贴以及与任职或者受雇有关的其他所得。个人取得的应纳税所得，包括现金、实物和有价证券。因此，学校给职工教师发放的公派补贴按“工资、薪金所得”缴纳个人所得税。

2. 答：根据《国家税务总局关于离退休人员取得单位发放离退休工资以外奖金补贴征收个人所得税的批复》（国税函〔2008〕723号）的规定，离退休人员除按规定领取离退休工资或养老金外，另从原任职单位取得的各类补贴、奖金、实物，不属于《个人所得税法》第4条规定可以免税的退休工资、离休工资、离休生活补助费。根据《个人所得税法》及其实施条例的有关规定，离退休人员从原任职单位取得的各类补贴、奖金、实物，应在减除费用扣除标准后，按“工资、薪金所得”应税项目缴纳个人所得税。

因此，你公司给离退休人员发放的补偿金，按“工资、薪金所得”应税项目缴纳个人所得税。

3. 答：根据《个人所得税法实施条例》第8条的规定，工资、薪金所得，是指个人因任职或者受雇而取得的工资、薪金、奖金、年终加薪、劳动分红、津贴、补贴以及与任职或者受雇有关的其他所得。

因此，你公司4月份支付给该员工的购买手机补贴应合并至当月收入计算个人所得税，5月份可在当月收入扣除500元后计算个人所得税。

4. 答：《国家税务总局关于企业工资薪金及职工福利费扣除问题的通知》（国税函〔2009〕3号）规定，雇员个人电话以发票报销取得的电话费，应并入“工资、薪金所得”项目缴纳个人所得税。

5. 答：《财政部　国家税务总局关于企业促销展业赠送礼品有关个人所得税问题的通知》（财税〔2011〕50号）规定：“企业在业务宣传、广告等活动中，随机向本单位以外的个人赠送礼品，对个人取得的礼品所得，按照‘其他所得’项目，全额适用20%的税率缴纳个人所得税。”因此，你公司需要为客户扣缴个人所得税。

6. 答：实际工作中，计算个人所得税，并非仅仅允许扣除税法所规定的3 500元的免征额，而是在3 500元的基础上，还允许扣除由个人负担的在规定标准范围内的公积金、养老保险、医疗保险和失业保险。比如，某人月工资6 000元，单位每月代扣公积金480元、代扣养老保险480元、代扣医疗保险123元，则其应纳税所得额=6 000-3 500-480-480-123=1 417（元）；应纳个人所得税=1 417×3%=42.51（元）。

但是需要注意的是，此处所说的工资，应该是工资总额，是用人单位直接支付给职工的劳动报酬总额，具体包括计时工资、计件工资、奖金、津贴、补贴和加班加点工资六部分。另外，房改一次性补贴款也应计入工资总额内。单位为个人缴纳的各种商业性保险，如储蓄性保险，其性质为劳动报酬，应计入工资总额。单位发放的不计入工资的现金和实物，都应加入工资总额内，一并计算缴纳个人所得税。

7.答：《财政部 国家税务总局 中国人民银行关于进一步加强代扣代收代征税款手续费管理的通知》（财行〔2005〕365号）第2条规定，法律、行政法规规定的代扣代缴、代收代缴税款，税务机关按代扣、代收税款的2%支付手续费。第6条规定，因“三代”单位和个人自己的原因，3年不到税务机关领取“三代”税款手续费的，税务机关将停止支付手续费。

因此，你公司只能申请获取2016年7月之前3年（36个月）内代扣代缴的个人所得税手续费，比例为税款的2%。

8.答：《国家税务总局关于个人与房地产开发企业签订有条件优惠价格协议购买商店征收个人所得税问题的批复》（国税函〔2008〕576号）规定：“房地产开发企业与商店购买者个人签订协议规定，房地产开发企业按优惠价格出售其开发的商店给购买者个人，但购买者个人在一定期限内必须将购买的商店无偿提供给房地产开发企业对外出租使用，其实质是购买者个人以所购商店交由房地产开发企业出租而取得的房屋租赁收入支付了部分购房价款。”

因此，购买者个人少支出的购房价款，应视同个人财产租赁所得，按照《个人所得税法》第3条第5款的“财产租赁所得”项目及20%（暂减按10%）的税率征收个人所得税。

9.答：《国家税务总局关于个人转租房屋取得收入征收个人所得税问题的通知》（国税函〔2009〕639号）规定，取得转租收入的个人向房屋出租方支付的租金，凭房屋租赁合同和合法支付凭据允许在计算个人所得税时，从该项转租收入中扣除。

计算财产租赁所得个人所得税税前扣除税费的扣除次序调整为：

（1）财产租赁过程中缴纳的税费。

（2）向出租方支付的租金。

（3）由纳税人负担的租赁财产实际开支的修缮费用。

（4）税法规定的费用扣除标准。

■ 纳税筹划训练

【答案】

方案一：按员工每月绩效发放薪酬。

2017年度刘某应纳个人所得税=（5 000−3 500）×3%+（4 500−3 500）×3%+0+0+0+0+（4 000−3 500）×3%+（4 000−3 500）×3%+0+0+（4 000−3 500）×3%+（8 000−3 500）×10%−105=465（元）

方案二：先按年估计总工资额，然后按月平均发放，最后一个月多退少补。

2017年度刘某每月平均发放工资=（5 000+4 500+3 000+2 000+3 000+2 000+4 000+4 000+2 500+1 000+4 000+8 000）÷12=3 583.33（元）

2017年度刘某应纳个人所得税=（3 583.33−3 500）×3%×12=30（元）

由此可见，方案二比方案一刘某全年少缴纳个人所得税435元（465−30），因此，应当选择方案二。

项目六 其他税种税法（上）

第一部分 职业技能训练

■ 职业能力选择

一、单项选择题

1.【答案】C

【解析】独立于房屋之外的建筑物，如围墙、烟囱、水塔、菜窖、室外游泳池等，不属于房产税的征税范围，A、B、D选项不正确。

2.【答案】A

【解析】选项A：房屋交换，双方房屋产权都相当于发生了转移，所以要征收土地增值税；选项B、C：将房产赠予直系近亲属，或者通过非营利团体、国家机关，将房产赠予教育、民政和其他社会福利、公益事业的行为，不征土地增值税；选项D：房屋出租，产权未发生转移，不征土地增值税。

3.【答案】B

【解析】城建税、教育费附加的计税依据是纳税人向税务机关实际缴纳的“增值税、消费税”合计税额；海关对进口产品代征的增值税、消费税，不征收城建税和教育费附加，关税、企业所得税不是城建税的计税依据。所以该企业2017年5月应纳城建税和教育费附加=（50+15）×（7%+3%）=6.5（万元）。

4.【答案】A

【解析】城镇土地使用税纳税义务发生时间：（1）纳税人购置新建商品房，自房屋交付使用之次月起，缴纳城镇土地使用税。（2）纳税人购置存量房，自办理房屋权属转移、变更登记手续，房地产权属登记机关签发房屋权属证书之次月起，缴纳城镇土地使用税。（3）纳税人出租、出借房产，自交付出租、出借房产之次月起，缴纳城镇土地使用税。（4）以出让或转让方式有偿取得土地使用权的，应由受让方从合同约定交付土地时间的次月起缴纳城镇土地使用税；合同未约定交付土地时间的，由受让方从合同签订的次月起缴纳城镇土地使用税。（5）纳税人新征用的耕地，自批准征用之日起满1年时开始缴纳城镇土地使用税。（6）纳税人新征用的非耕地，自批准征用次月起缴纳城镇土地使用税。

5.【答案】B

【解析】评估价格=12 000×70%=8 400（万元）；增值额=10 000−8 400−115=1 485（万元）。

6.【答案】C

【解析】根据规定，新征用非耕地的，应在新征用的次月开始纳税，即从5月开始纳税，故2017年4月新征用的非耕地需要缴纳的城镇土地使用税的时间是8个月。2017年应纳城镇土地使用税=2 000×5+3 000×5×8÷12=20 000（元）。

7.【答案】A

【解析】城建税和教育费附加的计税依据，是纳税人实际缴纳的增值税、消费税税额（包括被查补的税额）。纳税人因违反增值税、消费税有关规定而加收的滞纳金和罚款，不作为城建税和教育费附加的计税依据。应补缴的城建税=45 000×5%；应补缴的教育费附加=45 000×3%。

8.【答案】B

【解析】土地增值税征税范围规定，出租房地产，未发生房产产权、土地使用权的转让行为，不属于土地增值税征税范围，所以，出租写字楼的某外资房地产开发公司不是土地增值税的纳税人。

9.【答案】C

【解析】对于围墙外灰场用地免征城镇土地使用税。应缴纳的城镇土地使用税=（80−3）×1.5=115.5（万元）。

10.【答案】C

【解析】城市维护建设税的计税依据，是指纳税人实际缴纳的“两税”税额。

11.【答案】B

【解析】纳税人建造普通标准住宅出售，增值额未超过扣除项目金额20%的，免征土地增值税；增值额超过扣除项目金额20%的，应就其全部增值额按规定计算缴纳土地增值税。

12.【答案】D

【解析】选项A、B、C应缴纳房产税。

13.【答案】D

【解析】纳税人开采应税矿产品由其关联单位对外销售的，按其关联单位的销售额征收资源税。应纳资源税=6 552×200÷（1+17%）×6%=67 200（元）。

14.【答案】B

【解析】纳税人实际占用的土地尚未核发土地使用证书的，由纳税人据实申报土地面积，并以此为计税依据计算征收城镇土地使用税，待核发土地使用证以后再作调整。

15.【答案】B

【解析】选项A：缴纳增值税的个体经营者应当缴纳城建税；选项D：对于应减免税而需进行“两税”退库的，城建税也可同时退库。

16.【答案】A

17.【答案】D

【解析】土地增值税采用四级超率累进税率。

18.【答案】B

【解析】融资租赁是一种变相的分期付款购买固定资产的形式，所以在计征房产税时应以房产余值计税征收。

19.【答案】A

20.【答案】C

【解析】城镇土地使用税按年计算，分期缴纳。

21.【答案】C

【解析】获准占用耕地的单位或个人应当在收到土地管理部门的通知之日起30日内缴纳耕地占用税。

22.【答案】B

【解析】城市维护建设税纳税人所在地在县城、镇的，其适用的城市维护建设税税率为5%。

23.【答案】B

【解析】对国家重大水利工程建设基金免征教育费附加。

24.【答案】C

【解析】选项C：将原有房产用于生产经营的，从生产经营之月起计征房产税。

25.【答案】C

26.【答案】C

【解析】选项A、C：资源税是对在我国领域及管辖海域内“生产盐或者开采应税矿产品”的单位或者个人征收，“进口”的矿产品和盐不征收资源税；选项B、D：资源税是对生产盐或者开采应税矿产品进行销售或者自用的单位和个人征收的，在销售或者自用时“一次性征收”，而对“批发、零售”已税矿产品和盐的单位和个人不征收资源税。

27.【答案】B

【解析】城镇土地使用税采用定额税率，即采用有幅度的差别税率，按大、中、小城市和县城、建制镇、工矿区分别规定每平方米城镇土地使用税年应纳税额。

28.【答案】C

【解析】选项A：独立于房屋之外的建筑物不符合房产的定义，不征收房产税；选项B：自2009年起，涉外企业、单位和个人也纳入了房产税的征收管理范围；选项D：农村不在房产税开征范围之内。

29.【答案】D

【解析】城镇土地使用税以纳税人实际占用的土地面积为计税依据，土地面积计量标准为每平方米。

30.【答案】C

【解析】农村村民占用耕地新建住宅，按当地适用税额减半征收耕地占用税。

二、多项选择题

1.【答案】BC

【解析】选项A、D应全额缴纳耕地占用税；选项B减按每平方米2元的税额征收耕地占用税；选项

C按当地适用税额减半征收耕地占用税。

2.【答案】ABD

【解析】销售额是指纳税人销售应税矿产品向购买方收取的全部价款和价外费用，但不包括收取的增值税销项税额。选项B、D属于价外费用，应计入销售额。

3.【答案】ABC

【解析】选项D属于主管税务机关可要求纳税人进行土地增值税清算的情形。

4.【答案】ABD

【解析】根据规定，国有土地使用权出让、土地使用权出售，以成交价格作为计税依据，因此选项C的说法错误。

5.【答案】BCD

6.【答案】AB

【解析】教育费附加和地方教育附加以纳税人实际缴纳的增值税、消费税税额为计征依据。

7.【答案】BCD

【解析】耕地占用税属于房地产开发成本中土地征用及拆迁补偿费项目。

8.【答案】ABD

【解析】选项A：资源税的征税范围中不包括人造石油；选项B：出口应税资源没有免征资源税的规定；选项D：扣缴义务人代扣代缴税款，其纳税义务发生时间为支付货款的当天。

9.【答案】ABCD

【解析】城镇土地使用税的纳税人，是指在城市、县城、建制镇、工矿区范围内使用土地的单位和个人。单位，包括国有企业、集体企业、私营企业、股份制企业、外商投资企业、外国企业及其他企业和事业单位、社会团体、国家机关、军队及其他单位。个人，包括个体工商户及其他个人。

10.【答案】ABC

【解析】选项A、C：城建税进口不征，出口不退；选项B：先征后返的增值税除另有规定外，其对应的城建税不予返还。

11.【答案】ABCD

12.【答案】CD

【解析】选项A：企业与企业之间的房地产交换，应当征收土地增值税；选项B不属于土地增值税的征税范围。

13.【答案】ABC

【解析】房产税的纳税人是指在我国城市、县城、建制镇和工矿区（不包括农村）内拥有房屋产权的单位和个人，具体包括产权所有人、承典人、房产代管人或者使用人。

14.【答案】ABD

【解析】原煤不属于消费税的征税范围。

15.【答案】BCD

【解析】选项A：学校教师食堂用地属于免征城镇土地使用税的范围。

16.【答案】ABCD

17.【答案】CD

【解析】选项A：将房屋产权赠予直系亲属的，不征收土地增值税；选项B：双方合作建房后分房自用的，暂免征收土地增值税。

18.【答案】BCD

【解析】房地产开发成本（适用新建房转让），包括土地征用及拆迁补偿费、前期工程费、建筑安装工程费、基础设施费、公共配套设施费、开发间接费用。

19.【答案】ABCD

【解析】选项A、B、D暂免征收房产税，选项C免征房产税。

20.【答案】ABCD

21.【答案】AB

【解析】选项C：纳税单位无偿使用免税单位的土地应当依法缴纳城镇土地使用税；选项D：个人所有的居住房屋和院落用地，是由省、自治区、直辖市地方税务局确定减免的项目。

22.【答案】AD

【解析】选项B：外购已税原煤自制的洗选煤，不征收资源税；选项C：进口资源不是境内开采出的资源，不征收资源税。

23.【答案】ABC

【解析】在同一省、自治区、直辖市管理范围内，纳税人跨区域使用土地，城镇土地使用税的纳税地点由省、自治区、直辖市地方税务局确定。

■ 职业能力判断

1.【答案】√

2.【答案】×

【解析】扣缴义务人代扣代缴的资源税，应当向收购地主管税务机关缴纳。

3.【答案】√

4.【答案】×

【解析】纳税人新征用的非耕地，自批准征用次月起缴纳城镇土地使用税。

5.【答案】√

6.【答案】√

7.【答案】√

8.【答案】√

9.【答案】√

10.【答案】√

11.【答案】×

【解析】获准占用耕地的单位或者个人应当在收到土地管理部门的通知之日起30日内缴纳耕地占用税。

12.【答案】√

13.【答案】√

14.【答案】√

15.【答案】×

【解析】土地增值税的纳税人，是指转让国有土地使用权、地上建筑物及其附着物并取得收入的单位和个人。

16.【答案】√

17.【答案】×

【解析】宗教寺庙、公园、名胜古迹中附设的营业单位，如影剧院、饮食部、茶社、照相馆等所使用的房产及出租的房产，不属于免税范围，应照章纳税。

18.【答案】√

19.【答案】√

20.【答案】×

【解析】对实际开采年限在15年以上的衰竭期矿山开采的矿产资源，资源税减征30%。

21.【答案】×

【解析】纳税人新征用的耕地，自批准征用之日起满1年时开始缴纳城镇土地使用税。

22.【答案】√

23.【答案】×

【解析】纳税人临时占用耕地，应当依照规定缴纳耕地占用税，在批准临时占用耕地的期限内恢复原状的，全额退还已经缴纳的耕地占用税。

24.【答案】√

25.【答案】×

【解析】对由于减免增值税、消费税而发生退税的，可同时退还已征收的教育费附加。但对出口产品退还增值税、消费税的，不退还已征的教育费附加。

26.【答案】√

27.【答案】√

28.【答案】×

【解析】以外购已税原煤加工的洗煤、选煤和其他煤炭制品不征资源税。

29.【答案】√

30.【答案】√

31.【答案】×

【解析】纳税人使用的土地不属于同一省、自治区、直辖市管辖的，由纳税人分别向土地所在地的税务机关缴纳城镇土地使用税。

32.【答案】√

33.【答案】√

34.【答案】×

【解析】从价计征的年税率为1.2%。

35.【答案】√

36.【答案】√

37.【答案】√

38.【答案】×

【解析】耕地占用税由地方税务机关负责征收。

■ 职业能力实训

一、计算题

1.【答案】应纳城市维护建设税=（24 000+18 420）×7%=42 420×7%=2 969.4（元）

2.【答案】甲煤矿2016年10月应缴纳的资源税=（86+2）×500×5%=2 200（万元）

3.【答案】光明公司所使用的8 000平方米土地中，幼儿园占地2 000平方米可免税，但厂区绿化占地不免税。

应纳城镇土地使用税=（8 000−2 000）×24÷2=72 000（元）

4.【答案】（1）对企业的铁路专用线、公路等用地，除另有规定者外，在企业厂区（包括生产、办公及生活区）以内的，应照章征收城镇土地使用税；

（2）甲公司当年应纳城镇土地使用税=19 600×5=98 000（元）

5.【答案】占用耕地改成果园，不征收耕地占用税；农村居民占用耕地新建住宅，按照当地适用税额减半征收耕地占用税；纳税人临时占用耕地的，应当照章缴纳耕地占用税。张某应纳耕地占用税=300×20×50%+1 000×20=23 000（元）。

6.【答案】土地使用权共有的，以共有各方实际使用土地的面积占总面积的比例，分别计算缴纳城镇土地使用税。

甲企业应纳城镇土地使用税=1 500×3/5×5=4 500（元）

乙企业应纳城镇土地使用税=1 500×2/5×5=3 000（元）

7.【答案】（1）纳税人出租房产，自交付出租房产之次月起缴纳房产税；（2）甲企业前3个月应按房产余值计征房产税，后9个月从租计征房产税；（3）甲企业2017年应缴纳房产税=1 000×（1−30%）×1.2%×3/12+1×9×12%=3.18（万元）。

二、综合题

1.【答案】（1）以房产投资，收取固定收入，不承担投资风险的，实际上是以联营名义取得房产租金，应按照租金收入计算缴纳房产税；

纳税人委托施工企业建造的房屋，自办理验收手续之次月起缴纳房产税；

应缴纳房产税=30×12%+780×（1−30%）×1.2%÷12×5+400×（1−30%）×1.2%÷12×4=7.45（万元）

（2）纳税人新占用非耕地的，自批准征用次月起缴纳城镇土地使用税。

应缴纳城镇土地使用税=1 800×5÷12×9=6 750（元）

纳税人新占用耕地的，自批准征用之日起满1年时开始缴纳城镇土地使用税，因此甲企业2017年占用耕地不缴纳城镇土地使用税。

（3）应缴纳的耕地占用税=6 000×8=48 000（元）

2.【答案】对于以房产投资联营，投资者参与利润分红，共担风险的，由被投资方按照房产余值作为计税依据缴纳房产税。因此，甲食品加工厂作为投资方，无需缴纳此部分房产的房产税。

甲食品加工厂2017年应纳房产税=200×（1−30%）×1.2%×6/12+4×6×12%+1 000×（1−30%）×1.2%×2/12+（1 000+100−50+10）×（1−30%）×1.2%×10/12+（5 000−1 000−200−1 000）×（1−30%）×1.2%=36.06（万元）

第二部分　职业拓展训练

■ 涉税咨询训练

1.答：《城市维护建设税暂行条例》第5条规定，城市维护建设税的征收、管理、纳税环节、奖罚等事项，比照增值税、消费税的有关规定办理。

因此，城市维护建设税纳税地点，应根据增值税、消费税纳税地点据以确定，即增值税、消费税纳税地点在哪个地方，城市维护建设税就在哪个地方申报缴纳。

2.答：《税收征收管理法》第2条和第32条规定，凡依法由税务机关征收的各种税收的征收管理，均适用本法。纳税人未按照规定期限缴纳税款的，扣缴义务人未按照规定期限解缴税款的，税务机关除责令限期缴纳外，从滞纳之日起，按日加收滞纳税款万分之五的滞纳金。

《城市维护建设税税暂行条例》第5条规定，城市维护建设税的征收、管理、纳税环节、奖罚等事项，比照增值税、消费税的有关规定办理。

财税〔1985〕69号文件第7条规定，纳税人在被查补增值税、消费税和被处以罚款时，依照《城市维护建设税暂行条例》第5条规定，应同时对其偷漏的城市维护建设税进行补税和罚款。

根据文件的规定，你公司在补缴增值税的同时，还应加收滞纳金，如果税务机关根据《税收征收管理法》的有关规定对补缴的增值税实施处罚时城建税也作为罚款基数，你公司应接受税务机关的处罚。

3.答：首先应该了解一下免抵税额的含义。免抵税额就是出口应退税额抵顶内销税额的部分，这部分是不退税的。也就是说本来企业应该退税A，应该缴纳增值税A，这样既退又交，两者相抵了，也就是说纳税人不用缴纳这部分增值税，税务机关也不用退还这部分增值税了。免抵税额就是A 。

免抵税额是因为退税和应纳税额相抵了，所以没有交税，并不是税收的优惠政策，所以不能免除本来应该缴纳的增值税A附带应缴纳的城建税的纳税义务，所以被免抵的这部分增值税A需要计算缴纳城建税。

免抵税额是和内销应纳税额相抵，不是税收优惠，所以不能按照你说的减免增值税、消费税减征城建税的规定，直接减免的增值税、消费税，例如一般纳税人销售避孕药品是免征增值税的，那么销售避孕药品也是免征城建税的，这种才是你说的减免“两税”同时减免城建税的情形。

4.答：房地产的代建房行为是指房地产开发公司代客户进行房地产的开发，开发完成后向客户收取代建收入的行为。房地产的重新评估是指国有企业在清产核资时对房地产进行重新评估而使其升值的情况。

5.答：《国家税务总局关于土地增值税清算有关问题的通知》（国税函〔2010〕220号）第8条规定，纳税人按规定预缴土地增值税后，清算补缴的土地增值税，在主管税务机关规定的期限内补缴的，不加收滞纳金。

6.答：《资源税暂行条例》第11条和《国家税务总局关于印发〈中华人民共和国资源税代扣代缴管理办法〉的通知》（国税发〔1998〕49号）规定，收购未税矿产品的单位为资源税的扣缴义务人。扣缴义务人履行代扣代缴的适用范围是：收购的除原油、天然气、煤炭以外的资源税未税矿产品。未税矿产品，是指资源税纳税人在其销售其矿产品时不能向扣缴义务人提供由主管税务机关开具的“资源税管理证明”的矿产品。因此，该企业对收购的“未税矿产品”，应作为法定扣缴义务人，履行代扣代缴义务。

7.答：《资源税暂行条例》规定，在中华人民共和国境内开采或生产应税矿产品的单位和个人，为资源税的纳税义务人。收购未税矿产品的单位为资源税的扣缴义务人。你收购矿产品销往外地，不属于资源税的纳税义务人，但如果你收购的是未税矿产品，你就是资源税的扣缴义务人，负有代扣代缴税款的义务，应于支付货款的当天向收购地主管税务机关纳税。

8.答：《财政部 国家税务总局关于房产税、城镇土地使用税有关问题的通知》（财税〔2008〕152号）规定，对依照房产原值计税的房产，不论是否记载在会计账簿“固定资产”科目中，均应按照房屋原价计算缴纳房产税。房屋原价应根据国家有关会计制度规定进行核算。对纳税人未按国家会计制度规定核算并记载的，应按规定予以调整或重新评估。因此，按揭买房发生的利息支出，凡按照国家会计制度规定应该计入房产原价的，需计征房产税。

9.答：该问题涉及会计核算与税务规定两方面。在会计核算方面，《企业会计制度》规定，企业应根据固定资产定义，结合本企业的具体情况，制定适合于本企业的固定资产目录，分类方法，每类或每项固定资产的折旧年限、折旧方法，作为进行固定资产核算的依据。《企业会计准则第4号——固定资产》规定，固定资产的各组成部分具有不同使用寿命或者以不同方式为企业提供经济利益，适用不同折旧率或折旧方法的，应当分别将各组成部分确认为单项固定资产。所以，企业可以根据自身实际情况来确定分类及分项方法。通常电梯属于建筑物基本使用功能的一部分，所以一般将其价值计入建筑物价值，而中央空调则具有独立使用功能，常常是单独入账。不过考虑折旧等因素，将电梯和中央空调单独作为固定资产核算和管理也有诸多好处。污水处理池和污水处理设备的会计处理也应根据上述原则，考虑使用功能、使用寿命等因素来进行判断，但实践中可能视工程具体情况而有所不同。如污水处理池及污水处理设备是为某单项建筑物（或生产线，下同）配套且属于不可分割的组成部分，可以将其价值计入该建筑物价值；如果是为多项建筑公用或独立设计建造的，则应该单独核算。至于污水处理设备与污水处理池是合并核算还是分项核算，也应视各自价值、使用功能、使用寿命等因素来判断。通常的处理思路是：如果其各自价值均较大或预计使用寿命相差较大，则应分别核算；如果其中一项价值较大，另一项价值较小，则可以将其并入价值较大的一项核算；如果各自价值均不大，且预计使用寿命相差不大，可以合并作为污水处理设施核算。当然，实践中还是应该根据准则制度的规定判断处理。不过通常情况下，将相关设备与建筑物（或构筑物）分别核算便于后续的会计处理。

在税务规定方面，《国家税务总局关于进一步明确房屋附属设备和配套设施计征房产税有关问题的通知》(国税发〔2005〕173号)规定，为了维持和增加房屋的使用功能或使房屋满足设计要求，凡以房屋为载体，不可随意移动的附属设备和配套设施，如给排水、采暖、消防、中央空调、电器及智能化楼宇设备等，无论在会计核算中是否单独记账与核算，都应计入房产原值，计征房产税。对于更换房屋附属设备和配套设施的，在将其价值计入房产原值时，可扣减原来相应设备和设施的价值；对附属设备和配套设施中已损坏、需要经常更换的零配件，更新后不再计入房产原值。这些规定是税务方面的特殊考虑，不能直接作为会计核算中对各固定资产进行分类或分项的依据。但企业在进行会计处理时也应知悉该规定，以确定自身会计处理与税务方面的规定是否存在差异，降低纳税风险。

10.答：房产转租行为是否缴纳房产税，首先要从房产税的性质进行分析。房产税属于财产税，是以房屋这种不动产为征税对象，依据房产价值（余值）或房产租金向产权所有人征收的一种税。《房产税暂行条例》第2条规定：房产税由产权所有人缴纳。产权属于全民所有的，由经营管理的单位缴纳。产权所有人、承典人不在房产所在地的，或者产权未确定及租典纠纷未解决的，由房产代管人或者使用人缴纳。前款列举的产权所有人、经营管理单位、承典人、房产代管人或者使用人，统称为纳税义务人（以下简称纳税人）。另外《财政部　国家税务总局关于房产税、城镇土地使用税有关问题的通知》(财税〔2009〕128号)规定，无租使用其他单位房产的应税单位和个人，依照房产余值代缴纳房产税。因此，国务院通过列举的方式在条例中就房产税纳税义务人加以明确。除此之外的一切人，均不构成房产税的纳税义务人。在产权人不在房屋所在地或者产权未确定及租典纠纷未解决的情况下，转租人承担先行代为缴纳房产税的义务。即使如此，转租人也只是代缴，房产税的实际承担人仍然应当为产权人。

既然转租人不需按转租收入和承租租金的差额缴纳房产税，那么房屋产权所有人是否应当按转租收入缴纳房产税?《房产税暂行条例》第3条规定，房产出租的，以房产租金收入为房产税的计税依据。这里所指房屋的租金收入应当是房屋产权所有人出租房屋使用权取得的所有收入，而不是最终的承租人支付的所有承租费用（房产的真实租金）。从转租的过程分析，一般真正的承租人只有一个，即最终的承租人，他支付的租金在产权所有人（出租人)、转租人之间分配，在加价转租的情况下，加价部分收益归转租人所有；在亏损转租的情况下，亏损部分也应当由转租人承担。如果由房屋产权所有人负担并未取得的加价转租收入所产生的额外税收负担是不公平的，同样，房屋产权所有人也不能因为转租人亏损转租而减轻税收负担。但是如果房屋产权所有人出租某房产，并与承租人约定，未经房屋产权所有人同意，房产不得转租，如承租人取得转租利益，应当由房屋产权所有人享有（或者按比例分配)，那么房屋产权所有人应当就转租收益申报缴纳房产税。

因此，根据《房产税暂行条例》条文及房产税征收的原理，从法理上来看转租人不应缴纳房产税。但是，房产税属于地方税的范围，其实施细则是由各省、市、自治区自行制定。所以对转租行为是否缴纳房产税，还要根据各地规定执行。

11.答：《财政部　国家税务总局关于房产税、城镇土地使用税有关政策问题的通知》(财税〔2006〕186号)规定，在城镇土地使用税征收范围内经营采摘、观光农业的单位和个人，其直接用于采摘、观光的种植、养殖、饲养的土地，根据《城镇土地使用税暂行条例》第6条中“直接用于农、林、牧、渔业的生产用地”的规定，免征城镇土地使用税。

12.答：根据《财政部　国家税务总局关于廉租经济适用房和住房租赁有关税收政策的通知》(财税〔2008〕24号)文件规定：“对个人出租住房，不区分用途，免征城镇土地使用税。”

13.答：《城镇土地使用税暂行条例》第2条规定：“在城市、县城、建制镇、工矿区范围内使用土地的单位和个人，为城镇土地使用税的纳税义务人，应当依照本条例的规定缴纳城镇土地使用税。”根据上述规定，城镇土地使用税纳税人不包括集体土地的使用者，但2006年4月30日《财政部　国家税务总局关于集体土地城镇土地使用税有关政策的通知》(财税〔2006〕56号)对此进行了扩大解释，该文规定：“在城镇土地使用税征税范围内实际使用应税集体所有建设用地、但未办理土地使用权流转手续的，由实际使用集体土地的单位和个人按规定缴纳城镇土地使用税。本通知自2006年5月1日起执行，此前凡与本通知不一致的政策规定一律以本通知为准。”该通知将城镇土地使用税的征税范围扩大到集体建设用地。

14. 答：《耕地占用税暂行条例实施细则》规定，学校、幼儿园占用耕地免征耕地占用税。免税的学校具体范围包括县级以上人民政府教育行政部门批准成立的大学、中学、小学、学历性职业教育学校以及特殊教育学校；免税的幼儿园具体范围限于县级人民政府教育行政部门登记注册或者备案的幼儿园内专门用于幼儿保育、教育的场所。

15. 答：临时占用耕地，是指纳税人因建设项目施工、地质勘查等需要，在一般不超过2年内临时使用耕地并且没有修建永久性建筑物的行为。临时占用耕地，应当依照规定缴纳耕地占用税。纳税人在批准临时占用耕地的期限内恢复所占用耕地原状的，全额退还已经缴纳的耕地占用税。

因污染、取土、采矿塌陷等损毁耕地的，比照临时占用耕地的情况，由造成损毁的单位或者个人缴纳耕地占用税。超过2年未恢复耕地原状的，已征税款不予退还。

■ 纳税筹划训练

【答案】

方案一：将所有建筑物都作为房产计入房产原值。

应纳房产税=100 000×（1−30%）×1.2%=840（万元）

方案二：将游泳池、停车场等都建成露天的，并且把这些独立建筑物的造价同厂房、办公用房的造价分开，在会计账簿中单独核算。

这部分建筑物的造价不计入房产原值，不缴纳房产税。

应纳房产税=（100 000−30 000）×（1−30%）×1.2%=588（万元）

由此可见，方案二比方案一少缴纳房产税252万元（840−588），因此，应当选择方案二。

项目七　其他税种税法（下）

第一部分　职业技能训练

■ 职业能力选择

一、单项选择题

1.【答案】D

【解析】海关查验时已经破漏、损坏或者腐烂的进口货物，经证明不是保管不慎造成的，海关可以酌情减免税。

2.【答案】C

【解析】财产租赁合同中的租赁金额，应当全额计税，不得作任何扣除；财产租赁合同适用1‰的印花税税率，该企业对此应缴纳印花税=900×1‰=0.9（元）。但财产租赁合同税额不足1元的按照1元贴花，所以本题答案为选项C。

3.【答案】D

【解析】关税完税价格=100+5+7=112（万元）；关税=112×10%=11.2（万元）。

4.【答案】B

【解析】财产租赁合同以租赁金额为计税依据，按1‰贴花。应纳印花税=128 000×1‰=128（元）。

5.【答案】A

【解析】卡车应纳税额=5×60×10=3 000（元）；汽车挂车应纳税额=4×60×5×50%=600（元）；该运输公司应纳车船税=3 000+600=3 600（元）。

6.【答案】C

【解析】对同一类应税凭证贴花次数频繁的纳税人，可申请采用汇总缴纳的办法缴纳印花税。

7.【答案】A

【解析】事业单位按照国家有关规定改制为企业，原投资主体存续并在改制后企业中出资（股权、股份）比例超过50%的，对改制后企业承受原事业单位土地、房屋权属，免征契税。

8.【答案】A

【解析】应纳车船税=10×60=600（元）。

9.【答案】D

【解析】车辆购置税是对应税车辆的购置行为课征，选择单一环节，实行一次课征制度。征税环节选择在使用环节（即最终消费环节）。具体而言，车辆购置税是在应税车辆上牌登记注册前的使用环节征收。

10.【答案】D

【解析】该企业应纳印花税=800 000×3×1‰=2 400（元）。

11.【答案】B

【解析】纳税人发生契税纳税义务时，应向土地、房屋所在地的税务机关申报纳税。

12.【答案】B

【解析】选项A：扣缴义务人代收代缴车船税的，纳税地点为扣缴人所在地；选项C：车船税纳税义务发生时间为取得车船所有权或者管理权的当月；选项D：依法不需要办理登记的车船也属于车船税的征税范围，其纳税地点为车船所有人或者管理人主管税务机关所在地。

13.【答案】D

【解析】纳税人应当在向公安机关等车辆管理机构办理车辆登记注册手续前，缴纳车辆购置税。

14.【答案】B

15.【答案】C

16.【答案】A

【解析】持有房屋产权证的单位为权利许可证照领受人，应履行印花税的纳税义务。

17.【答案】A

【解析】客货两用车依照货车的计税单位和年基准税额计征车船税。应缴纳车船税=2×40=80（元）。

18.【答案】C

【解析】自产、受赠和以其他方式取得并自用应税车辆的，应当自取得之日起60日内申报缴纳车辆购置税。

19.【答案】A

【解析】本月烟叶收购金额=1 000 000×（1+10%）=1 100 000（元），烟叶税应纳税额=1 100 000×20%=220 000（元）。

20.【答案】D

【解析】选项A：军队专用车船免税；选项B：警用车辆免征车船税；选项C：人力三轮车不属于车船税征税范围。

二、多项选择题

1.【答案】ACD

【解析】车辆购置税是对在我国境内购置规定车辆自用的单位和个人征收的税种。选项A：购进的车辆不是自用而是用于对外销售的，所以不属于车辆购置税的征税范围；选项C：免征车辆购置税；选项D：自行车不属于车辆购置税的征税范围。

2.【答案】ABCD

【解析】关税纳税人具体包括：（1）外贸进出口公司；（2）工贸或农贸结合的进出口公司；（3）其他经批准经营进出口商品的企业；（4）入境旅客随身携带的行李、物品的持有人；（5）各种运输工具上服务人员入境时携带自用物品的持有人；（6）馈赠物品以及其他方式入境个人物品的所有人；（7）个人邮递物品的收件人。

3.【答案】ABD

【解析】同一凭证上记载有两个不同税目税率的经济事项，未分别记载金额的，按照税率高的计税贴花。

4.【答案】AB

【解析】下列车船免征车船税：（1）非机动车船（不包括非机动驳船）；（2）拖拉机；（3）捕捞、养殖渔船；（4）军队、武警专用的车船；（5）警用车船；（6）按照有关规定已经缴纳船舶吨税的船舶；（7）依照我国有关法律和我国缔结或者参加的国际条约的规定应当予以免税的外国驻华使馆、领事馆和国际组织驻华机构及其有关人员的车船。

5.【答案】BD

【解析】选项A：无商业价值的广告品和货样是关税法定减免的项目；选项C：因故退还的中国出口货物，可以免征进口关税，但已征收的出口关税不予退还。

6.【答案】ABCD

【解析】外商投资企业拥有的汽车也是要缴纳车船税的。

7.【答案】ABC

【解析】伪造印花税票，由税务机关责令改正，处以2 000元以上1万元以下的罚款；情节严重的，处以1万元以上5万元以下的罚款；构成犯罪的，依法追究刑事责任。

8.【答案】CD

【解析】选项A、B均征收契税，选项C不征收契税，选项D免征契税。

9.【答案】ABCD

【解析】选项B、C属于免税车辆范围，选项A、D不属于车船税的征税范围。

10.【答案】BCD

【解析】选项B：纳税人购置应税车辆，应当向车辆登记注册地的主管税务机关申报纳税；购置不需办理车辆登记注册手续的应税车辆，应当向纳税人所在地的主管税务机关申报纳税。

11.【答案】AD

【解析】无息贷款合同和正本贴花后的工商营业执照副本不再贴花。

12.【答案】BCD

【解析】契税以承受方为纳税义务人，选项A不正确。

13.【答案】ACD

【解析】车船税计税单位包括“每辆”“净吨位每吨”“整备质量每吨”“艇身长度每米”。

14.【答案】CD

【解析】选项A：购买者支付的控购费，不属于销售者的价外费用，不计算缴纳车辆购置税；选项B：纳税人购买自用应税车辆的计税依据为纳税人购买应税车辆而支付给销售方的全部价款和价外费用（不含增值税）。

15.【答案】ABD

【解析】选项C属于技术合同的税目。

16.【答案】AB

【解析】契税纳税义务发生时间为纳税人签订土地、房屋权属转移合同的当天或者纳税人取得其他具有土地、房屋权属转移合同性质凭证的当天。

17.【答案】ABCD

【解析】以上均属于车辆购置税应税行为。

18.【答案】CD

【解析】烟叶税的收购金额包括纳税人支付给烟叶销售者的烟叶收购价款和价外补贴。

19.【答案】ABC

【解析】选项D：土地、房屋被县级以上人民政府征用、占用后，重新承受土地、房屋权属的，是否减征或者免征契税，由省、自治区、直辖市人民政府确定。

■ 职业能力判断

1.【答案】√

2.【答案】×

【解析】车船税的纳税义务发生时间，为车船管理部门核发的车船登记证书或者行驶证书所记载日期的当月。

3.【答案】×

【解析】一票货物关税税额、进口环节增值税或者消费税税额在人民币50元以下的，可以免征关税。

4.【答案】×

【解析】同一凭证记载两个或两个以上不同税率经济事项，分别记载金额的，应分别计算税额加总贴花；未分别记载金额的，按税率高的计税贴花。

5.【答案】√

6.【答案】√

7.【答案】√

8.【答案】√

9.【答案】√

10.【答案】√

11.【答案】√

12.【答案】×

【解析】纳税人在办理机动车交通事故责任强制保险时由保险机构代收代缴车船税。

13.【答案】√

14.【答案】×

【解析】支付的车辆装饰费应作为价外费用并入计税依据中计征车辆购置税。

15.【答案】×

【解析】纳税人应当自纳税义务发生之日起30日内申报缴纳烟叶税。

16.【答案】√

17.【答案】×

【解析】融资租赁合同属于借款合同，不属于财产租赁合同。

18.【答案】×

【解析】以预购方式或者预付集资建房款方式承受土地、房屋权属的，应当缴纳契税。

19.【答案】√

20.【答案】√

21.【答案】×

【解析】回国服务的留学人员用现汇购买1辆自用国产小汽车，免征车辆购置税。

22.【答案】√

23.【答案】√

24.【答案】√

25.【答案】√

26.【答案】√

■ 职业能力实训

一、计算题

1.【答案】该公司完税价格=560×（1−2÷5）=336（万元）

该公司应补缴的关税税额=336×10%=33.6（万元）

2.【答案】甲公司应纳印花税=5×3=15（元）

3.【答案】（1）丙公司1月10日承包工程合同应缴纳的印花税=8 200 000×0.3‰=2 460（元）

（2）2月10日分包工程合同应缴纳的印花税=3 600 000×0.3‰=1 080（元）

4.【答案】甲公司应纳契税=（180+60）×3%=7.2（万元）

5.【答案】（1）国有土地使用权出让、土地使用权出售、房屋买卖，契税的计税依据为成交价格；

（2）甲公司购买办公楼应缴纳契税=102×3%=3.06（万元）

6.【答案】购置的新车船，购置当年的应纳税额自纳税义务发生的当月起按月计算。拖船按机动船舶年基准税额的50%计算。

甲公司2017年应纳车船税=180×6×50%×11÷12=495（元）

7.【答案】船按照发动机功率每1千瓦折合净吨位0.67吨计算征收车船税。拖船、非机动驳船分别按照机动船舶税额的50%计算。拖船1艘，发动机功率为350千瓦相当于234.5吨（350×0.67）。2017年应纳车船税税额=3 000×3×5+234.5×4×50%=45 469（元）

8.【答案】不含税价格=81 900÷（1+17%）=70 000（元）＜73 000元

王某应纳车辆购置税=73 000×10%=7 300（元）

9.【答案】组成计税价格=（16 800+16 800×20%）÷（1−10%）=22 400（元）

应纳增值税=22 400×17%=3 808（元）

应纳消费税=22 400×10%=2 240（元）

应纳车辆购置税=22 400×10%=2 240（元）

10.【答案】营业税改征增值税试点期间，纳税人购进用于生产销售或委托受托加工17%税率货物的农产品维持原扣除力度即13%的扣除率不变。收购金额=收购价款+价外补贴=收购价款×（1+10%）=160 000×（1+10%）=176 000（元）

准予抵扣的进项税额=176 000×（1+20%）×13%=27 456（元）

二、综合题

【答案】关税完税价格=（550 000+60 000）×（1+0.3%）=611 830（元）

进口关税=（550 000+60 000）×（1+0.3%）×45%=275 323.5（元）

进口增值税和消费税合计=（550 000+60 000）×（1+0.3%）×（1+45%）÷（1−15%）×（17%+15%）=344 424.3（元）

应纳进口环节税金合计=275 323.5+344 424.3=619 747.8（元）

第二部分　职业拓展训练

■ 涉税咨询训练

1.答：《国务院关于调整进口设备税收政策的通知》（国发〔1997〕37号）第1条第1款规定，对符合《外商投资产业指导目录》鼓励类和限制乙类，并转让技术的外商投资项目，在投资总额内进口的自用设备，除《外商投资项目不予免税的进口商品目录》所列商品外，免征关税和进口环节增值税。

《关于对部分进口税收优惠政策进行调整的公告》（财政部、海关总署、国家税务总局公告2008年第

43号）第1条规定，自2009年1月1日起，对《国务院关于调整进口设备税收政策的通知》（国发〔1997〕37号）中国家鼓励发展的国内投资项目和外商投资项目进口的自用设备、外国政府贷款和国际金融组织贷款项目进口设备、加工贸易外商提供的不作价进口设备以及按照合同随上述设备进口的技术及配套件、备件恢复征收进口环节增值税，在原规定范围内继续免征关税。

根据上述规定，外商投资企业在投资总额内进口该自用准予进口的旧设备，除《外商投资项目不予免税的进口商品目录》所列商品外免征关税，但恢复征收增值税。

2. 答：《海关进出口货物征税管理办法》（海关总署令第124号）第29条规定，进口无代价抵偿货物，不征收进口关税和进口环节海关代征税；出口无代价抵偿货物，不征收出口关税。

前款所称的无代价抵偿货物是指进出口货物在海关放行后，因残损、短少、品质不良或者规格不符等原因，由进出口货物的发货人、承运人或者保险公司免费补偿或者更换的与原货物相同或者与合同规定相符的货物。

第33条规定，纳税义务人申报进出口的无代价抵偿货物，与退运出境或者退运进境的原货物不完全相同或者与合同规定不完全相符的，应当向海关说明原因。

海关经审核认为理由正当，且其税则号列未发生改变的，应当按照审定进出口货物完税价格的有关规定和原进出口货物适用的计征汇率、税率，审核确定其完税价格，计算应征税款。应征税款高于原进出口货物已征税款的，应当补征税款的差额部分。应征税款低于原进出口货物已征税款，且原进出口货物的发货人、承运人或者保险公司同时补偿货款的，海关应当退还补偿货款部分的相应税款；未补偿货款的，税款的差额部分不予退还。

纳税义务人申报进出口的免费补偿或者更换的货物，其税则号列与原货物的税则号列不一致的，不适用无代价抵偿货物的有关规定，海关应当按照一般进出口货物的有关规定征收税款。

第57条规定，因品质或者规格原因，出口货物自出口放行之日起1年内原状退货复运进境的，纳税义务人在办理进口申报手续时，应当按照规定提交有关单证和证明文件。经海关确认后，对复运进境的原出口货物不予征收进口关税和进口环节海关代征税。

根据上述规定，你公司出口的布料已加工成服装，服装与布料属于不同的货物，适用不同的税则号，不能按退运货物或进口无代价抵偿物处理。

你公司进口已加工的服装应按一般进出口货物的规定征收税款，需按规定缴纳进口关税、进口增值税。

3. 答：《印花税暂行条例施行细则》第10条、第17条规定，同一凭证，因载有两个或者两个以上经济事项而适用不同税目税率，如分别记载金额的，应分别计算应纳税额，相加后按合计税额贴花；如未分别记载金额的，按税率高的计税贴花。印花税只对税目税率表中列举的凭证和经财政部确定征税的其他凭证征税。在税目税率表中未列举物业费相关的服务项目，因而，物业费不属于印花税征税范围。因此，你公司所签合同在分别列示两种经济事项的基础上，应分别计算，只对房屋租金部分，按财产租赁合同上记载租赁金额的千分之一贴花。

4. 答：《印花税暂行条例施行细则》第10条规定，印花税只对税目税率表中列举的凭证和经财政部确定征税的其他凭证征税。也就是说，印花税的征收范围采用列举的方式，没有列举的凭证，无需贴花。招聘合同不在印花税应税合同或凭证的列举范围内，因此，你公司与劳务公司签订的招聘合同不缴纳印花税。

5. 答：《财政部 国家税务总局关于企业改制重组若干契税政策的通知》（财税〔2008〕175号）第7条规定，企业改制重组过程中，同一投资主体内部所属企业之间土地、房屋权属的无偿划转，包括母公司与其全资子公司之间，同一公司所属全资子公司之间，同一自然人与其设立的个人独资企业、一人有限公司之间土地、房屋权属的无偿划转，不征收契税。因此，对于同一自然人与其设立的个人独资企业、一人有限公司之间进行的土地、房屋权属的无偿划转行为，不征收契税。

6. 答：《国家税务总局关于明确国有土地使用权出让契税计税依据的批复》（国税函〔2009〕603号）

规定，对通过“招、拍、挂”等竞价方式承受国有土地使用权的，应按照土地成交总价款计征契税，其中的土地前期开发成本不得扣除。

7. 答：《国家税务总局关于车船税征管若干问题的通知》（国税发〔2008〕48号）第1条规定，在一个纳税年度内，纳税人在非车辆登记地由保险公司代收代缴车船税，且能够提供合法有效完税证明的，纳税人不再向车辆登记地税务机关缴纳机动车车船税。

8. 答：《财政部 国家税务总局 工业和信息化部关于节约能源 使用新能源车船车船税政策的通知》（财税〔2015〕51号）规定，对使用新能源车船，免征车船税。免征车船税的使用新能源汽车是指纯电动商用车、插电式（含增程式）混合动力汽车、燃料电池商用车。纯电动乘用车和燃料电池乘用车不属于车船税征税范围，对其不征车船税。

9. 答：《车辆购置税征收管理办法》第37条规定，防汛和森林消防部门购置的由指定厂家生产的指定型号的用于指挥、检查、调度、防汛（警）、联络的专用车辆免税。

森林消防部门购买后只需办理车辆购置税纳税申报，不需缴纳车辆购置税。《车辆购置税暂行条例》第15条规定，免税、减税车辆因转让、改变用途等原因不再属于免税、减税范围的，应当在办理车辆过户手续前或者办理变更车辆登记注册手续前缴纳车辆购置税。

因此，该所购车辆需要再次申报缴纳车辆购置税。

10. 答：缴纳车购税后若发现发票开具有误，或发生污损，应由销售单位重新开具正确的机动车销售统一发票，并出具情况说明，前往原申报缴纳车购税的税务机关换取原发票的报税联原件或税务机关出具的证明，再将原发票进行作废，非本月发票需开具红字发票。

丢失、被盗机动车销售统一发票（发票联、注册登记联或报税联），无论是机动车销售单位还是消费者原因，都必须按照《发票管理办法》及其实施细则相关规定接受税务机关的处理，选择市地级及以上公开发行、发行量较大的报刊刊登包括发票名称、发票代码、发票号码等内容的遗失声明。

丢失机动车销售统一发票的消费者需携带丢失、被盗机动车销售统一发票的存根联原件及加盖销售单位发票专用章或财务专用章存根联复印件到销售方所在地主管税务机关盖章确认登记备案。机动车销售单位凭税务机关盖章确认后的机动车销售统一发票存根联原件，开具与其内容一致的机动车销售统一发票，并将原发票代码和发票号码写入备注栏，注明“遗失补开”四个汉字。

11. 答：财政部 国家税务总局印发《关于烟叶税若干具体问题的规定》的通知（财税〔2006〕64号）规定，“晾晒烟叶”包括列入名晾晒烟名录的晾晒烟叶和未列入名晾晒烟名录的其他晾晒烟叶。因此，你公司需要交纳烟叶税。

12. 答：各地烟叶收购部门在向烟农收购烟叶的过程中，均会给予烟农相应的价外补贴，这种价外补贴属于征税范围。

各地的烟叶收购价外补贴大多为种子、化肥、烟叶生产设备等实物性补贴，还有少量现金形式补贴。此外，烟叶收购部门还会以投资农村基础设施建设的方式对烟农进行补贴。由于补贴名目繁多，各地标准不尽一致，烟草公司对各种名目的补贴财务核算和会计处理也较为复杂，要据实计算价外补贴比较困难。为简化征管，便于操作，避免各地执行政策不一致带来的矛盾，对价外补贴统一暂按烟叶收购价款的10%计算，因此，规定中提出的烟叶收购金额按烟叶收购价款的1.1倍确定，即收购金额=收购价款×（1+10%）。

■ 纳税筹划训练

【答案】

对于由受托方提供原材料的加工、定做合同，凡在合同中分别记载加工费金额和原材料金额的，应分别按“加工承揽合同”和“购销合同”计税，即加工费金额按加工承揽合同适用0.5‰的税率计税，原材料金额按购销合同适用0.3‰的税率计税，两项税额相加数，即为合同应贴印花；若合同中未分别记载，则从高适用税率，即全部金额依照加工承揽合同适用0.5‰的税率计税贴花。

方案一：合同记载甲铝合金门窗生产企业共收取加工费及原材料费合计300万元。

甲铝合金门窗生产企业应贴花=3 000 000×0.5‰=1 500（元）

方案二：合同记载甲铝合金门窗生产企业收取原材料价款为220万元，收取的加工费为80万元。

甲铝合金门窗生产企业应贴花=2 200 000×0.3‰+800 000×0.5‰=1 060（元）

由此可见，方案二比方案一少贴花440元（1 500−1 060），因此，应当选择方案二。

项目八　税务行政法制

第一部分　职业技能训练

■ 职业能力选择

一、单项选择题

1.【答案】D

【解析】过罚相当是指税务行政处罚的设定和实施方面，都要根据税务违法行为的性质、情节、社会危害性的大小而定，防止畸轻畸重或者“一刀切”的行政处罚现象。

2.【答案】D

【解析】现行的税务行政处罚主要有：(1) 罚款；(2) 没收财物和非法所得；(3) 停止出口退税权。

3.【答案】B

【解析】税务行政处罚实行行为发生地原则，只有当事人违法行为发生地的税务机关才有权对当事人实施处罚，其他地方的税务机关则无权实施，所以B选项是错误的。

4.【答案】B

【解析】简易程序的适用条件：

(1) 案情简单、事实清楚、违法后果比较轻微且有法定依据，应当给予处罚的违法行为。

(2) 给予的处罚较轻，仅适用于对公民处以50元以下和对法人或者其他组织处以1 000元以下罚款的违法案件。

5.【答案】D

【解析】税务行政复议具有“税务行政复议案件的审理一般由原处理税务机关的上一级税务机关进行”的特点。

6.【答案】A

【解析】征税行为包括：(1) 确认纳税主体、征税对象、征税范围、减税、免税、退税、抵扣税款、适用税率、计税依据、纳税环节、纳税期限、纳税地点和税款征收方式等具体行政行为；(2) 征收税款、加收滞纳金；(3) 扣缴义务人、受税务机关委托征收的单位和个人做出的代扣代缴、代收代缴、代征行为。

7.【答案】C

【解析】申请人申请行政复议的，必须先依照税务机关根据法律、行政法规确定的税额、期限，先行缴纳或者解缴税款和滞纳金，或者提供相应的担保，才可以在缴清税款和滞纳金后或者所提供的担保得到做出具体行政行为的税务机关确认之日起60日内提出行政复议申请。对行政复议决定不服的，可以再向人民法院提起行政诉讼。

8.【答案】D

【解析】行政复议机关应当自受理申请之日起60日内做出行政复议决定。情况复杂，不能在规定期限内做出行政复议决定的，经行政复议机关负责人批准，可以适当延期，并告知申请人和被申请人；但延期不得超过30日。

9.【答案】D

【解析】选项D：行政复议决定书“一经送达”，即发生法律效力。

10.【答案】B

【解析】税务机关做出具体行政行为时，未告知当事人诉权和起诉期限，致使当事人逾期向人民法院起诉的，其起诉期限从当事人实际知道诉权或者起诉期限时计算，但最长不得超过2年。

11.【答案】C

【解析】税务所作为税务局的派出机构，经法律、法规的授权，有一定的税务行政处罚权（2 000元以内罚款的处罚权）。只要满足两个条件税务所就可以成为税务行政复议的被申请人：一是法律、法规对税务所有授权；二是税务所以自己的名义做出具体行政行为。

12.【答案】D

【解析】各级税务机关的内设机构、派出机构不具处罚主体资格，不能以自己的名义实施税务行政处罚。但是税务所可以实施罚款额在2 000元以下的税务行政处罚。这是《税收征收管理法》对税务所的特别授权。

13.【答案】C

【解析】税务行政处罚的种类主要有三种，包括罚款、没收财物和非法所得、停止出口退税权。

14.【答案】D

【解析】选项A：对计划单列市国家税务局的具体行政行为不服的，向国家税务总局申请行政复议，对计划单列市地方税务局的具体行政行为不服的，可以选择向省地方税务局或本级人民政府申请行政复议；选项B：对于税务所的具体行政行为不服的，向其所属税务局申请行政复议；选项C：对于国家税务总局的具体行政行为不服的，向国家税务总局申请行政复议。

15.【答案】B

【解析】纳税人、扣缴义务人等当事人对税务行政复议决定不服的，可以在接到复议决定书之日起15日内向人民法院起诉。

16.【答案】A

【解析】定案证据应当具有合法性、真实性和关联性。

17.【答案】C

【解析】行政复议机关应当自受理申请之日起60日内做出行政复议决定。情况复杂，不能在规定期限内做出行政复议决定的，经行政复议机关负责人批准，可以适当延期，并告知申请人和被申请人；但延期不得超过30日。

18.【答案】C

【解析】税务行政诉讼不适用调解原则。

19.【答案】B

【解析】根据法律规定，人民法院接到税务行政诉讼的诉状，经过审查，应当在7日内立案或者做出裁定不予受理。原告对不予受理的裁定不服的，可以提起上诉。

二、多项选择题

1.【答案】AD

【解析】全国人民代表大会及其常务委员会可以通过法律的形式设定各种税务行政处罚。国务院可以通过行政法规的形式设定除限制人身自由以外的税务行政处罚。国家税务总局可以通过规章的形式设定警告和罚款。

2.【答案】ABCD

【解析】简易程序的适用条件：一是案情简单、事实清楚、违法后果比较轻微且有法定依据应当给予处罚的违法行为；二是给予的处罚较轻，仅适用于对公民处以50元以下和对法人或者其他组织处以1 000元以下罚款的违法案件。

3.【答案】AB

【解析】税务行政复议申请人对税务机关做出的“征税行为”不服的，应当先向行政复议机关申请行政复议；对复议决定不服的，可以向人民法院提起行政诉讼。选项A、B属于税务机关做出的“征税行为”，选项C、D不属于。

4.【答案】ABD

【解析】选项C：对国家税务总局的具体行政行为不服的，向国家税务总局申请行政复议。对行政复议决定不服的，申请人可以向人民法院提起行政诉讼，也可以向国务院申请裁决。

5.【答案】ABD

【解析】选项C：税务机关与法律、法规授权的组织以共同的名义做出具体行政行为的，税务机关和法律、法规授权的组织为共同被申请人。

6.【答案】ABD

【解析】选项C：申请人只有在申请停止执行的，行政复议机关认为其要求合理的情况下，具体行政行为才能决定停止执行。

7.【答案】ABCD

8.【答案】BCD

【解析】选项B：有权申请行政复议的公民死亡的，其近亲属可以申请行政复议。选项C：同一行政复议案件申请人超过5人的，应当推选1至5名代表参加行政复议。选项D：公民在特殊情况下无法书面委托的，可以口头委托。口头委托的，行政复议机构应当核实并记录在卷。

9.【答案】ABC

【解析】对下列行政复议事项，按照自愿、合法的原则，申请人和被申请人在行政复议机关做出行政复议决定以前可以达成和解，行政复议机关也可以调解：（1）行使自由裁量权做出的具体行政行为，如行政处罚、核定税额、确定应税所得率等；（2）行政赔偿；（3）行政奖励；（4）存在其他合理性问题的具体行政行为。

10.【答案】ABCD

【解析】税务行政诉讼的原则包括：人民法院特定主管原则、合法性审查原则、不适用调解原则、起诉不停止执行原则、税务机关负有举证责任原则、由税务机关负责赔偿的原则。

11.【答案】ABCD

12.【答案】ABCD

13.【答案】ABCD

14.【答案】ABCD

15.【答案】ABCD

【解析】对当事人的起诉，人民法院一般从以下几方面进行审查并做出是否受理决定：一是审查是否属于法定的诉讼受案范围；二是审查是否具备法定的起诉条件；三是审查是否已经受理或者正在受理；四是审查是否有管辖权；五是审查是否符合法定的期限；六是审查是否经过必经复议程序。

16.【答案】ABCD

17.【答案】ABD

【解析】选项C属于行政复议中止的情形。

18.【答案】BCD

【解析】选项A：在税务行政诉讼等行政诉讼中，起诉权是单向性的权利，税务机关不享有起诉权，只有应诉权，即税务机关只能作为被告。

■ 职业能力判断

1.【答案】×

【解析】税务行政处罚听证的范围是对公民做出2 000元以上或者对法人或其他组织做出10 000元以上罚款的案件。

2.【答案】√

3.【答案】×

【解析】各级税务机关的内设机构、派出机构不具处罚主体资格，不能以自己的名义实施税务行政处罚。

4.【答案】√

5.【答案】√

6.【答案】×

【解析】被申请人不得委托本机关以外人员参加行政复议。

7.【答案】√

8.【答案】×

【解析】申请人可以在知道税务机关做出具体行政行为之日起60日内提出行政复议申请。

9.【答案】√

10.【答案】√

■ 职业能力实训

【答案】(1) 刘强可以代食品生产企业撰写自查报告，这属于税务师执业范围中的“代为制作涉税文书”业务。

(2) 刘强个人不可以收款，税务师执业应该由税务师事务所委派，个人不得承接业务。

(3) 该食品生产企业存在多抵扣进项税额问题：

①农产品收购发票只能是收购企业向农业生产者开具，该食品生产企业可以向农民开具农产品收购发票，但不能向集贸市场的小商贩开具农产品收购发票，由于向小商贩开具了农产品收购发票，导致多抵扣了进项税额。

②蔬菜批发、零售纳税人享受免税政策后开具的普通发票不得作为计算抵扣进项税额的凭证，导致该企业多抵扣了进项税额。

(4) 委托人示意税务师作不实报告或者不当证明，税务师应当拒绝出具报告，并劝告其停止违法活动，否则税务师事务所可单方终止代理协议。

(5) 代理人知道委托代理的事项违法，仍进行代理活动的，由被代理人和代理人负连带责任。税务师和企业相互勾结，偷税抗税，双方共同承担法律责任。涉及犯罪的，还要移送司法部门依法处理。

第二部分　职业拓展训练

■ 涉税咨询训练

1. 答：对税务机关的征税行为不服，应当先申请税务行政复议，对行政复议决定不服的，可以向法院提起行政诉讼。对税务机关的其他行政行为如行政许可、行政审批、行政处罚等不服，可以申请行政复议，也可以直接向法院提起行政诉讼。

2. 答：应当在税务机关做出具体行政行为之日起60日内提出行政复议申请，行政复议机关应当自受理申请之日起60日内做出行政复议决定，特殊情况可以适当延期，但延期不得超过30日。

3.答：行政复议机关在申请人的行政复议请求范围内，不得做出对申请人更为不利的行政复议决定，也就是说不用担心行政复议决定会对自己不利。

4.答：行政复议决定做出后，申请人不服复议决定的，可以在收到复议决定书之日起15日内向法院提起行政诉讼；如行政复议机关不予受理或者超过复议期限不作答复的，申请人可以自收到不予受理决定书之日起或者行政复议期满之日起15日内，依法向人民法院提起行政诉讼。

■ 纳税筹划训练

【答案】

方案一：该纳税户对国税分局所采取的税收保全措施不服，但并未采取相关救济措施。

该纳税户将损失一辆价值8 000元的新摩托车，或以2 000元的税款换回价值8 000元的新摩托车。

方案二：该纳税户对国税分局所采取的税收保全措施不服，于是向县国税局口头申请了行政复议，要求撤销该税收保全措施，退回所扣摩托车。

县国税局行政复议委员会经复议认定，国税分局的执法程序不合法，决定撤销国税分局的税收保全措施，并责令国税分局将所扣摩托车退回给纳税户，并与该纳税户达成一致，缴纳当月税金1 500元。

县国税局行政复议委员会做出决定的理由是：该国税分局在采取税收保全措施之前（扣押货物之前）未责令纳税户提供纳税担保。同时该分局所采取的保全措施未经县国税局局长批准而擅自做出，超越了法定权限。同时扣押的摩托车的价值远远超过了纳税户应纳税款数额，且扣押货物不应当开具清单，应开具收据。

启示：本来实体相对合法但由于执法程序不到位，致使行政复议撤销了税收保全措施。尽管由于经县税务局复议及时补救，没有给纳税人合法权益造成损失，税务机关并不承担赔偿责任，纳税人也接受了复议决定而没有进一步提起诉讼，但影响还是不好的，教训还是值得总结的。从中我们可以看出，在少数税务执法人员中仍存在执法随意性，存在重实体轻程序等现象。随着经济的发展，涉税事项会越来越多，纳税争议会越来越广，纳税人法律意识会越来越强，对税务干部的法律素养和执法水平也提出了更高的要求。国税干部也要树立法律意识，努力提高自己的法律意识，养成坚决依法办事的习惯。

《税法》模拟试题（一）

一、单项选择题（共20题，每题1分，共20分）

1.【答案】C

【解析】税收实体法和税收征收管理的程序法的法律制度构成了我国现行税法体系；车船税属于财产和行为税类；由海关机关负责征收的税种的征收管理，按照《海关法》及《进出口关税条例》等有关规定执行。

2.【答案】A

【解析】选项B实行超率累进税率；选项C实行超额累进与比例税率相结合；选项D实行产品差别比例税率。

3.【答案】C

【解析】选项A：年应税销售额未超过小规模纳税人标准的企业，符合特定条件的，也可以登记为一般纳税人；选项B：稽查查补的销售额和纳税评估调整的销售额应计入查补税款申报当月的销售额；选项D：经营期是指在纳税人存续期内的连续经营期间，含未取得销售收入的月份。

4.【答案】C

【解析】纳税人采用以旧换新方式销售的金银首饰，应按“实际收取”的不含增值税的全部价款确定计税依据征收增值税，该笔业务的销项税额=（4 000−2 000）×10×17%=3 400（元）。

5.【答案】C

【解析】选项A、B可以选择按小规模纳税人征税。

6.【答案】C

【解析】有形动产租赁服务退税率为17%。

7.【答案】B

【解析】纳税人用于换取生产资料和消费资料、投资入股和抵偿债务的应税消费品，应按纳税人同类应税消费品的最高销售价格作为计税依据计算消费税。应纳税额=（300×500+600×550+300×550）×15%=96 750（元）。

8.【答案】B

【解析】纳税人进口应税消费品，应当自海关填发海关进口消费税专用缴款书之日起15日内缴纳税款。

9.【答案】D

【解析】股息、红利等权益性投资收益和利息、租金、特许权使用费所得，以收入全额为应纳税所得额。

10.【答案】C

【解析】国债利息收入=国债金额×（适用年利率÷365）×持有天数=2 200×（5%÷365）×250=75.34（万元）；国债利息收入免税，转让收入应计入应纳税所得额。该笔交易的应纳税所得额=2 500−75.34−2 200=224.66（万元）。

11.【答案】C

【解析】该作家两个月所获稿酬应缴纳个人所得税=（10 000+4 000）×（1−20%）×20%×（1−30%）=1 568（元）。个人的同一作品在报刊上连载，应合并其连载取得的所得为一次，稿酬按20%的税率征收，并按规定对应纳税额减征30%。作家王某的小说在日报上连载，分别取得稿酬4 000元和10 000元，应合并为一次计税。

12.【答案】A

【解析】省级人民政府、国务院部委和中国人民解放军军以上单位，以及外国组织、国际组织颁发的科学、教育、技术、文化、卫生、体育、环境保护等方面的奖金，免征个人所得税。县人民政府为教师王某颁发的教育奖金，应计算缴纳个人所得税。

13.【答案】B

【解析】根据资源税法律制度的规定，开采原油过程中用于加热、修井的原油免税，2月份销售原油应纳资源税税额=30 000×8%=2 400（万元），销售天然气应纳资源税税额=300×6%=18（万元），该油田2月份实际应缴纳资源税税额=2 400+18=2 418（万元）。

14.【答案】A

【解析】应纳房产税=（30 000−5 000）×（1−20%）×1.2%+5 000×（1−20%）×1.2%×2÷12+1 000×10÷12×12%=348（万元）。

15.【答案】A

【解析】国家机关、军队、宗教寺庙和由国家财政部门拨付事业经费的单位自用的土地，可免征城镇土地使用税。选项A是军队营业性用地，不能免征城镇土地使用税。

16.【答案】B

【解析】纳税人进口自用应税车辆，申报的计税价格低于同类型应税车辆的最低计税价格，又无正当理由的，按照最低计税价格征收车辆购置税，进口汽车的组成计税价格=（580+20+11）×（1+40%）÷（1−12%）=972.05（万元）<1 000万元，则甲公司应缴纳车辆购置税=1 000×10%=100（万元）。

17.【答案】C

【解析】对同一类应税凭证贴花次数频繁的纳税人，可申请采用汇总缴纳的办法缴纳印花税。

18.【答案】A

【解析】选项B：等价交换房屋免征契税；选项C：以划拨方式取得土地使用权不缴纳契税，经批准转让时再补缴契税；选项D：转移农村集体土地承包经营权不属于土地使用权转让，不缴纳契税。

19.【答案】B

【解析】农村居民占用耕地新建住宅，按照当地适用税额减半征收耕地占用税。

20.【答案】B

【解析】各级税务机关的内设机构、派出机构不具处罚主体资格，不能以自己的名义实施税务行政处罚。但是税务所可以实施罚款额在2 000元以下的税务行政处罚。

二、多项选择题（共10题，每题2分，共20分）

1.【答案】BC

【解析】选项A：新法优于旧法，属于税法的适用原则。选项B是对税收法定原则的解释。选项C：税法的原则包括税法基本原则和税法适用原则两大原则。选项D：税收规章的效力低于税收行政法规的效力。

2.【答案】BD

【解析】属于增值税视同销售行为的有：①将货物交付其他单位或个人代销；②销售代销货物；③设有两个以上机构并实行统一核算的纳税人，将货物从一个机构移送到其他机构用于销售，但相关机构设在同一县（市）的除外；④将自产或委托加工的货物用于非增值税应税项目；⑤将自产或委托加工的货物用于集体福利或个人消费；⑥将自产、委托加工或购买的货物作为投资，提供给其他单位或个体工商户；⑦将自产、委托加工或购买的货物分配给股东或投资者；⑧将自产、委托加工或购买的货物无偿赠送给其他单位或者个人。

3.【答案】BCD

【解析】选项A：出口免税并退税；选项B、C、D：出口免税但不退税。

4.【答案】AB

【解析】选项C不属于管理不善所造成的损失，可以抵扣进项税；选项D：用于简易计税方法计税项目、免征增值税项目、集体福利或者个人消费的购进货物、加工修理修配劳务、服务、无形资产和不动产的进项税额不得从销项税额中抵扣，其中，涉及的固定资产、无形资产、不动产，仅指专用于上述项目的固定资产、无形资产（不包括其他权益性无形资产）、不动产。

5.【答案】ABD

【解析】选项C：受托加工应税消费品不缴纳消费税。

6.【答案】AB

【解析】下列收入为不征税收入：财政拨款，依法收取并纳入财政管理的行政事业性收费、政府性基金，国务院规定的其他不征税收入。选项C、D属于免税收入。

7.【答案】ABCD

【解析】甲、乙、丁三人的年所得均超过12万元，丙从中国境外取得所得，均需要自行申报。

8.【答案】BCD

【解析】选项B属于特许权使用费所得；选项C、D属于劳务报酬所得。

9.【答案】ACD

【解析】选项B：由受托方代扣代缴、代收代缴“两税”的单位和个人，其代扣代缴、代收代缴的城市维护建设税按受托方所在地适用税率执行。

10.【答案】ABD

【解析】选项C：税务机关与法律、法规授权的组织以共同的名义做出具体行政行为的，税务机关和法律、法规授权的组织为共同被申请人。

三、判断题（共10题，每题1分，共10分）

1.【答案】×

【解析】年应税销售额未超过财政部、国家税务总局规定的小规模纳税人标准以及新开业的纳税人，可以向其机构所在地主管税务机关办理一般纳税人资格登记。

2.【答案】√

3.【答案】×

【解析】提供交通运输、邮政、基础电信、建筑、不动产租赁服务，销售不动产，转让土地使用权，税率为11%。提供有形动产租赁服务，税率为17%。

4.【答案】√

5.【答案】×

【解析】通过捐赠、投资、非货币性资产交换、债务重组等方式取得的生产性生物资产，以该资产的公允价值和支付的相关税费为计税基础。

6.【答案】×

【解析】非居民企业委托营业代理人在中国境内从事生产经营活动的，包括委托单位或者个人经常代其签订合同，或者储存、交付货物等，该营业代理人视为非居民企业在中国境内设立的机构、场所。

7.【答案】×

【解析】个人在中国境内有两处或两处以上任职、受雇单位的，选择并固定向其中一处单位所在地主管税务机关申报。

8.【答案】×

【解析】城镇土地使用税的纳税人，是指在城市、县城、建制镇、工矿区范围内使用土地的单位和个人。

9.【答案】√

10.【答案】√

四、计算题（共3题，每题10分，共30分）

1.【答案】应转出的进项税额=（86−6）×17%×20%+6×11%×20%=2.852（万元）

2.【答案】每吨出厂价（含包装物及包装物押金）在3 000元（不含增值税）以上（含3 000元）的啤酒，适用定额税率为250元/吨；每吨出厂价（含包装物及包装物押金）在3 000元以下的啤酒，适用定额税率为220元/吨。

10月份每吨出厂价（含包装物及包装物押金）=（3 200+100）÷（1+17%）=2 820.51（元）

10月份应纳消费税额=销售数量×定额税率=420×220=92 400（元）

11月份每吨出厂价（含包装物及包装物押金）=（3 500+100）÷（1+17%）=3 076.92（元）

11月份应纳消费税额=销售数量×定额税率=500×250=125 000（元）

3.【答案】该设计师进行产品设计取得所得为劳务报酬所得，且属于一次性的劳务报酬，应以取得该项收入为一次，即先支付的30 000元和后支付的50 000元属于一次性报酬。

应纳税所得额=（30 000+50 000）×（1−20%）=64 000（元），适用加成征收。

应纳税额=64 000×40%−7 000=18 600（元）

五、综合题（共1题，每题20分，共20分）

【答案】(1) 该企业财务人员在汇算清缴企业所得税时存在的不符合规定之处主要有：

①企业债券利息收入属于应税收入，不应调减应纳税所得额。根据规定，国债利息收入属于免税收入，企业债券利息收入属于企业所得税应税收入。因此在本题中，财务人员将国债利息收入、企业债券利息收入均作为免税收入调减应纳税所得额，不符合规定。

②向无关联关系的非金融企业借款1 000万元而发生的利息80万元，超过按照金融企业同期同类贷款利率计算的数额部分不得扣除，财务人员未作调增应纳税所得额处理。根据规定，非金融企业向非金融企业借款的利息支出，不超过按照金融企业同期同类贷款利率计算的数额部分，准予扣除。

财务费用应调增应纳税所得额=80−1 000×6%=20（万元）

③广告费和业务宣传费超过扣除标准部分的数额不得扣除，财务人员未作调增应纳税所得额处理。根据规定，企业发生的符合条件的广告费和业务宣传费支出，除国务院财政、税务主管部门另有规定外，不超过当年销售（营业）收入15%的部分，准予扣除；超过部分，准予在以后纳税年度结转扣除。

广告费和业务宣传费的税前扣除限额=（5 600+300）×15%=885（万元）

广告费和业务宣传费实际发生额=560+480=1 040（万元）

广告费和业务宣传费应调增应纳税所得额=1 040−885=155（万元）

④业务招待费应调增应纳税所得额的数额有误。根据规定，企业发生的与生产经营活动有关的业务招待费支出，按照发生额的60%扣除，但最高不得超过当年销售（营业）收入的5‰。

业务招待费发生额的60%=55×60%=33（万元）＞5 900×5‰=29.5（万元）

应按照29.5万元在税前扣除。

业务招待费应调增应纳税所得额=55−29.5=25.5（万元）

⑤新产品研究开发费用未调减应纳税所得额。根据规定，企业为开发新产品、新技术、新工艺发生的研究开发费用，未形成无形资产计入当期损益的，在按照规定据实扣除的基础上，按照研究开发费用的50%加计扣除。

新产品研究开发费用应调减应纳税所得额=80×50%=40（万元）

⑥公益性捐赠支出已超过可扣除限额部分，财务人员未予以调增应纳税所得额。根据规定，企业发生的公益性捐赠支出，在年度利润总额12%以内的部分，准予在计算应纳税所得额时扣除，超过的部分，不得扣除。

捐赠支出应调增应纳税所得额=112−800×12%=16（万元）

⑦税收滞纳金8万元未调增应纳税所得额。根据规定，税收滞纳金不得在税前扣除，应调增应纳税所得额。

税收滞纳金应调增应纳税所得额=8万元

（2）①国债利息收入应调减应纳税所得额=30万元

②向非金融企业借款的利息支出应调增应纳税所得额=80−1 000×6%=20（万元）

③广告费和业务宣传费应调增应纳税所得额=1 040−5 900×15%=155（万元）

④业务招待费应调增应纳税所得额=55−29.5=25.5（万元）

⑤新产品研究开发费用应调减应纳税所得额=80×50%=40（万元）

⑥捐赠支出应调增应纳税所得额=112−800×12%=16（万元）

⑦税收滞纳金应调增应纳税所得额=8万元

2016年应纳税所得额=800−30+20+155+25.5−40+16+8=954.5（万元）

2016年应纳企业所得税税额=954.5×25%=238.63（万元）

2016年应补缴企业所得税税额=238.63−200=38.63（万元）

《税法》模拟试题（二）

一、单项选择题（共20题，每题1分，共20分）

1.【答案】B

【解析】选项A：新法优于旧法是新法、旧法对同一事项有不同规定时，新法的效力优于旧法；选项C：实体从旧、程序从新是实体法不具备溯及力，程序性税法在特定条件下具备一定的溯及力；选项D：程序法优于实体法原则的基本含义为在诉讼发生时税收程序法优于税收实体法适用。

2.【答案】D

【解析】税务登记包括开业税务登记、变更税务登记、注销税务登记、停业复业税务登记、外出经营报验登记。

3.【答案】B

【解析】小规模纳税人会计核算健全，能够提供准确税务资料的，可以向主管税务机关申请资格登记，不作为小规模纳税人，依法计算增值税应纳税额；除国家税务总局另有规定外，纳税人一经登记为一般纳税人后，不得转为小规模纳税人；服务、无形资产或者不动产年销售额超过500万元的为一般纳税人。

4.【答案】C

【解析】小规模纳税人提供应税服务，采用简易办法计税，应纳增值税=（5+3）÷（1+3%）×3%=0.23（万元）。

5.【答案】B

【解析】销售货物或者提供应税劳务的，其增值税纳税义务发生时间为收讫销售款或者取得索取销售款凭据的当天；先开具发票的，为开具发票的当天。

6.【答案】C

7.【答案】A

【解析】委托加工的应税消费品，是指由委托方提供原料和主要材料，受托方只收取加工费和代垫部分辅助材料加工的应税消费品。

8.【答案】D

【解析】从量税=1×2 000×0.5=1 000（元）；从价税=［1×50 000×（1+10%）+1 000］÷（1−20%）×20%=14 000（元）；该酒厂当月应缴纳的消费税=1 000+14 000=15 000（元）。

9.【答案】D

【解析】企业每一纳税年度发生的广告费和业务宣传费不超过当年销售（营业）收入15%的部分，准予扣除；超过部分，准予在以后纳税年度结转扣除。当年准予扣除的最高额=136 000×15% =20 400（元）。

10.【答案】B

11.【答案】C

【解析】可以税前扣除的损失=60×（1+17%）−10=60.2（万元）。

12.【答案】C

【解析】个人现场作画取得的作画所得属于劳务报酬所得。

13.【答案】D

【解析】外籍个人以非现金形式或实报实销形式取得的住房补贴、伙食补贴、搬迁费、洗衣费，暂免征收个人所得税。所以应纳个人所得税=［（28 000−4 800）×25%−1 005］×11=52 745（元）。

14.【答案】B

【解析】选项A、D属于个人所得税不予征税的项目；选项C属于利息、股息、红利所得的项目。

15.【答案】A

【解析】城建税和教育费附加的计税依据，是纳税人实际缴纳的“增值税、消费税”税额（包括被查补的税额）。纳税人因违反“增值税、消费税”有关规定而加收的滞纳金和罚款，不作为城建税和教育费附加的计税依据。则应补缴的城建税=45 000×5%；应补缴的教育费附加=45 000×3%。

16.【答案】D

【解析】选项A：已税铁矿石由于已经缴纳了资源税，因此销售已税铁矿石不再缴纳资源税；选项B：以未税原煤加工的洗选煤才征收资源税；选项C：进口资源不是境内开采出的资源不征收资源税。

17.【答案】C

【解析】城镇土地使用税按年计算，分期缴纳。

18.【答案】C

【解析】对同一类应税凭证贴花次数频繁的纳税人，可申请采用汇总缴纳的办法缴纳印花税。

19.【答案】C

【解析】自产、受赠和以其他方式取得并自用应税车辆的，应当自取得之日起60日内申报缴纳车辆购置税。

20.【答案】D

【解析】选项A：对计划单列市国家税务局的具体行政行为不服的，向国家税务总局申请行政复议，对计划单列市地方税务局的具体行政行为不服的，可以选择向省地方税务局或本级人民政府申请行政复议；选项B：对于税务所的具体行政行为不服的，向其所属税务局申请行政复议；选项C：对于国家税务总局的具体行政行为不服的，向国家税务总局申请行政复议。

二、多项选择题（共10题，每题2分，共20分）

1.【答案】ABC

【解析】选项D为纳税人、扣缴义务人的义务。

2.【答案】ABD

【解析】选项C：出口企业应将不同退税率的货物分开核算和申报，凡划分不清的，一律从低适用退税率计算退免税。

3.【答案】ABCD

4.【答案】ABCD

5.【答案】BCD

【解析】选项A：钻石的零售商在零售环节缴纳消费税，进口环节不缴纳消费税。

6.【答案】ABCD

7.【答案】CD

【解析】劳务报酬所得有加成征收的规定；稿酬所得按应纳税额减征30%。

8.【答案】ABD

【解析】原煤不属于消费税的征税范围。

9.【答案】BD

【解析】选项A：无商业价值的广告品和货样是关税法定减免的项目；选项C：因故退还的中国出口货物，可以免征进口关税，但已征收的出口关税不予退还。

10.【答案】ABCD

【解析】对当事人的起诉，人民法院一般从以下几方面进行审查并做出是否受理决定：一是审查是否属于法定的诉讼受案范围；二是审查是否具备法定的起诉条件；三是审查是否已经受理或者正在受理；四是审查是否有管辖权；五是审查是否符合法定的期限；六是审查是否经过必经复议程序。

三、判断题（共10题，每题1分，共10分）

1.【答案】×

【解析】征税主体和纳税主体双方法律地位是平等的，但权利和义务不对等。

2.【答案】×

【解析】小规模纳税人实行简易征税办法，不能自行领购和使用增值税专用发票，也不得抵扣进项税额。

3.【答案】√

4.【答案】√

5.【答案】×

【解析】一个纳税年度内，居民企业技术转让所得不超过500万元的部分，免征企业所得税；超过500万元的部分，减半征收企业所得税。

6.【答案】√

【解析】个人独资企业和合伙企业每一纳税年度发生的广告费和业务宣传费不超过当年销售（营业）收入15%的部分，可据实扣除；超过部分，准予在以后纳税年度结转扣除。

7.【答案】×

【解析】纳税人在办理机动车交通事故责任强制保险时由保险机构代收代缴车船税。

8.【答案】×

【解析】土地、房屋权属的典当、继承、分拆（分割）、出租、抵押，不属于契税的征税范围。

9.【答案】√

10.【答案】×

【解析】被申请人不得委托本机关以外人员参加行政复议。

四、计算题（共3题，每题10分，共30分）

1.【答案】试点纳税人中的一般纳税人提供管道运输服务，对其增值税实际税负超过3%的部分实行增值税即征即退政策。

2017年1月发生的销项税额=2 800×11%+52÷（1+11%）×11%=308+5.15=313.15（万元）

当期可抵扣的进项税额=150万元

应纳税额=313.15−150=163.15（万元）

当期实际税负=163.15÷［2 800+52÷（1+11%）］=5.73%＞3%

该管道运输公司2017年1月实际应缴纳的增值税=［2 800+52÷（1+11%）］×3%=85.41（万元）

可申请办理即征即退的增值税=163.15−85.41=77.74（万元）

2.【答案】业务招待费的60%=5 000×60%=3 000（元）

业务招待费扣除限额=300 000×5‰=1 500（元）

业务招待费可以扣除1 500元。

广告费和业务宣传费的发生额与上年结转合计=30 000+10 000+6 800=46 800（元）

广告费和业务宣传费扣除限额=300 000×15%=45 000（元）

广告费和业务宣传费可以扣除45 000元。

结转以后纳税年度扣除的广告费和业务宣传费=46 800−45 000=1 800（元）

甲企业当年可以在税前扣除的业务招待费、广告费和业务宣传费合计=45 000+1 500=46 500（元）

3.【答案】纳税人新征用的非耕地，自批准征用之次月起计算纳税。

应纳税额=960×5+1 200×5×8÷12=8 800（元）

五、综合题（共1题，每题20分，共20分）

【答案】（1）雇佣单位支付的工资、薪金应纳税额=［（18 000−3 500）×25%−1 005］×12=31 440（元）

（2）股票转让收益暂不征税。

（3）特许权使用费应在中国补纳税额=18 800×（1−20%）×20%−1 800=1 208（元）

（4）个人中奖应纳税款=25 000×20%=5 000（元）

（5）劳务费收入应纳税额=48 000×（1−20%）×30%−2 000=9 520（元）

（6）全年应纳个人所得税=31 440+1 208+5 000+9 520=47 168（元）